新教育

新教育实验
New Education in China

SHENGMING ZHONG ZUIHAO DE YUWENKE

生命中最好的语文课

——干国祥语文课堂教学实录

干国祥 | | 著

漓江出版社

图书在版编目（CIP）数据

生命中最好的语文课：干国祥语文课堂教学实录 / 干国祥著.—2 版.—桂林：漓江出版社，2019.6

ISBN 978-7-5407-8647-2

Ⅰ. ①生… Ⅱ. ①干… Ⅲ. ①中学语文课—课堂教学—教学研究—高中 Ⅳ. ①G633.302

中国版本图书馆 CIP 数据核字（2019）第 099035 号

生命中最好的语文课

——干国祥语文课堂教学实录

作　　者　干国祥
策划组稿　文龙玉
责任编辑　文龙玉　章勤璐
封面设计　石绍康
责任监印　周　萍

出 版 人　刘迪才
出 品 人　符红霞
出版发行　漓江出版社有限公司
社　　址　广西桂林市南环路 22 号
邮　　编　541002
发行电话　0773-2583322　010-85893190
传　　真　0773-2582200　010-85890870-814
电子信箱　ljcbs@163.com
网　　址　http://www.lijiangbook.com
印　　制　香河县闻泰印刷包装有限公司
开　　本　710 × 960　1/16
印　　张　20
字　　数　280 千字
版　　次　2019 年 6 月第 2 版
印　　次　2019 年 6 月第 1 次印刷
印　　数　1—3000 册
书　　号　ISBN 978-7-5407-8647-2
定　　价　39.80 元

序：语文课堂——灵魂的栖息地

1

“理想课堂的三重境界”，是为绝大多数新教育人所认同的课堂理念，而“深度语文”，仍然只是少数人的“独特肤色”。

这些人不在乎工具性和人文性纠缠不清的争论，不恐惧于应试的压力（因他们较高的素质使得他们中的大多数在应试上游刃有余），不满足于应试的成功和偶一为之的公开课的掌声，而希望语文课堂是自己灵魂能够有所寄托的栖息地，是自己的生命能够在其中像真理般自我实现的场所。

是的，无论他们在多大程度上认同语文的工具性质，或者认识到语文知识是一个相对客观的可以训练的教学内容，他们仍然不满足于此，而愿意在此基础上，像古代的那些大师们一样，在课堂上直接和人类的最高精神对话，或者在自己身上，实现一种生生不息的创造精神。

2

在为魏智渊兄（笔名“铁皮鼓”）的《语文课》所做的序中，我讲到了魏兄的课堂，是一种“经由思，抵达诗”的努力。事实上，这六个字，正体现出深度语文的真正追求。

一直以来，小语公开课上充斥着、泛滥着抒情，甚至说明文本、议论文本、寓言文本，都会被错误地当成抒情的工具。而这种从头至尾毫无来由的抒情，事实上从一开始就窒息了学生的“思”，让他们成为舞台上下头脑麻木、情感投入的观众和配角，然而却最终并没有能从这样的课堂中，获得理解文本的钥匙。

课堂，首先必须是“思”的。思，是一种中性的批评性思维，是一种希望聆听文本言说的开放心态，是一种渴望与文本进行真诚对话的阅读姿态。

把感情武断地从外贴到文本上，然后让学生美美地读出来的做法，早就应该停止了。

由老师通过大量搜索资料，完成对文本的恶意的批判性解读，然后置文本整体于不顾，从课堂一开始就不复聆听，而只是草率地批判文本诸种不是的做法，也不应该过度泛滥。

思，就是从认真地聆听开始，从同情的理解开始，进到对文本结构以及行文风格的一种整体洞察，并在此同一过程中，就文本的思想见解、表达技巧等，与作者开展反复的对话。

“思”的结果，就是一个个冷静与理性的、拥有独立精神的人，从课堂上站立起来。

3

在我们所执的教育哲学中，思和诗，是存在的两种真理状态。事实上它们必然不可分，但总有所侧重。就像数学家的创造状态中体现着更多的思，但一样也源自激情和梦想；艺术家的创造状态中便体现着更多的诗，却一样需要有漫长缜密的思虑在前面做基础。

诗的存在，就是孔子所说“兴于诗、立于礼、成于乐”的存在。

诗的课堂，就是师生生命因为通过对一个有意义的伟大文本的聆听，进而产生深刻的共鸣或者争鸣，最终仿佛自己就是一个语言和思想的原创者，在课堂上涌现出生命中最酣畅淋漓的时刻。

这样的课堂，并非是可遇而不可求的，事实上，它正是通过漫长的修炼才能求索到的理想境界。

4

在整理书稿之前，新教育研究中心同仁曾开玩笑说：书出版时，不知道作者应该怎样署名？

本书中大多数课案，我备课加上课的时间，往往不超过半天——它们基本上都是在研讨现场确定的课题，学生晚上或第二天用一节课预习，然后我正式进行授课。而整理其中任何一个课案，纵然是经验老到者，只怕也远不是半天时间所能够完成的——因为这需要对着录像反反复复地聆听、观察，并且只有充分理解了教者思路、感受到现场的氛围，一种现象学式的描述才得以可能完成。

而这些课案，基本上不是我自己整理的，其中绝大多数课案是由研究中心成员马玲帮助整理的。在这个意义上，这本书的作者，完全可以署上她的名字。

课堂是活生生的存在场所，师生独特的声音，现场的温度和氛围，再加之我这些课大都是“一次性的”（即事先没有上过，事后也不太可能重上），里面有许多生命遭遇时的微妙。要用文字重现这一切，这几乎是不可能的。但是感谢马玲，她的文字还是最大限度地保留了课堂上的那种细微的现场感，这是我所能够读到的最好的课堂记录。我们还把这种尽可能还原现场的描述，称为“现象学姿态下的课堂描述”，这同样也是我们课堂研究的一部分。

5

自2010年起，我工作和研究的重心暂时有所偏移，不复频繁外出培训和做教育公益，于是我的课堂实践也就基本上停滞了。

而研究中心进驻内蒙古鄂尔多斯东胜区罕台新教育学校之后，鉴于当前孩子的基础以及年级（目前只有一二年级），鉴于我的课堂实践事实上不是公开课式的，而首先是要用较长的时间培养学生，使他们训练有素，以及用新教育儿童课程育其根本，让他们拥有丰富的智力背景和人文底蕴，所以我还将较长时间地中止课堂研究，而把重心放在其他新教育课程的开发上。

所以这个课案和《理想课堂的三重境界》一样，事实上是对前几年课堂探索的一个总结。

我不知道几年之后，当罕台的孩子们通过儿童课程成长到丰富、浪漫、灵动之后，当我们的有效教学框架让孩子们渐渐训练有素之后，以及，当我对生命与教育有了更本真的理解之后，我还能拥有怎样的课堂？

艺术是不能重复的，生命是不能停滞的。虽然年华已逐渐老去，我却依然期待明天。

6

一本书，是一段岁月的一个见证。但如果没有那些珍贵的名字一直支持着我，我只怕早就淹没在岁月的琐碎中，而谈不上贡献这些生命的花朵了。

感谢我的妻子陈美丽和女儿干如云，几年来她们跟随我在大江南北颠沛转徙，个中甘苦已经不是语言所能表达，但她们却始终秉持着新教育的精神，不断地完善自我，积极地影响周围的人们。她们的努力为我创造了一种可以全心于教育研究的良好条件，这是人生最宝贵的财富。

感谢研究中心的同仁，不仅马玲为我描述了大量的课案，而且这些课的许多思想，也是在和他们的交流碰撞中形成的。我一直庆幸自己身处一个伟大的团队中，我相信，在这样的团队中，每个人早早晚晚都将让自己成为存在真理的见证者。

感谢我的导师朱永新先生，和他所感召下汇聚起来的新教育共同体，我这些年的成果，都植根于新教育的梦想，没有这个梦，个人的成就将会显得极其单薄。

感谢宝应“新教育小学”的同仁们，尤其是马继芬、祁华忠和周信东三位卓越的新教育人，虽然我们只有两年的共事经历，但如果没有他们训练有素的学生，我便没有灵感闪耀的某些课。

感谢在课堂上同我一起穿越的那些师生，贵州凤冈绥阳一小、土溪完小、龙泉三小，贵州绥宁石门坎新中学校，山西绛县城内小学，重庆长寿一小……我几乎能够清楚地记起每一个地方曾经挥洒过的汗水，和曾经收获的欢笑，因为我的生命曾在这些地方和你们一起编织，并在这样的编织中一再地绽放。

于内蒙古鄂尔多斯东胜区罕台

2011年1月26日

目　录

第三章 散文篇

第四章　科普说明篇

第五章　思维与说话篇

第一章　经典小说篇

整本书共读（包括漫长的推进课和最后的主题探讨课），是新教育儿童课程的重要项目；而经典的细读，则是“构筑理想课堂”的重要内容。作为文化经典的教学，其教学目的主要就是尽可能本真地、深入地理解原文本，而不是把它当成某种语文知识的载体。反过来，文本中涉及的一些语文知识（如神话的象征）和与阅读行为相关的语文方法（如批注的方法），倒是理解文本的必不可少的工具。

西　游　记

时间：2008年4月10日（新教育小学开放周）
班级：江苏宝应新教育小学五（3）班
教材：干国祥根据《西游记》原著改编

背景描述

新教育小学开放周，是新教育研究中心驻扎在江苏宝应实验小学时，向全国开放的一种公益教育培训模式。在为期一周的时间里，大家共同研讨、磨课、案例分析，以及开展新教育理论学习。

这一次开放周，大家想要聚焦一个伟大文本《西游记》的教学。先由班主任兼语文老师马继芬用将近两个星期时间，用整本书共读的方式，共读了《西游记》原著。然后在这个开放周上，几位老师把各个版本的小学语文教材中的相关选段按顺序汇编，进行了语文学科的教学：马玲上《猴王出世》，陈金铭上《大闹天宫》，干国祥上《孙悟空三打白骨精》，最后紧承《孙悟空三打白骨精》，由干国祥上《西游记》整本书的主题探讨课。

整本书共读（包括漫长的推进课和最后的主题探讨课），是新教育儿童课程的重要项目；而经典的细读，则是"构筑理想课堂"的重要内容。所以这整个课程，以及下面的两节课，其实是把这两方面的内容做了一个整合。

作为文化经典的教学，其教学目的主要就是尽可能本真地、深入地理解原文本，而不是把它当成某种语文知识的载体。反过来，文本中涉及的一些语文知识（如神话的象征）和与阅读行为相关的语文方法（如批注的方法），倒是理解文本的必不可少的工具。这两点，在本课中都体现得较为明显。

孙悟空三打白骨精

第一课时：什么是阅读

"第一个问题，是让你来说：读《三打白骨精》，你有什么问题？"

同时，屏幕上的文字更清楚地告诉和要求学生：“什么是阅读？阅读就是向文章提问，并在文章里找到答案。”

“天上的神仙不是在天上看着吗，可是当唐僧说孙悟空误杀人，他们为什么不下来作证呢？”一个学生问。

“对呀，神仙明明在旁边，却为什么不来作证呢？”干老师先肯定了这是一个问题，然后又点拨道，“孙悟空是让他们来作证的吗？”

“不是的。”

“那让他们来干什么？”

“盯着白骨精。”

“所以，上次很多同学几乎都做（指预习批注）错了。”这时，大屏幕上出现了描写这个情节的相关段落，悟空和众神的重点语句用重点号标出强调出来，内容如下——

> 行者掣出棒来……思量道：“不打杀他，他一时间抄空儿把师父捞了去，却不又费心劳力去救他？还打的是！就一棍子打杀他，师父念起那咒，常言道：‘虎毒不吃儿。’凭着我巧言花语，嘴伶舌便，哄他一哄，也罢了。”
>
> 好大圣，念动咒语，叫当坊土地、本处山神道：“这妖精三番来戏弄我师父，这一番却要打杀他。你与我在半空中作证，不许走了。”众神听令，谁敢不从，都在云端里照应。那大圣棍起处，打倒妖魔，才断绝了灵光。

师：“这里，我提出了两个问题，为什么这次打死了妖精？原因在哪里？”

“因为神仙们在半空中，现出神光来罩住白骨精。”这一点学生从文章中都读出来了。

“嗯，这时他能不能化身逃跑？对，不能。”师又问，“刚才这个同学说这些神仙能不能出来作证，我下节课告诉你。这节课我们要说的是孙悟空想让众神替自己的清白作证吗？”

“不是。”

“哪里看出不是？”

生：“孙悟空说‘凭着我巧言花语，嘴伶舌便，哄他一哄，也罢了’。”

“哦，‘哄他一哄’，这个‘他’指的是谁？”

“唐僧。”

“我打死了妖精，哄他一哄，也就罢了。孙悟空有没有想过让其他人替他作证啊，他只想着我哄他一哄，就算了。”学生都被老师描述的孙悟空“自作聪明”的样子逗乐了。

“还有哪里可以看出他不想让人作证？”老师又引着学生细读课文。

“‘这妖精三番来戏弄我师父，这一番却要打杀他。你与我在半空中作证，不许走了。’这里谁替谁做什么证？”老师让学生把这句话又读了一遍。

“作证我这一棒要打死他（白骨精）。看我打不打得死他。但是又奇怪了，为什么要他们来作证呢？”在这里的文本中“作证”一词与学生当下语境所理解的“作证”是有区别的，干老师就此做了比较详细的解释，“其实不是要他们为他在唐僧面前做出证明，孙悟空心高气傲，他不能对神仙们说，我这一棒还打不死他（白骨精），你们要来帮我忙，他不肯说这样示弱的话。所以他说你们‘替我作证’，可是‘众神听令，谁敢不从’，这些神仙们不是傻瓜，都知道这意思，孙悟空说的意思其实就是：不是看他打不打得死白骨精，而是要帮他打死（因为那怪物的‘解尸法’手段着实厉害，前两次就这样被他走脱了），所以孙悟空才要他们在半空里替他作证，不许（白骨精）走了。走了他拿谁算账，拿众神算账。所以‘众神听令，谁敢不从，都在云端里照应’。怎么个‘照应’？各显出神通来，把这个妖精的神通给罩住，不让他再遁身，直等到孙悟空打到了妖魔，才断绝了灵光。这断绝了灵光什么意思？”

“就是都收了宝贝。”

“对，收了神通，众神这才消散，走了。所以唐僧、猪八戒是看不到众神的，只能感觉到周围有神光。你看，问题重要吧？继续提问。”

“为什么孙悟空不在第一次就让这些神仙作证啊？”

“他怎么知道第一次打不死呢？”老师反问了一句，其他学生都笑了。

“我觉得是因为，刚才老师说了孙悟空心高气傲，他不可能因为自己还没做事情，就让神仙来帮他忙，这样子也很丢面子的。”一个学生补充。

“对啊，这样做还是孙悟空吗？”老师又反问道，“这样做便是你小悟空，而不是他孙悟空了。”老师让学生继续提问。

生问：“为什么唐僧相信猪八戒而不相信孙悟空呢？”

“好问题！为什么唐僧相信猪八戒而不相信孙悟空？问得好，答案等会儿揭晓。还有问题吗?”他把这个问题先悬置起来，示意其他同学再来提问。

“唐僧不是可怜孙悟空吗，为什么还要把孙悟空勒得像亚腰儿葫芦一样?”生问。

“哦，‘亚腰儿葫芦’就是说紧箍儿把孙悟空的头勒得像个葫芦一样，中间细两头鼓起来，为什么要惩罚孙悟空呢?和上面一个问题相关，答案也等会儿分晓。”这个问题老师也先悬置处理。没有同学再提出问题了。

尝试加批注

“其实大家还有问题，比如说在这处，文章一细读就会有问题。”大屏幕上打出了课文中的这段话。

> 唐僧一见，惊得从马上摔下来，坐在地上，不由分说，一口气念了二十遍紧箍咒。悟空头痛难忍，连忙哀告。唐僧喝道:“你为何不听劝说，把人打死一个，又打死一个?”“它是妖精!”唐僧非常生气:“胡说!哪有那么多妖精!你无心向善，有意作恶，你去吧!”悟空说:“师父若真不要我，就请退下我头上的金箍儿!”唐僧大惊:“我只学过紧箍咒，却没有什么松箍咒儿!”悟空说:“若无松箍咒，你还带我走吧。”唐僧无奈:“我再饶你这一次，但不可再行凶了。”悟空忙点头答应，扶着唐僧上了马，继续前行。

干老师把学生在预习时做的批注也显示在相关文字旁边，他先说的是一个叫朱琪的同学针对孙悟空提出要“松箍咒”的念头的批注:“孙悟空应该一心一意地保护唐僧，没有其他的念头，可是为什么还有松箍咒的念头呢?”

此批注后还显示了干老师为这个批注打的等级:三颗星。干老师说:“我认为这个问题提得好。”接着他又出示了一个叫任一舟的同学也根据这段话做的批注:“唐僧大惊:‘我只学过紧箍咒，却没有什么松箍咒儿!’(批注:唐僧这话一定是假的，一定是想留住孙悟空。)”

“大家觉得任一舟的批注对不对?”干老师让同学们判断。

“不对。”

“怎么说不对?”

“他想让自己回老家，留点面子，省得……”一个男生却抛开这个话题，自顾自地要表达自己对悟空要松箍咒的看法了。

“我们要说的不是这个评价对不对?”干老师打住了他的话。

“唐僧是去西天取经去的圣僧，他是不会说谎的。”后面一个同学的发言就针对问题本身了。

“嗯，唐僧是不说谎的，他的特点之一就是诚实。所以说唐僧是说假话，这就是瞎猜了。”干老师为这个批注打的等级是一颗星。

“有一个同学这样解释。”大屏幕上又出现了一个批注：“紧箍咒让孙悟空只能一直跟着唐僧，没了自由，所以他才如此向往能松下金箍。”

于是学生们又开始对这个批注做自己的判断，一个女生说：“我不这样认为，我认为孙悟空还想跟师父一起去西天取经，他知道师父不可能去掉紧箍咒，因为如果菩萨告诉师父紧箍咒，又告诉了师父松箍咒的话，师父心慈，假如悟空做了什么好事，师父大发慈悲，就真的会把金箍给解下来了，所以师父不可能有什么松箍咒。孙悟空这么说，他是知道师父不会有的，他还想继续跟着师父取经。”

“你们看，这位同学分析了三个人物的心理，第一个是菩萨，菩萨知道唐僧的善良，又分析了唐僧，还分析了孙悟空。”老师对这个女同学的回答表示非常赞赏。下一个批注：“悟空利用师父没有松箍咒儿这一点，和师父继续去西天取经。”对此，老师评价道：“说得好啊。这个解释，我们认为才对了。所以这个松箍咒是大有学问的，就表明了孙悟空怎样啊?”

“聪明。”学生说。

“聪明?换一个词语，叫什么?”老师问。

“机智。”学生又说。

“机智?为了实现跟师父去取经的目的，坚定不移地要去，那叫什么?”

“那叫忠心耿耿。”老师给这几个同学的批注打了五颗星。

最后，老师又出示了一个批注，这是这次预习中最为精妙的一个批注了，同样也得到了五颗星。老师把这个榜样批注展示给大家：“悟空足智多谋，他知道只有菩萨会松，却明知故问。侧面可见他重情义——自己明明可以享受天伦之乐，但是忍不下心……他明知师父辨不清妖怪，但仍冒着被师父误解的危险三打白骨精。”倪旭雯同学读了自己的批注之后，也收获了全班同学钦佩的掌声。“这几位同学的批注，我都给加了五星，这就叫细读课文啊。读得认真仔细。”老师再一次称赞道。

预习的作用

“好，现在该我来问问题了。先问一个问题：西天取经共有唐僧、孙悟空、猪八戒、沙僧、白龙马五‘人’。他们在取经过程中记录‘功劳簿’，按功论赏。在本次白骨精事件中，你如何为他们一一打分?”

屏幕上出现了这样的表格，学生马上热烈地争论起来。

人　物	按功论赏结果	奖次
唐　僧		
孙悟空		
猪八戒		
沙　僧		
白龙马		

两分钟后，老师组织学生交流。

一个女生首先说出他们小组的意见：“唐僧一等奖，孙悟空二等奖，沙僧和白龙马是三等奖，猪八戒是四等奖。”她在说的时候不时遭到其他同学的异议，以至于干老师问有没有跟他们意见完全相同的，没有人表示赞同。

这时，其他组纷纷举手要发表自己的意见，一个男生说：“孙悟空第一，沙僧白龙马第二，唐僧第三，猪八戒没奖。”他的发言引来一串笑声，但反对者倒不是很多，他说完后，举手的只有两三组了。

“孙悟空一等奖，唐僧二等奖，沙僧白龙马还有猪八戒没奖。”又一个女生起来说道。她的话同样也带来了争议，还有几个同学争着要发言，老师说：“停！我们只是评奖，意见众说纷纭。我们现在来看看他们评出的最后的奖次吧。”随之，大屏幕上出现了这样的结果：

人　物	按功论赏结果	奖次
唐　僧	旃檀功德佛	一等奖
孙悟空	斗战胜佛	一等奖
猪八戒	净坛使者	三等奖
沙　僧	金身罗汉	三等奖
白龙马	八部天龙马	三等奖

老师简单向学生介绍了佛、罗汉这些佛教名称的意思，用奖次来表示即为右边的：唐僧和孙悟空一等奖，猪八戒、沙僧和白龙马都是三等奖，没有二等奖。“那么这个结果和我们刚才评的不一样，是这个封赏不公正，还是这次降妖活动中未能体现各人相应的功绩？”老师问。

“未能体现各人相应的功绩。”学生一致认为封赏是公正的，但这次活动中未能体现。“那我告诉大家，我们细读课文，就是在课文中找出答案。等会儿答案课文中写得清清楚楚，这个奖和‘三打白骨精’是一模一样的。”

“嗯？”听了老师这样说，学生都表示出很大的疑惑来。

“为什么？等会儿揭晓，先把问题留在你这里。”干老师同前面一样，继续卖着关子。到这里，其实是把学生预习作业中学到的结果都呈现了出来。

“刚才我们只是把同学们学习的结果呈现了出来，表明我们在课前已经读出了什么，读到了哪里了。通过细读，同学们这次预习完成得非常好，我们再来欣赏一些批注。”

细读课文

大屏幕上又投出了课文中的一段话，上面有干老师的批注：

> 一天，唐僧师徒四人来到一座高山前，只见山势险峻，峰岩重叠。走了一天的路，唐僧感觉饥饿，就让孙悟空去找些吃的。（批注1：三个徒弟，唐僧为何先想到孙悟空？这是对悟空能力的信任。）
>
> 悟空跳上云端，四处观看，见南山有熟透的山桃，便要摘些来给师父充饥。（批注2：悟空想：“师父是凡身，不比八戒和悟净，耐得饿。”这是对师父的关心。）（批注3：山势险恶，师父饥饿，有能力的悟空外出，这无不表示，故事即将发生……）

他向学生说明，旁边的几处批注是他做的。因为时间关系，让学生看了就一带而过。“我提了这样一个问题。”干老师紧紧围绕着“阅读、提出问题”的核心，同时也是向学生做着示范，“做师父真好！神通广大的孙悟空为何要听手无缚鸡之力的唐僧的话？”

他的这个问题刚出，下面就有一个学生举手，要求回答。“这是因为——孙悟空是唐僧救出来的，所以他知道‘滴水之恩，当涌泉相报’。”这个孩子不断调整着自己的思路。

“哦，报恩。认为是报恩的举手。”有少数几个同学举了手。

“孙悟空头上戴着金箍，如果孙悟空不听话，唐僧就要念紧箍咒了。”一个同学提出了这样的观点。这个观点得到了很多同学的赞同，预习中也有很多同学在这里批注了：“因为孙悟空想解开金箍儿。”

但是还有同学起来为“报恩说”寻找理由：“因为唐僧救了孙悟空，孙悟空要报答他，如果不报答他，三界就都会知道孙悟空是恩将仇报，不报恩的。而且孙悟空自己也会丢面子。”

“你这还是在强调‘报恩’，但是跟这个不矛盾。”老师评价道。学生说：“如果孙悟空想解开金箍的话，那么他会在唐僧面前做一些好事，让唐僧对他……”“刚刚我们已经讨论过了，唐僧有没有松箍咒？”干老师问。

“没有。”

“这个问题很简单，”干老师先判定那些认为“孙悟空是因为紧箍咒的原因才听从唐僧的话”的观点是错误的，接着说，“我也做了一个批注：想解开金箍儿的最好办法是让妖怪把唐僧吃掉！”学生“轰”一下都乐了。

“可不就是这么一回子事情嘛。妖怪一口把唐僧吃掉，那我的紧箍咒还有什么要紧的！”

“还有菩萨呢！”

“这跟他已经没有关系了，他已经解脱了。”老师解释道。

大屏幕上又出现了后面的课文内容：

> 悟空刚走，唐僧就被妖怪白骨精发现了。白骨精不胜欢喜，自言自语道：“造化！造化！都说吃了唐僧肉可以长生不老。今天机会来了！”它正要上前，见唐僧身边有猪八戒和沙僧保护，就摇身变作美貌的村姑，拎了一罐斋饭，径直走到唐僧面前，说是特地来请他们用斋的。唐僧一再推辞，八戒嘴馋，夺过罐子就要动口。

在白骨精化为美貌村姑送来斋饭，唐僧一再推辞处，干老师呈现了他阅读时曾做过的一个批注：“唐僧想：悟空说万事小心，还是谨慎为妙。且不久悟空就会取来东西，虽不美味，总可充饥。”

干老师说：“我在这里做了批注，现在发现这个批注是错误的，大家知道为什么吗？”学生还看不出来。

老师说：“唐僧为什么不想吃？这个问题我们在后面也要学到。我们继续讨论如何做批注。”

老师又说：“班里有一个叫孙媛的同学，批注得非常好！这个妙啊。我给她打了五颗星。她的批注是：八戒一开始就是因为色迷心窍而被打下天宫，在这里为妖精辩护是正常的。这个批注太妙了。”

接下来仍然是关于批注的学习交流：

> 正在这时，悟空从南山摘桃回来，睁开火眼金睛一看，认出村姑是个妖精，举起金箍棒当头就打。唐僧连忙扯住悟空。（老师批注：唐僧是肉眼，自然看不到这个美女是妖怪，所以，扯住悟空是很正常的，不扯住才不正常。）悟空说：“它是个妖精，是来骗你的。”说着，就朝妖精劈脸一棒。妖精扔下一具假尸首，化作一缕轻烟逃走了。

出现这段改写后的课文后，干老师说：“有同学在这里批注：‘悟空想：哼，这个有眼无珠的老头！’这个老头指的是谁？”

学生说：“唐僧。”“这个批注对不对？”老师又问。

“不对。”“还有同学也在这里做了批注：‘悟空想：师父是肉眼凡胎，看不出谁是妖精，若不除去，只怕对师父不利，还是先除去，再向师父解释吧。’悟空当时的心理活动，哪个解释得更好一些呢？”

“后面一个比较好。”

“我让大家对心理活动做批注的，我认为，后面一个批注比较好，所以我给她打了两颗星。”老师说。大屏幕上又出现了一段文字：

> 唐僧责怪悟空无故伤人性命。悟空打开罐子，从里面跳出来几只青蛙、癞蛤蟆，根本没有什么斋饭。唐僧这才有些相信那村姑是妖怪。

在这里干老师呈现了万旭辉同学的批注：虽然证明了悟空是清白的，但唐僧还是半信半疑。干老师为这个批注评三颗星。

> 师徒们吃了桃子继续赶路。山坡上闪出一个年满八旬的老妇人，

手拄着弯头竹杖，一步一声地哭着走来。悟空见又是那妖精变的，也不说话，当头就是一棒。（学生翟尚云批注：悟空怕师父阻拦。干老师课堂点评：“批注得好！”）白骨精见棍棒落下，又用法术脱了身，丢了具假尸首在路上。

唐僧一见，惊得从马上摔下来，坐在地上，不由分说，一口气念了二十遍紧箍咒。（学生杨启航批注：唐僧太呆了，明知孙悟空有火眼金睛能识妖精，却还不相信。）

这段文字中学生批注得比较多，老师在读课文时即时呈现学生的相关批注并简要点评外，对于后面“唐僧太呆了”的批注做了详细的辨析：“这里是说唐僧呆吗？他为什么惊得从马上摔下来？让他大吃一惊的是什么？”

“悟空是出家人，不应该杀生的。可是悟空又把一位老妇人给打死了。”一个学生说。

“又打死了一个！这么一个老态龙钟的老奶奶，一棒就给打死了！罪恶太大了，所以吃惊得摔下马来。”老师肯定了他的看法。澄清了“唐僧为何而惊”后，老师又出示并表扬了翟尚云此处的批注：悟空太急躁了，他明知师父心地善良，却没有证实给他看，唐僧不知，当然得处罚他！

随后，干老师又呈现了学生顾赟在这里的批注：“顾赟同学在这里批注非常之妙：‘破绽太大了，“老太太”根本不知道她“女儿”死了，怎么会哭呢？’”表扬顾赟能根据文中“一步一声地哭着走来”细读并批注。

“她不该哭，但是妖怪为什么要哭？”老师又问了一个问题，探究妖怪之心。

“它想换取唐僧的同情。”一个学生说。

“对呀，它不顾逻辑也要骗取唐僧的同情。等会儿我们也要进行文章的细读。”干老师又留了一个悬疑。

白骨精不甘心就这样让唐僧走了，又变成一个白发老公公，假装来找他的妻子和女儿。悟空把金箍棒藏在身边，走上前迎着妖精，笑道：“你瞒得了别人，瞒不过我！我认得你这个妖精。”悟空抽出金箍棒，怕师父念咒语，没有立刻动手，暗中叫来众神，吩咐道：“这妖精三番两次来蒙骗我师父，这一次定要打死它。你们在半空中作证。”众神都在云端看着。悟空抡起金箍棒，一棒打死了妖精。妖精化作一堆骷髅，脊梁上有一行字，叫做“白骨夫人”。

在这里，那个叫万旭辉的同学连续做了两个批注：妖精为什么这次没逃走呢？白骨精不经打，全靠智谋取胜。老师对万旭辉后面的批注大加赞赏，说：“批得实在太妙。‘白骨精不经打，全靠智谋取胜’就批出了白骨精的特点。整篇文章白骨精妙就妙在一个智谋。”

接着，干老师又请一个叫刘欢颖的同学读出她对此段话的批注：“白骨精太狡猾，诡计多端，它明知道唐僧的弱点是正直善良，却一直找机会让唐僧误解孙悟空，它就是要让孙悟空远离唐僧，这样阴谋才得逞。它可把孙悟空害惨了……”老师一方面对刘欢颖的批注提出了表扬，同时针对她的批注提出：“为什么说正直善良是弱点呢？”让学生思考。

生说：“说唐僧正直善良，是因为唐僧是圣僧，一向以慈悲为怀，连扫地都怕伤了蚂蚁的性命，可他自己又是肉眼凡胎，所以呢……”

师问：“我要问的是这是优点还是缺点？”

“优点。”“缺点。”其他同学倒有了不同的回答。

“（正直善良）在孙悟空身上是优点，在唐僧身上是缺点。”女生折中道。

“那这话咋说呢？”

“因为唐僧肉眼凡胎，妖精变成人来迷惑他，他自己也不知道。也许还会乐善好施。”生说。

“哦，按照你的意思我知道了，唐僧不应该正直善良。”老师按她的逻辑推出这样的结论。

“也不是！”

“那是什么呢？”这时，其他同学有着急举手的。老师让他们都放下，说：“待会儿我们统统都要解决。”

这时，大屏幕上又打出这样两行文字：细读课文，需要一双火眼金睛！一支变幻莫测神笔！算是对上面关于批注的交流的总结，也是对本课深入阅读的一个总起。

“刚才我们读的课文还都是上课前读的，我们课堂上真正深入地细读课文还没开始呢！”顿了一下，老师接着总结道，“刚才这些批注只是代表了优秀的同学读的，没上课便已经读得这么好。我刚才用大量的时间，呈现了这么多优秀同学的批注（课到此时已经24分钟了），就是想让大家向这些优秀的同学学习，以后批注文章要批注到妙处。”

三字妙评

接下来干老师带领孩子们又一起重新细读课文。干老师先把文章的主体内容分析了一下：“课文主要写的内容就是‘三打’，这里有六个人物：唐僧、孙悟空、猪八戒、沙和尚和白龙马，还有一个最最重要的白骨精。所以，一切故事都要从白骨精讲起。”

随即，他又带领学生对“一打白骨精”做了详细的分析。

> 果然这山上有一个妖精。他在云端里，踏着阴风，看见长老坐在地上，就不胜欢喜道：“造化，造化！……”那妖精上前就要拿他，只见长老左右手下有两员大将护持，不敢拢身。妖精说：“等我且戏他戏，看怎么说。”

师在“不敢”处批注：武力有限，计谋多多。

“且戏他戏”处批注：聪明。

老师解释道：“这是个聪明妖怪，他看到猪八戒和沙和尚在唐僧左右，就不敢拢身，而猪八戒和沙和尚武功平平，但妖怪看到他们就‘不敢拢身’，说明他的武艺也稀松平常。但是他还敢走近‘且戏他戏’，说明他还是聪明，计谋多多。”学生理解这些没有问题，但老师紧接着又问出这样一个刁钻的问题：“如果你是妖怪，面对三个光棍和尚，你准备怎么戏他们一戏？”

学生一下子哄笑起来。“我先把唐僧‘戏’出来，然后再把他‘戏’到森林里……”这个学生话还没说完，就被老师打断了：“我问的就是你怎么把他‘戏’出来啊？”

“金银财宝。”一个女生说。

“其实我们已经知道了，他变作了这一个……”边说着，老师边在大屏幕上投出白骨精一戏唐僧的那段话，并且让学生有滋有味地读出来：

> 好妖精，停下阴风，在那山凹里，摇身一变，变做个月貌花容的女儿，说不尽那眉清目秀，齿白唇红，左手提着一个青砂罐儿，右手提着一个绿瓷瓶儿，从西向东，径奔唐僧。

真个是远看未实，近看分明。那女子生得：

冰肌藏玉骨，衫领露酥胸。
柳眉积翠黛，杏眼闪银星。
月样容仪俏，天然性格清。
体似燕藏柳，声如莺啭林。
半放海棠笼晓日，才开芍药弄春晴。

学生读后，老师问："有同学在这里做了批注的吗？"

除了一个同学对"径奔唐僧"提出有破绽，但被别的同学否定了后，没有同学对这段话做批注。

师说："我这里倒是批注了三个字，要请你们品味品味。"这时，在大屏幕"那女子生得"文字旁边出现了三个字：好！妙！妖！

学生不理解，静听老师说分明。

"这明明是妖怪，我为什么批他'好'？女子合起来不就是'好'嘛！"

学生一下子全乐了。"我为什么批他'妙'？因为他变的是个'少女'呀！"

学生又一下子全乐了。

"我为什么批他'妖'？"

"因为长得漂亮。"

"'妖冶'是一种特殊的美。所以，我这三个字都在赞美这个女子长得太美了！""轰"，又是一阵更加开怀的哄笑。

"但是猪八戒看见了又如何？"干老师让大家读描写猪八戒这个时候所为的句子：

那八戒见他生得俊俏，呆子就动了凡心，忍不住胡言乱语。叫道："女菩萨，往那里去？手里提着是甚么东西？"

学生读猪八戒的语气倒是惟妙惟肖，老师又打趣道："你们一读，把'八戒本色'给读出来了。"教室里又充满了笑声，同时，屏幕上"八戒本色"四个大字像用印章一样印在了这段文字上。

"什么叫'八戒本色'？"老师又问，他接着说道，"本色，就是说本性好色。"学生又笑了，在这里，老师巧妙地玩了个文字游戏，但这个游戏要下面才揭晓妙处。

“我们再来看看唐僧怎样了呢?”大屏幕上“八戒本色”的下面又写了对唐僧此时行态的描写，老师让学生也读出来：

> 三藏见了那女子，连忙站起来合掌当胸道……
>
> 三藏道：“善哉，善哉！我有徒弟摘果子去了，就来，我不敢吃；假如我和尚吃了你饭，你丈夫晓得骂你，却不罪因贫僧也?”
>
> ……三藏也只是不吃。

“大家教材里的课文只讲三藏不吃，没讲三藏为啥不吃。因为做和尚是不能带财物的，他的所有的饮食都要靠别人布施，所以人家斋僧他吃是理所当然的。但这里他为什么不吃，因为这女子说我这是给丈夫送的，所以他坚持不吃。”干老师在这里解答了前面“唐僧为什么不想吃”这个悬置的问题。

他又问：“面对美貌村姑，唐僧动凡心了吗?”

“没有!”学生一起说道。

“所以妖精一变，只骗得八戒，却是低估或者错看了唐僧。但是他骗了八戒后有没有好处?”干老师又问。

“没有。”“有呢!”学生又有了争论。

“好，好处大着呢，我们现在不说。现在我们也给唐僧下个评论：什么本色?”有同学说“英雄本色”，老师显示“和尚本色”。这四个字在刚才唐僧这段话上，和上面的“八戒本色”相映成趣。

分角色朗读

接下来更加精彩的“孙悟空一打白骨精”则主要是分角色朗读展开学习。在整个的朗读中，老师让男同学扮演孙悟空，而女同学则扮演唐僧。

> 男生　只见那行者自南山顶上，摘了几个桃子，托着钵盂，一筋斗，点将回来；睁火眼金睛观看，认得那女子是个妖精，放下钵盂，掣铁棒，当头就打。
>
> 女生　唬得个长老用手扯住道：“悟空！你走将来打谁?”
>
> 男生　行者道：“师父，你面前这个女子，莫当作个好人，他是个

妖精，要来骗你哩！”

女生　三藏道：“你这猴头，如何乱道！这女菩萨有此善心，将这饭要斋我等，你怎么说他是个妖精？”

男生　行者笑道：“师父，你那里认得。……我若来迟，你定入他套子，遭他毒手！”

女生　那唐僧那里肯信，只说是个好人。

读到这里，干老师问：“他们谁对谁错？”

“孙悟空！”不仅是男生，连读“唐僧”的女生也众口一词。

“孙悟空对，唐僧错。唐僧没有对的，是吧？”

“有的。”有同学开始更加细致地思考了，“他不知道的。”

“唐僧也有对的，因为他没有听到孙悟空的解释……”一个学生说，老师插了一句，“可是他听到了孙悟空的解释了。”

“可是孙悟空没有说清楚。”学生又说。

“哦，你的意思是说，唐僧虽然听了孙悟空的解释，可是他不相信。”老师替他归纳道。

生说：“唐僧是肉眼凡胎，看不出这个女子是妖怪。所以只说是个好人。”

“哦，那么这时候他能不能让孙悟空打？”老师又问。

“不能。”

“如果他让孙悟空打会怎样？孙悟空是火眼金睛X光眼，一照下来没有皮肉只有骨头，看出这是个白骨精。对不对？但是唐僧是肉眼凡睛，那怎么办？那只能做一件事情，就是——护生灵。在他看来，那不是妖怪，那是一位村姑，一位为夫送饭的好心村姑，怎能一棒打死？能不能孙悟空胡言乱语几句，唐僧就同意：‘好，你把她一棒打死吧！’”

“不可以。”

这样，干老师引导大家在“一打白骨精”事情上分别从孙悟空和唐僧两人的角度做了分析，知道在这个问题上孙悟空没错，因为他火眼金睛，要扫除妖魔；唐僧也没错，因为他肉眼凡睛，要怜惜生命。

这时，在这段文字上，干老师对孙悟空和唐僧分别做的批注又形成了强烈的比照：

孙悟空：火眼金睛识妖魔。这是悟空本事！

唐　僧：肉眼凡睛护生灵。这是菩萨本心！

初步分析了唐僧、孙悟空和猪八戒几个人物形象后，学习继续进行。

> 行者发起性来，掣铁棒，望妖精劈脸一下。……唬得个长老战战兢兢，口中作念道："这猴着然无礼！屡劝不从，无故伤人性命。"……沙僧搀着长老，近前看时，那里是甚香米饭，却是一罐子拖尾巴的长蛆；也不是面筋，却是几个青蛙、癞蛤蟆，满地乱跳。长老才有三分儿信了。怎禁猪八戒气不忿，在旁唆嘴道："师父，说起这个女子，他是此间农妇，因为送饭下田，路遇我等，却怎么栽他是个妖怪？哥哥的棍重，走将来试手打他一下，不期就打杀了；怕你念甚么紧箍儿咒，故意的使个障眼法儿，变做这等样东西，演幌你眼，使不念咒哩。"

老师问道："猪八戒'气不忿'，为什么'气不忿'？"

很多同学急切地举手，老师偏找了前排一个没举手的女生，她站起来说道："因为猪八戒是好色的，他眼前的美女没了，美食也没有了，全被孙悟空打死了。"

"他念念不忘的就是刚才那个'酥胸美女'，所以他现在脑子中一切是非都没有了。只是念叨着'你怎么把美女打死了'，整个故事都是跟猪八戒的'气不忿'有关，所以我说八戒种种，皆在'气不忿'三字。这里沙和尚也出现了。"干老师又在相应处呈现了他对沙和尚的批注："沙僧只是老实，没言没语。你说沙僧这会儿应该帮谁？"

"孙悟空。"学生又脱口而出。

"理由何在？"

"因为孙悟空大闹天宫的时候，沙僧是卷帘大将，应该已经知道孙悟空练就了'火眼金睛'。"一个学生联系以前的情节说。

"只要一个人说他有火眼金睛，你就可以相信他？"老师追问。学生有些语塞。

老师再问："有了火眼金睛，是不是他就不会撒谎了？"接着他又根据文中猪八戒所说的"悟空使了个障眼法儿"一句继续追问："有没有可能是障眼法呢？""有！"学生经过更加细密的思考，得出这个回答。

"我们来看看这段文字。"老师又出示了后面的文字，仍然请男女生分角色读。

男生　行者道：“师父，你面前这个女子，莫当作个好人，他是个妖精，要来骗你哩！”

女生　三藏道：“你这猴头，如何乱道！这女菩萨有此善心，将这饭要斋我等，你怎么说他是个妖精？”

男生　行者笑道：“师父，你那里认得。老孙在水帘洞里做妖魔时，若想人肉吃，便是这等：或变金银，或变庄台，或变醉人，或变女色。有那等痴心的，爱上我，我就迷他到洞里，尽意随心，或蒸或煮受用。吃不了，还要晒干了防天阴哩！师父，我若来迟，你定入他套子，遭他毒手！”

女生　那唐僧那里肯信，只说是个好人。

“听了悟空这话，你信还是不信？”老师问。

“不信。”学生说。

“此话若是真的（指孙悟空做妖时的狡猾），我敢不敢相信？”老师再问。

“不敢。”

“是啊，他有火眼金睛不假，但是他如此凶恶狡诈，我还敢相信他吗？”老师解释道。

“但是，他这话是假的，他明明是个猴子，吃的是素的，这话完全是拿来骗我的，他明明在撒谎，这话我能够相信吗？”

这样，学生知道了不管悟空这话是真是假，唐僧却都是不能相信。接着又往下读。

女生　三藏果然信那呆子撺唆，手中捻诀，口里念咒。

男生　头疼，头疼！莫念，莫念！有话便说。

女生　有甚话说！出家人时时常要方便，念念不离善心，扫地恐伤蝼蚁命，爱惜飞蛾纱罩灯。你怎么步步行凶？打死这个无故平民，取将经来何用？你回去罢！

男生　师父，你教我回那里去？

女生　我不要你做徒弟。

男生　你不要我做徒弟，只怕你西天路去不成。

女生　我命在天，该那个妖精蒸了吃，就是煮了也算不过。终不然你救得我的大限？你快回去！

“这段话中两个人的性格就暴露出来了，悟空说，我有本事！西天路上少不得我！唐僧咋说?”

学生七嘴八舌去念唐僧说的话。

“我有原则!”干老师这四字一出，又引发了一阵笑声，“为了我的原则我可以把我的命送掉!”

“你佩服谁?”干老师又问。

“唐僧!”没想到这时候有很多同学首先说出了唐僧的名字，他们很明显在情感上是倾向孙悟空的。

至此，“孙悟空一打白骨精”的细读分析到此告一段落。

二打白骨精

“一打之后呢，唐僧毕竟心软，那就留下悟空吧。”

……原来这唐僧是个慈悯的圣僧。他见行者哀告，却也回心转意道：“既如此说，且饶你这一次。再休无礼。如若仍前作恶，这咒语念二十遍!”

“但是妖精还没死，于是接下来就进行了‘二打’。”大屏幕上又出现了白骨精二番变化“戏弄”唐僧的片段：

好妖精，按落阴云，在那前山坡下，摇身一变，变做个老妇人，年满八旬，手拄着一根弯头竹杖，一步一声地哭着走来。八戒见了，大惊道：“师父！不好了！那妈妈儿来寻人了！师兄打杀的，定是他女儿。这个定是他娘寻将来了。”好行者，拽开步，走近前观看，那怪物：

假变一婆婆，两鬓如冰雪。
走路慢腾腾，行步虚怯怯。
弱体瘦伶仃，脸如枯菜叶。
颧骨往上翘，嘴唇往下别。

老年不比少年时，满脸都是荷叶褶。

“我们刚才已经辨析了她为啥哭，就是因为发现美女对唐僧不起作用，所以就变成老妇人。”干老师让学生把描写老妇人的诗句齐读了一遍。

“妖精为何要如此变？只有一个目的。”大屏幕上又显示出干老师所做的批注：好妖精！心毒如此。美色逗爱欲，八戒翻脸；老弱引怜惜，唐僧心软。

同样，对于猪八戒，老师又这样批注道：八戒念念只在那“女儿”。

照样男女生分角色往下读去。

男生　行者认得他是妖精，更不理论，举棒照头便打。

女生　……唐僧一见，惊下马来，睡在路旁，更无二话，只是把紧箍儿咒颠倒足足念了二十遍。

男生　可怜把个行者头，勒得似个亚腰儿葫芦，十分疼痛难忍，滚将来哀告道：“师父，莫念了！有甚话说了罢！”

女生　“有甚话说，出家人耳听善言，不堕地狱。我这般劝化你，你怎么只是行凶，把平人打死一个，又打死一个，此是何说？”

男生　“他是妖精。”

女生　“这个猴子胡说！就有这许多妖怪！你是个无心向善之辈，有意作恶之人，你去罢！”

干老师总结：“孙悟空是金箍棒斩妖魔，唐僧是紧箍咒守正义。悟空说‘看棒！’唐僧说‘听咒’！”学生和听课教师又是笑声一片。后面继续分角色朗诵。

男生　“师父又教我去？回去便也回去了，只是把这个‘金箍儿’勒在我头上，若回去，却也难见故乡人。师父果若不要我，把那个松箍儿咒念一念，退下这个箍子，交付与你，套在别人头上，我就快活相应了。”

女生　唐僧大惊道：“悟空，我当时只是菩萨暗授一卷紧箍儿咒，却没有甚么松箍儿咒。”

男生　“若无松箍儿咒，你还带我去走走罢。”

女生　长老又没奈何道：“你且起来，我再饶你这一次，却不可再行凶了。”

男生　行者道：“再不敢了，再不敢了。”又服侍师父上马，剖路前进。

“这就是‘二打’，到‘三打’处两个人的性格将体现得更加淋漓尽致。现在下课休息一会儿。”

第二课时：悟空的原则

开始学习“三打”部分。

同前“两打”一样，老师先抓住了白骨精变化为“念佛老翁”的句子，和学生一起分析了这会儿几个主要人物的心理：聪明妖怪！糊涂长老！执迷八戒！坚定悟空！后面部分内容，学生朗读，老师先做简单串讲：

好妖怪，在山坡下摇身一变，变做一个老公公，还真是：

白发如彭祖，苍髯赛寿星。

耳中鸣玉磬，眼里幌金星。

手拄龙头拐，身穿鹤氅轻。

数珠掐在手，口诵南无经。

唐僧在马上见了，心中欢喜道：“阿弥陀佛，西方真是福地！那公公路也走不上来，逼法的还念经哩。”八戒道：“师父，你且莫要夸奖。那个是祸的根哩。”唐僧道：“怎么是祸根？”八戒道：“行者打杀他的女儿，又打杀他的婆子，这个正是他的老儿寻将来了。”

行者把棍藏在身边，走上前，迎着怪物，叫声：“老官儿，往那里去？怎么又走路又念经？”

那妖精错认了定盘星，把孙大圣也当做个等闲的，（于国祥批注：妖怪千算，算错一人。）遂答道：“长老啊，我老汉祖居此地，一生好善斋僧，看经念佛。命里无儿，止生得一个小女，招了个女婿。今早送饭下田，想是遭逢虎口。老妻先来找寻，也不见回去。全然不知下落，老汉特来寻看。”

“我们刚刚已经分析了，无论是多大的委屈，孙悟空也要把妖怪打死。坚定不移。所以‘妖怪千算，算错一人’。他看错人了，他看对了唐僧，看对了猪八戒，可是没看对孙悟空，孙悟空是无论如何也要把妖怪打死的。最后结果就是：‘那大圣棍起处，打倒妖魔，才断绝了灵光。’所以这里我加了个批注：聪明反被聪明误，自害了卿卿性命。”

行者掣出棒来，自忖思道：“若要打他，只怕师父念那话儿咒语。”又思量道：“不打杀他，他一时间抄空儿把师父捞了去，却不又费心劳力去救他？还打的是！就一棍子打杀他，师父念起那咒，常言道：‘虎毒不吃儿。’凭着我巧言花语，嘴伶舌便，哄他一哄，也罢了。（干国祥批注：悟空巧算，算错一人。）”

好大圣，念动咒语，叫当坊土地、本处山神道：“这妖精三番来戏弄我师父，这一番却要打杀他。你与我在半空中作证，不许走了。”众神听令，谁敢不从，都在云端里照应。那大圣棍起处，打倒妖魔，才断绝了灵光。（干国祥批注：聪明反被聪明误，自害了卿卿性命。）

“悟空巧算，却也算错一人。他算，‘虎毒不吃儿’，比喻什么？”干老师问。

“比喻唐僧虽然生气恼怒，但最终也不会对他怎样。”学生回答。

“孙悟空算错了唐僧，他以为‘哄他一哄，也罢了’，有没有罢了？”

“没有。”

“结果他一棒打死之后，事情就出来了。”大屏幕上又显出相应的文字段落，仍然是男女生分角色朗读——

女生　那唐僧在马上，又唬得战战兢兢，口不能言。

老师　八戒在旁边又笑道：“好行者！风发了！只行了半日路，倒打死三个人！”

女生　唐僧正要念咒……

男生　行者急到马前，叫道：“师父，莫念，莫念！你且来看看他的模样。”却是一堆粉骷髅在那里。

女生　唐僧大惊道：“悟空，这个人才死了，怎么就化作一堆骷髅？”

男生　行者道：“他是个潜灵作怪的僵尸，在此迷人败本；被我打杀，他就现了本相。他那脊梁上有一行字，叫做‘白骨夫人’。”

女生　唐僧闻说，倒也信了；（屏幕上还有干老师的批注：唐僧啊唐僧，你该信谁？信悟空，怎可能人人皆妖？信八戒？信自己？宁可错杀三千，也不漏过一个？宁可漏过妖怪，也不滥杀一个？）

老师　怎禁那八戒旁边唆嘴道："师父，他的手重棍凶，把人打死，只怕你念那话儿，故意变化这个模样，掩你的眼泪哩！"（屏幕上还有干老师的批注：悟空啊悟空，你如何证明你自己？）

老师将猪八戒的神态语气读得惟妙惟肖，引来学生一阵阵笑声，三人争论情景如在眼前。

"唐僧啊唐僧，这会儿你该信谁？这是刚才一个同学的提问，对不对？她说为什么唐僧信八戒而不信悟空？"老师联系前面的学习情况，又将唐僧此时面临的两难处境说了出来，"信悟空，怎可能人人皆妖？走来一个打死一个，走来一个打死一个，如果再走下去，再打下去，我能信他？信八戒？其实唐僧信的是八戒吗？"

学生说："不是。他信的是自己。"

"自己的眼睛！"老师补充说。

"那么你认为他应该信谁？"老师又问。

"悟空！因为悟空有火眼金睛！"学生一起叫。

"现在问题在于当他不能相信悟空的时候他要做出选择，他有两种选择：一种是信宁可错杀三千，也不漏过一个。因为他自己不能判定，所以就把这个权力交给孙悟空了，你尽管去打打打，虽然会打错了人，但总归是要打死妖怪的。"学生笑着，继续听老师往下说，"还有一种是：宁可漏过妖怪，也不滥杀一个。你觉得他应该选哪一个？"

学生议论纷纷。

"两个都不选。"

"两个都不选，那你选什么？"老师问学生还有第三种选择吗？

"遇妖怪，杀妖怪。"女生说。

"可问题在于他这个肉眼看得出来吗？"老师反诘。

"看不到。"

"那他……信孙悟空……"

"信孙悟空，我们说，信一个人要有证据，对不对？所以他不能两个都信，他只能在这里选一个。唐僧选了哪个?”

“第二个。”

“你会选哪个?”

老师让大家举手表决，结果选择第一个“宁可错杀三千，也不漏过一个”的获得了大多数同学的支持，而选择“宁可漏过妖怪，也不滥杀一个”的一个也没有。还有些同学不知如何选择，放弃了。

“我告诉你，我们的法律制度就是第二条：宁可漏过犯罪的人，也绝不可冤枉任何一个人。它先要判定，假设你是没罪的，它能不能说，你们都是有罪的，要把你们都抓起来?”

老师接着讲悟空该怎么应对：“悟空啊，你该如何证明你自己？有没有办法证明你自己?”

“有。”

“有的是你，我问的是书里有没有?”

“没有!”

大屏幕上又出现了后面的课文，学生继续分角色读下去——

女生　唐僧果然耳软，又信了他，随复念起。

男生　行者禁不得疼痛，跪于路旁，只叫：“莫念！莫念！有话快说了罢!”

女生　“猴头，还有甚说话！出家人行善，如春园之草，不见其长，日有所增，行恶之人，如磨刀之石，不见其损，日有所亏。你回去罢!”

男生　“师父错怪了我也。这厮分明是个妖魔，他实有心害你。我倒打死他，替你除了害，你却不认得，反信了那呆子谗言冷语，屡次逐我。常言道：‘事不过三。’我若不去，真是个下流无耻之徒。我去，我去，去便去了，只是你手下无人。”（老师批注：悟空：“没了我，师父你如何得取真经?”我有本事!）

女生　“这泼猴越发无礼！看起来，只你是人，那悟能、悟净，就不是人?”（老师批注：唐僧：“若滥杀无辜，取得真经又有何用?!”我有原则!）

干老师问："悟空说你'手下无人'什么意思？"

"没有能降妖除怪的人。"

"没了我，师父你如何得取真经？我是有本事的人！"老师再一次把孙悟空和唐僧这两个人物中最鲜明也在本故事中最冲突的性格放在一起比照，"而唐僧是只要人，人人平等。所以唐僧的想法：若滥杀无辜，取得真经又有何用?！只要错杀一个，你的真经就没有用了啊。你知不知道？"老师面对学生意味深长地说。

"悟空强调，我有本事！西天路上少不得我！唐僧怎么说？"

"我有原则！"学生记得很清楚。

"我有原则，绝对不能错杀、滥杀一个无辜。好了，是非我们先不分，等会儿再来说说故事为什么要这样发展。"

面对孙悟空和唐僧的冲突，学生都急于想知道到底该如何选择，可是老师却又把它放在了一边。

表格归纳法

"现在我们再来看看这张功劳簿上的得分奖次。"老师又拿出了那张表格，不同的是，白骨精这次也在里面了。对白骨精在这次事件中的评价是：聪明反被聪明误，自害了卿卿性命。

同样，老师又和学生一起把其他的人物特点归纳在表格中：

白骨精	聪明反被聪明误，自害了卿卿性命。
唐　僧	意志坚定取真经，爱惜生灵真佛子。
孙悟空	火眼金睛独识妖，金箍棒起除妖氛。
猪八戒	贪吃好色缺点多，紧随师父受人宠。
沙　僧	既然不识人与妖，闭口静观察是非。
白龙马	我承担的是马的责任！

在梳理表格的过程中，师生对"三打白骨精"这次事件中的众多人物，进行了一番有趣的对话，比如"猪八戒在这里有错吗？他也没有错，只不过暴露了一个缺点——爱美！不过他也有优点，当辨不清方向的时候就紧跟师父""沙

僧为什么不帮孙悟空，因为他也不知道，当你不知道的时候，闭嘴保持沉默是最好的选择”“白龙马也没有错，因为它的任务就是把唐僧驮到西天去”等，学生在欢乐的笑声中对整个故事又有了一层深的理解。

这时候，干老师又问学生，如来给唐僧师徒四人及白龙马的封奖公平不公平?

人　物	按功论赏结果	奖次
唐　僧	旃檀功德佛	一等奖
孙悟空	斗战胜佛	一等奖
猪八戒	净坛使者	三等奖
沙　僧	金身罗汉	三等奖
白龙马	八部天龙马	三等奖

“我觉得白龙马和沙僧不公平。”一个男生仍然提出了异议，“因为白龙马有一次也不顾性命去救唐僧。”

“我们在说这里，‘三打白骨精’这件事里，你又说有一次了，‘有一次’的时候我们再说‘有一次’吧!”由于这个男生提出的是关于“白龙马”的枝生出来的一个问题，与本课无直接关系，所以老师幽默地这样处理。

《西游记》整本书共读

主题研讨

“现在就正式进入我们的第四堂课——《西游记》整本书共读的主题研讨课了。这堂课，我要带领大家从‘石胎’开始一直升级到‘斗战胜佛’。”大屏幕上相应出现了在整个过程中孙悟空经历的各个身份：石胎仙胞、石猴、美猴王、孙悟空、弼马温、齐天大圣、孙行者、斗战胜佛。

“读《西游记》，你有什么问题?”话题还是从这个问题开始。

“孙悟空明明一个筋斗十万八千里，就可以到西天取经的，为什么还要和唐僧一步一步走着去?”学生发问。

“如果他一个筋斗直接去的话，那佛祖也就不可能给他真经了。”一个女生做了回答。

“那是因为要经历磨难才能取到真经!”又一个男生回答。

“好问题，好回答。大家已经回答出一半了，这个问题先搁一搁，还有问题吗?”

“玉帝和佛祖代表黑暗势力吗？悟空后来去取经难道是向黑暗势力低头吗?”学生问。

“是不是呢？这两个问题都很大，那我们就来开始旅程吧!”大屏幕上文字转换，老师也问了大家这样一个问题：“石猴、美猴王、孙悟空、弼马温、齐天大圣、孙行者、斗战胜佛，这些孙悟空的名字中，你最喜欢的是哪一个?”

老师让大家举手表决，孩子们选择最多的是：斗战胜佛、齐天大圣。而在课前同样做了选择的老师们却选择最多的是：齐天大圣、美猴王。这也是一个简单有趣的心理测试。孙悟空每个角色都代表着人生成长的不同阶段的角色，在后面的教学中干老师将一一呈现出来。

“何谓神话？下面这句话你听不太懂，只听听就行了。神话就是人类恒久稳定的（心理、社会、人际、命运）结构。就是说人类变来变去，但是他内在的结构是不会变的。就像这房子，它不管怎么装潢，内在的结构是不变的。神话就是我们社会的结构。”屏幕上又打出对《西游记》神话的解释：“《西游记》讲的就是成为男人的成长结构，以及在成长过程中，他和社会的种种微妙的关系。”

“第一课，是马玲老师给大家上的，叫《猴王出世》。”干老师又带领学生简单回顾了一下从“石胎仙胞”到“美猴王”的过程，他让学生再次读文中第一句话。

> 海外有一国土，名曰傲来国。国近大海，海中有一座名山，唤为花果山……

学生读完后，老师问了这样一个令他们怎么也不会想到的问题：“我为什么要生长在宝应，我为何不能生长在一座名山之中？这岂不是我一生平庸的根本原因?”

“不是。”学生直觉说出。

“为什么不是?”

“他是猴子我们是人。”

这时，大屏幕上出现了一幅非常壮观的画面：浩渺的宇宙，数不尽的星星，其中，整个银河系显得更加光辉灿烂。

“这是什么?”

“宇宙。”

“茫茫宇宙有多大?”

“不知道。”

“无边无际！在整个宇宙中哪里最好?”

“地球。”

“因为唯有地球才发现了真实的生命。唯有地球才适合高等的生命生存。地球就是茫茫宇宙中独一无二的唯一的名山。是不是？你长在哪里?”

“地球!”

接着老师再让学生去读石猴出世时的文字。

> 那座山正当顶上，有一块仙石。其石有三丈六尺五寸高，有二丈四尺围圆。四面更无树木遮阴，左右倒有芝兰相衬。盖自开辟以来，每受天真地秀，日精月华，感之既久，遂有灵通之意。内育仙胞，一日迸裂，产一石卵，似圆球样大。因见风，化作一个石猴。

“对这段话有没有什么想说的?”

有学生问：“为什么化作一个石猴而不是化作一个人呢?”

也有学生问：“他是因见风，如果是因见其他东西会化作什么样呢?”

老师评价他们都太拘泥于文字了。接着老师又问了一个让同学们仍然想不到的问题：“我也有一个问题。马老师讲课时说，石猴出世是天地间的一个奇迹。我为何只能是平凡的肉胎，而不是与孙悟空一样的神奇的仙胞呢?”

“石猴是天地所生的，你是爸爸妈妈所生的。”回答引发了一串笑声。

“这也是说，要靠自己，孙悟空也是靠自己才变成斗战胜佛的。”一个学生若有所思地说。

“但我要问的是，我们的出生就平平无奇吗?”这时，在大屏幕上又相继出现了宇宙、地球逐渐演变的图像，地球上生命逐渐进化演变的谱系，以及人类从猿到人进化演变的谱系，随着画面的转换，老师讲述道："宇宙诞生几百亿年了，地球诞生五六十亿年，在很多很多亿年前有了生物，生物慢慢地进化，经过了几亿年才最终出现了猴子，然后猴子慢慢地又演化为人。这是孙悟空，这是人，我们现在处在人类进化的最顶端，最高处，所以你一定要记住：茫茫宇宙中，唯有地球发现了真实的生命；几十亿年漫长的生命进化后，才最终诞生了人类；几十万年的人类发展后，你来到了我们中间。每一个生命都是一个伟大的奇迹，人类生命是宇宙进化中最伟大的奇迹！"此时，一张大大的集体合影照片占据了屏幕的主体位置，那是正坐在这里上课的五（3）班的孩子们前几天在校园里刚刚拍下的，每一个孩子的脸上都灿烂如花。

"我们是不是没有孙悟空神奇啊？不是，每一个人都要比他神奇！"老师接着让学生再读描写石猴出生后自由自在的段落。

> 那猴在山中，却会行走跳跃，食草木，饮涧泉，采山花，觅树果；与狼虫为伴，虎豹为群，獐鹿为友，猕猿为亲；夜宿石崖之下，朝游峰洞之中。

在这里，老师告诉学生："这些事情，别的猴子跟石猴一样，都会。因此，慢慢地，我们会遗忘自己的生命原本是一个伟大的奇迹。或者，在开始的时候，所有的人并不知道他的生命原本是一个奇迹。一直到某一天，使命、挑战出现在你的面前，这时候，你面临选择。哪种选择？"

老师又让学生看原文中的话。

> 众猴拍手称扬道："好水！好水！原来此处远通山脚之下，直接大海之波。"又道："哪一个有本事的，钻进去寻个源头出来，不伤身体者，我等即拜他为王。"

老师问："谁出来了？"

"石猴！"

"我！"

"你出来了，你就成了美猴王！所以只有当面临使命、挑战的时候挺身而出，那才是生命被唤醒了。"接下来，老师又一起和学生回顾了石猴成为美猴王要具备的三种要素：勇气、胸襟、心机，这同时也是领袖气质必备的要素。

回顾完《猴王出世》后，干老师把马老师最后留下的问题也放在这里解决了：他为何放着猴王不做，放着幸福不享，而要历尽艰辛访师学艺？

“因为再好的幸福，他们终究还是会死的，所以他准备讨个长生不老术回来，能无尽地享受着这种幸福。”

“你们怕死吗？”老师问。

“怕。”“不怕。”学生做出了不同的回答。

老师统计了一下，选择不怕死的同学还不少呢！他幽默地说：“我最看不得不怕死的人了，不怕死的人什么事情做不出来啊！”他又说：“我告诉你们，我很害怕死。我跟孙悟空一样，从小害怕死。”学生只是笑。老师又念出了这一段原著中的文字。

> 美猴王享乐天真，何期有三五百载。一日，与群猴喜宴之间，忽然忧恼，堕下泪来。众猴慌忙罗拜道：“大王何为烦恼？”猴王道：“我虽在欢喜之时，却有一点儿远虑，故此烦恼。……今日虽不归人王法律，不惧禽兽威服，将来年老血衰，暗中有阎王老子管着，一旦身亡，可不枉生世界之中，不得久住天人之内？”众猴闻此言，一个个掩面悲啼，俱以无常为虑。

老师解释道：“少年时候，因为死亡恐惧，孙悟空就要追求永恒，所以，追求永恒是人最深的宿命！这句话你们不太懂，不去管它。但是他的志向萌芽确立了，那想要追求永恒怎么办？能永恒的不是我们的肉体，能永恒的是知识，是本事！要靠神通来让自己不朽，所以孙悟空就去求知了！”

老师又简单介绍了孙悟空的求学之路是相当漫长而艰苦的，他去寻师花了好多年，找到了师父做啥事情呢？大屏幕上又出现了孙悟空学艺时的文字，老师让学生读文字中的重点部分。

> 话表美猴王得了姓名，怡然踊跃；对菩提作礼启谢。那祖师即命大众引悟空出二门外，教他洒扫应对，进退周旋之节。众仙奉行而出。悟空到门外，又拜了大众师兄，就于廊庑之间，安排寝处。次早，与众师兄学言语礼貌，讲经论道，习字焚香，每日如此。闲时即扫地锄

> 园，养花修树，寻柴燃火，挑水运浆。凡所用之物，无一不备。在洞中不觉倏六七年。

“倏六七年，不知不觉又过了六七年。”老师又解释道，“你看，孙悟空是一个做事很认真的人，能够把小事也做得很好。就连扫地也是如此。如果孙悟空做清洁工人，一定是最好的清洁工人。”学生又笑了。

“为什么这么说？有两处地方可以看出。一次是这一处，还有一次是……”

这时一个学生忍不住起来说道：“在他刚到天宫养马的时候，他并不知道‘弼马温’是最小的官，日夜不休饲养马匹。”

“对啊，他偏偏放着美猴王不做，日夜不休地养马，把马养得一匹匹膘肥体壮。所以这告诉我们，你要成为孙悟空，要修得神通，就要具备这些条件：你要有强烈的意愿、持久地寻找、刻苦地训练、耐得寂寞、谦虚地询问和追索……唯有这样，才能修得神通。所以小学生涯，六年长不长？中学六年苦不苦？你若是认为苦，想想孙悟空！”

“结果孙悟空就陆陆续续修得了这些神通：七十二般变化、筋斗云、金箍棒、火眼金睛、紧箍咒儿（屏幕上‘紧箍咒儿’几个字的上面又画着一道叉，表示否决。学生对紧箍咒儿是否是孙悟空的神通提出了异议，老师说，紧箍咒儿到底是不是，我们等会儿要议）……修得神通是一辈子的事情，所以孙悟空这些神通，也不是一次就修成的。”

“孙悟空修得了神通，他神通广大，厉害得很。这就是第二节陈老师上的《齐天大圣》课，在《齐天大圣》课的后面，我们讨论了一个问题：他究竟配不配称齐天大圣？”

“不配。”学生说。

“配。”也有学生说。

老师再让学生举手表决，同上次课堂不同，这次认为孙悟空“不配”的同学明显多了起来。老师让一个观点改变了的同学说说理由。

“因为孙悟空自己说他是齐天大圣，跟佛祖打赌，一个筋斗翻出佛祖的手掌心……”

“哦，我知道了，因为他本事不够，所以还不配。”老师将他的意思更清晰明确地表达了出来。

“我觉得如来佛祖说过了，玉皇大帝要当上这个皇帝的话，要经过很多磨难，而孙悟空他没有经历很多磨难。”一个女生同样认为孙悟空不配，可理由和那个男生的大相径庭。

“哦，他什么都没有经历过就凭本事要当。这问题我们来看一看。他当弼马温的缘由是什么？”老师带领学生重新梳理。

“首先是他犯了错误，到阎王殿把生死簿给勾了。还有，到龙宫去——”老师提示道。

“索宝。”

“那是索宝吗？差不多是抢了！你说孙悟空抢宝这事做得对不对？”

“不对！”

“肯定是孙悟空不对，他人财物，怎能占为己有？但是你看，这一个天宫社会呀，也不对。明明孙悟空犯了错误也不追究，反而封他一个官——弼马温。”

“虽然这个官到底是什么，孙悟空也不知道，但是他做得兢兢业业。可是他后来不做了。不做了的原因是什么？”

“嫌官小。”

“这件事情你认为谁对谁错？”

“玉皇大帝。他不应该让孙悟空当那么小的官。”学生争相发表类似的观点。

“哦，像孙悟空那么有本事的人，他不应该给他那么小的职位，对吧？那么悟空有没有错？”

“也错了，人家成仙的人都是经过几百年的修炼，而他只不过经历了十几年，就当上了一个官，已经算不错的了。”一个学生说。

“他也经过了漫长的修炼啊。我们刚才已经说了。这不是原因，关键在于玉帝当然错了，他的评价机制不公平。那么，悟空对不对，也不对，我的工作是养马，我的乐趣就应该是把马养得肥肥的。我的工作是园丁，那我的乐趣就应该是花开得艳艳的。我的工作是教书，那我的乐趣就应该是我的学生们一个个阳光灿烂的。（学生开心得哈哈大笑）而如果不让我做校长，我就不干了，（学生更加大声地笑）那我对不对？”

学生纷纷摇头。这一番话，学生对于“弼马温”事件中玉帝和孙悟空各自的问题也就更清楚了。

又回到《西游记》上，孙悟空不做“弼马温”的最后结果是做了“齐天大圣”，那么神通广大的孙悟空到底配不配做齐天大圣呢？

“配”与“不配”仍然要根据文本，根据故事中描写的事实来说话。

这样一来，学生就知道了，做了“齐天大圣”的孙悟空是不配的。因为首先，他看守蟠桃园却监守自盗，工作表现非常不好。

老师又让学生读孙悟空的这一段自白。

大圣道：“我本——天地生成灵混仙，花果山中一老猿。水帘洞里为家业，拜友寻师悟太玄。炼就长生多少法，学来变化广无边。因在凡间嫌地窄，立心端要住瑶天。灵霄宝殿非他久，历代人王有分传。强者为尊该让我，英雄只此敢争先。……他虽年劫修长，也不应久占在此。常言道，皇帝轮流做，明年到我家。只教他搬出去，将天宫让与我，便罢了；若还不让，定要搅攘，永不清平！”

老师解释道：“孙悟空说来说去，无非就是这四个字：神通广大。我神通广大，便可享受无穷天福。”

老师再问：“神通广大，便可以称王称霸吗？”

“不可以。”学生说。

接着，老师用屏幕列举了一个人“当上大官”有这几种可能：一个是他世袭祖传的，受祖辈的荫庇；一个是他神通广大，能力超群；一个可能是他品德高尚，众望所归；还有一种可能就是劳苦功高。老师让同学们判断孙悟空占了其中的几个。大家一致认为，孙悟空只占了第二个。那么以这样的结果做一个官当然是可以的，可是做“齐天大圣”就不配了。

孙悟空不满“弼马温”的不公正待遇，却又采取了不对的手段，想要得到本就不该他得到的职位，因此，结果只能是被如来压在五行山下。老师又让学生读这一段。

好大圣，急纵身又要跳出，被佛祖翻掌一扑，把这猴王推出西天门外，将五指化作金木水火土五座联山，唤名“五行山”，轻轻的把他压住。众雷神与阿傩、迦叶一个个合掌称扬道：善哉，善哉！

当年卵化学为人，立志修行果道真。
万劫无移居胜境，一朝有变散精神。
欺天罔上思高位，凌圣偷丹乱大伦。
恶贯满盈今有报，不知何日得翻身。

老师评价道："如来佛最后还是用本事把孙悟空压下了，所以，一个社会本身若无'广大的神通'，只怕孙悟空们，一个个都要凭神通称圣称帝不休！"

他又评论道："对于犯了严重错误的孙悟空们，想要翻身只有一个办法，那就是'皈依'。"

"皈依，表面上是西天取经，这只是形式。刚才一个同学已经说了，如果要西天取经，他只要一个筋斗，十万八千里就刚好翻到了。实际上是不是让他取经啊？不是，是让他经历形形色色的磨难，总共是八十一次，一次也不能少！"老师把刚才悬置的问题一一做了解答。

接着大屏幕上又出现了《西游记》中经历的八十难名，然后是一段相关的文本：

> 菩萨将难簿目过了一遍，急传声道："佛门中九九归真，圣僧受过八十难，还少一难，不得完成此数。"

老师在这里借故事强调了：不是取经没有捷径，而是皈依成佛没有捷径！

接着，干老师又带着学生对上节课刚刚学过的《孙悟空三打白骨精》又更加深入地品读。

大屏幕上出现了"金箍棒"和"紧箍咒"两个词语，老师问大家看到这两个词，想到什么？

"一个是除魔的兵器，还有一个是治孙悟空的咒语。"一个男生说。

由于时间关系，老师不让大家一一再说，他告诉大家："金箍棒呢，象征神通、能力、科技、经济、武器、军事，当然还有权力。你的火箭、导弹是不是金箍棒？原子弹是不是金箍棒？当然都是金箍棒，象征着力量，力量就是金箍棒。而紧箍咒，则象征着法律与道德以及社会舆论（正义、公平、博爱……）。你犯错了我就'念'你。所以'金箍棒'这边由孙悟空拿着，'紧箍咒'那边有唐僧做代表，但是，谁领导谁呢？"

"唐僧领导孙悟空。"学生都做了这样的选择。

"能不能反过来，金箍棒领导紧箍咒呢？"

"不能。"学生说。

"反过来社会就乱套了。我们在人类社会上有时候就是金箍棒领导了紧箍咒，法西斯就是这样。所以，谁是师父？”

“唐僧。”

“谁是领导？”

“唐僧。”

“谁功劳最大？”

“唐僧和孙悟空。”

PPT 线路图隐藏密码

于老师又利用精心制作的 PPT 线路图，带领学生回顾一下《西游记》中各个时期的孙悟空，因为这里面储藏着一个男孩成长为男人的密码。

成长履历中的成长密码	
最终成就	斗战胜佛
职业期	孙行者
青春叛逆期	弼马温—齐天大圣
学龄中期	刻苦勤奋的尖子生“孙悟空”
学龄初期	学生领袖“美猴王”
童蒙期	混沌未开的小猴儿
石胎仙胞	

孙悟空先是一个石胎仙胞，接着就变成了一个混沌未开的小猴儿，跟其他的猴儿没有差别，这也象征一个人的童蒙期；接下来石猴又变成了学生领袖——美猴王（学龄初期）；而在学龄中期，孙悟空是一个刻苦勤奋的尖子生；但是接下来孙悟空就进入了青春叛逆期——从“弼马温”到“齐天大圣”，而被压在五行山下。因为皈依我佛，所以才踏上了他的职业期——孙行者；经过职业期艰苦的修炼，达到了最终的成就——斗战胜佛。

破译了孙悟空的成长密码，老师再问大家：“你喜欢哪个时期？”

学生七嘴八舌，笑语喧哗。

老师却不再需要答案了，他告诉孩子们：“请你沿着孙悟空的神话轨迹成长。因为这是成长的结构，这里面每一个阶段都不要错过，包括青春叛逆期，包括五行山下期，包括你的职业期。”

“另外，我们还需要有——

唐三藏般的理想与原则，

孙悟空般的神通与斗志，

猪八戒般的乐观与随和，

沙和尚般的忍耐与服从，

有些时候，我们甚至应该把自己视为一匹供驱使的马！

把你的每一天都当作修炼取经的旅程！”

宣布下课声中，歌声响起来了：你挑着担，我牵着马……敢问路在何方，路在脚下！

课后反思

《孙悟空三打白骨精》或者说《西游记》，和《少年王冕》《渔歌子》《景阳冈》等课，都是我自己比较满意的课，恰恰它们也都是诠释中国传统文化的课。

但也只有在新教育实验班，才能将课推进到这样的深度与广度；而无论你推进得有多深，这些孩子们的兴趣仍然高涨，目光仍然是亮亮的。也就是说，这些课的圆融与精彩，主要来自孩子们的卓越，以及充分的预习。

校对这个课案的前几天，又有感而发，写了一则微博：“做孙悟空难，还是做唐僧难？一般人会认为前者更难，因为七十二般变化、火眼金睛、筋斗云等无限神通如何修炼在身，这太难；而似乎唐僧只需一个坚定的信念绝不动摇即可。然你走到深处，方知神通无非一碟小菜而已，而信仰与坚定性，却如此稀罕而不可得。谁信念如磐石，整个世界将为他让路。”

也就是说，那些你一生中感觉最好的课，除了学生的优秀与学习者的主体性得以充分发挥外，总如《理想课堂的三重境界》中所指出的那样，是文本与你的生命，与整个社会文化产生深刻共鸣的课，是生命在场，从灵魂中涌出最深的话语的课。

草船借箭

时间：2007 年春

班级：贵州凤冈土溪完小五年级

教材：人教版小学语文第十册

背景描述

贵州凤冈是新教育研究中心开辟的一个新教育公益点，而借着这个公益点的公益活动，新教育实验中的儿童课程（晨诵、午读、暮省）、构筑理想课堂的三重境界等，才逐渐由理念化为实践，并慢慢地成熟起来。

和新教育实验小学优秀实验班的孩子相比，凤冈土溪完小的同年级孩子们自然有相当的差距。但是，导致这些差距的不是什么先天的遗传，而是从家庭到幼教，再到整个小学阶段教学的结果。如果施以优质的教育，这些聪明的孩子完全可以达到卓越的标准。

所以，一方面新教育理念强调为当前的孩子而教；另一方面，始终毫不迟疑地把课往深处、高处、远处引领——不满足于课堂上孩子们的虚假的主动性（小手如林，小脸通红），以及以“不能很好理解接受”为理由，不把真正的精华教给孩子（实质往往是掩饰教师自身的无能）。

这堂课是研究中心团队去土溪乡开展新教育研讨的前一天，应土溪完小朱忠国校长的强烈要求而确定的，因为时间仓促，相对干国祥老师另外的课，这堂课上得算是相当粗线条的。

巧妙利用多媒体

课前，临时教室。

学生都很积极地在看课文。

干老师没有客套，直接开门见山：“把书合上，合上书就不能作弊了。现在考考大家。”就好像已经和这群孩子生活了很多年。

与此同时，一幅大大的画面被投影在讲台前的大屏幕上，是电视剧《三国演义》的宣传剧照：铁马金戈的背景中，曹操、刘备、孙权三国诸侯神态各异，诸葛亮、关羽等意气风发，尽展风流。直观的多媒体手段一下子吸引了学生的注意力。

“这位同学，请你说说，《三国演义》这本书讲了什么？”

一个学生说：“讲了东汉末年，汉朝……可以说很腐败吧，当时曹操、刘备还有孙权各占一方，形成魏蜀吴三国鼎立。”

老师表扬他回答得非常准确，因为他读书很多，连《三国演义》都读下来了，没读过的同学要向他学习。接着老师又指着大屏幕上出现的文字背景介绍，向全班同学再次点明了当时的社会状况。“《三国演义》是讲述魏（曹操）、蜀（刘备）、吴（孙权）三个王国的兴起与衰败的故事。”

“三国指的是哪三国？”

“魏、蜀、吴。”学生一起说出来了。

“演义什么意思？”

学生沉默了。

“就是‘兴起与衰败的故事’，叫‘演义’。所以，这就是三国演义。那么，是不是一开始就有这三个国家呢？”

“不是。”

“刚才那位同学说了，是东汉末年，军阀混战，各地都割据，大家你打我，我打你，打来打去，后来发生了一次很重要的战争，叫什么战争？”干老师眉飞色舞地比画着，很有感染力的描述吸引了学生。

“跟今天的课文有关，就是‘赤壁之战’。”这时候，大屏幕上又出现了“赤壁之战”的历史简图，老师接着介绍说，“当时，曹操已经统一了北方，带着大军攻打在中原的刘备，刘备向南方逃。”与之相应，大屏幕上以不同的粗细箭头形象地表示了曹刘两军的动向。“刘备逃到长江那一带，和原来在江南的孙权，联合起来，共同对抗挟大军而来的曹操。曹操号称多少万之众啊？”

“八十万。”

“实际上没有八十万，气势汹汹而来，而孙权那边只有十来万人马，刘备也只有几万人马，他们也都势单力薄，但是他们联合起来对抗曹操，结果发生了著名的战争，就是‘赤壁之战’。赤壁之战的结果，孙权的军队和刘备的军队以少胜多，把曹操的八十万大军打了个落花流水。”

最后，干老师将讲述收回到这节课的学习上："今天我们学习的课文《草船借箭》，就是'赤壁之战'中一个小小的插曲。"

大屏幕上又出现了诸葛亮和鲁肃在草船中推杯换盏、谈笑晏晏的画面，"草船借箭"四个大字赫然醒目。

解读造字规律

"好，接下来我就要检查你们的预习了。"老师让学生准备好练习本。

"课文中出现四个人，请你准确写出四个人的名字。当然，"干老师又特地指向刚才发言的那个男生，"像这位同学，你还可以向前再跨一步，把他们字什么也写上。"

学生很认真地在练习本上写着。干老师观察着他附近学生的情况，一会儿传来了他的称赞："了不得，这位同学不但准确地写出了四个人的姓名，而且还准确地写出了三个人的字。"

两分钟后，老师宣布时间到，全班进行校对。大屏幕上出现了四个人的名字：诸葛亮、周瑜、曹操、鲁肃。

老师统计了一下，全部写对，一个字也不错的不到十个同学。

接着，老师针对写错的字进行了反馈。

第一个女生自己反馈说："周瑜的'瑜'写成了口字旁的'喻'。"

"为什么不是'口字旁'而是'王字旁'呢?"全班同学都不知道，干老师请刚才那个准确写出"周瑜字什么"的男生报出周瑜的字来，男生清楚地说："字公瑾。"老师将"公瑾"写在黑板上："大家看'瑾'是什么意思呢?"

没有学生知道。

老师又问："你看到周瑜的'瑜'跟'瑾'都是什么旁?"

"王字旁。"

"'王字旁'表示什么?"学生又不知道了，对于基本的造字规律，在实际的教学中缺失是很多的，稍为复杂一些的字，基本上都属于机械的书写记忆了。

"记住了，王字旁其实本应该叫作玉字旁，它表示美玉，所以，周瑜的名字表示他是用美玉来起的，所以他的字里也有'玉'，公瑾。"［干国祥注：课后，和老师讲到另外的几位名与字之间的关联，德操（曹操字孟德），明亮（诸葛亮字孔明），肃敬（鲁肃字子敬）。这是中国古代人取名的一个传统，可惜这次课堂时间有限，只能舍弃或忍住不讲。]

老师再问其他同学错了哪些字，结果都是这个字写错了。

接下来检查第二题：看拼音写汉字。

> 东吴大____（dū dū）周瑜____（dù jì）诸葛亮的才干，设计要他在三天内造十万支箭。造不好就好趁机______（chéng fá）他。诸葛亮请周瑜的朋友鲁肃帮忙，准备好了二十多条草船，并利用大雾把草船逼近曹军水____（zhài），________（léi gǔ nà hǎn）。率领汉军的____（chéng xiàng）曹操不知虚实，不敢出兵交战，就叫士兵向草船射箭。于是，诸葛亮就“借”到了十多万支箭。诸葛亮的________（shén jī miào suàn）让周瑜很吃惊。

学生继续在练习本上写着。老师要求课本要合起来，他继续观察着学生的练习情况。一会儿他提示道：“假如有不会写的字，就先把它空在那里，接着写下面的。”

练习时间到后，老师又和学生一起逐词集体校对。针对七个词中学生出错率比较高的“妒忌”“惩罚”“水寨”进行了讲解。随后，又让学生每词齐读两遍作为巩固。错字自行改正。

在读词的时候，学生无意又集体把“妒忌”读成了“嫉妒”，老师把“嫉妒”也板书在黑板上。“刚才大家把‘妒忌’读成了‘嫉妒’，你看‘嫉妒’是这样写的。”

接着老师又带着学生一起分析了“嫉”的字形结构：左边是“女”，右边是“疾病”的“疾”。因此“嫉妒”就是女人的毛病。学生都笑了，这些五年级的学生，也已经知道了“女人的毛病”就是指心眼小。女孩子男孩子笑得都很开心。老师又很幽默且有意味地说：“男孩子你们不要笑啊，在你们身上，也有女人的毛病，心眼小啊。”

接着，老师又和学生用同样的方法分析了“妒”字的字形字义：一“户”人家，“女”孩子多了，相互之间就会“嫉妒”，吵吵嚷嚷不停。所以“嫉妒”这个词就是这样的意思，人家长得比我好，人家东西比我多，觉得人家比我强，我就会羡慕他，嫉妒他。

同样，老师和学生又一起分析了“猜忌”的“忌”字，他的“心”里只有

“自己”，他唯恐别人把他的东西抢去。所以“猜忌”反过来了，它是觉得自己有好东西，唯恐别人把自己的好东西给抢去了。

由“嫉妒”“猜忌”的辨析又回到课文本身，回到课文中的人物中去。老师问：“我们来看看课文中，谁妒忌谁？”

“周瑜妒忌诸葛亮。”

“也就是说，周瑜既嫉妒又猜忌诸葛亮。他为什么嫉妒？”（干国祥注：这里分析了周瑜的嫉妒，后面还将分析周瑜的猜忌。嫉妒是私，猜忌为公。）

“因为诸葛亮很有才干。”一个学生回答。

“因为他（周瑜）觉得自己不如他（诸葛亮），所以‘嫉妒’他。那为什么又‘猜忌’他（诸葛亮）呢？”见学生低头不语，老师又说，“如果不知道，不要慌，待会儿学了课文就知道了。”

这个环节用时约13分钟。

分组朗读

生字新词检查完后是朗读课文检查。干老师先用学生伸手指的办法简单反馈了每个学生预习课文时朗读的次数，从一遍到五遍各不相同，也有的没举手。然后，将全班同学按照座位分成四大组，按照课文中四个人物，分角色来读。

不过这次和一般的分角色朗读不同，不仅是引号里的话，引号外只要是描写这个人物的句子，都统统属于读的范围。

“有些话搞不清楚是谁的，怎么办？你搞不清楚的，就都读了。”听了这话，学生又都笑了。

下面的这段读书时间是非常快乐而有趣的。

周瑜组　周瑜看到诸葛亮挺有才干，心里很妒忌。有一天，周瑜请诸葛亮商议军事，说：“我们就要跟曹军交战。水上交战，用什么兵器最好？”

诸葛亮组　用弓箭最好。

周瑜组　对，先生跟我想的一样。现在军中缺箭，想请先生负责赶造十万支。这是公事，希望先生不要推却。

诸葛亮组　都督委托，当然照办。不知道这十万支箭什么时候用？

“停，”正当学生铿锵有力地读着诸葛亮的话的时候，干老师打断了他们，“我已经忍了你们一次了，我现在忍无可忍了。”

“诸葛亮是个什么人？”干老师问。

“聪明人！”

“他是不是这样喊的：‘都督委托，当然照办……’”干老师学着刚才学生的样子，直着嗓子喊，学生一下子都笑了，恍然大悟。

“诸葛亮应该是文质彬彬，非常儒雅的。‘都督委托，当然照办。’是不是啊？”干老师又现场示范怎样才是合适的语气。

朗读在欢乐的气氛中继续。

诸葛亮组　都督委托，当然照办。不知道这十万支箭什么时候用？

周瑜组　十天造得好吗？

诸葛亮组　既然就要交战，十天造好，必然误了大事。

周瑜组　先生预计几天可以造好？

诸葛亮组　只要三天。

周瑜组　军情紧急，可不能开玩笑。

诸葛亮组　怎么敢跟都督开玩笑？我愿意立下军令状，三天造不好，甘受惩罚。

周瑜组　周瑜很高兴，叫诸葛亮当面立下军令状，又摆好了酒席招待他。

诸葛亮组　今天来不及了。从明天起，到第三天，请派五百个军士到江边来搬箭。诸葛亮喝了几杯酒就走了。

鲁肃组　十万支箭，三天怎么造得成呢？诸葛亮说的是假话吧？

读到这里的时候，分读诸葛亮角色的同学有的把“诸葛亮说的是假话吧？”也给读了，老师做了纠正。

朗读继续进行。人物、事件的关系也更清晰了。

周瑜组　是他自己说的，我可没逼他。我得吩咐军匠们，叫他们故意延迟，造箭用的材料，不给他准备齐全。到时候造不成，定他的罪，他就没话可说了。你去探听探听，看他怎么打算，回来报告我。

鲁肃组 鲁肃见了诸葛亮。

诸葛亮组 三天之内要造十万支箭，得请你帮帮我的忙。

鲁肃组 都是你自己找的，我怎么帮得了你的忙？

诸葛亮组 你借给我二十条船，每条船上要三十名军士。船用青布幔子遮起来，还要一千多个草把子，排在船的两边。我自有妙用。第三天管保有十万支箭。不过不能让都督知道。他要是知道了，我的计划就完了。

鲁肃组 鲁肃答应了。他不知道诸葛亮借了船有什么用，回来报告周瑜，果然不提借船的事，只说诸葛亮不用竹子、翎毛、胶漆这些材料。

周瑜组 到了第三天，看他怎么办！

鲁肃组 鲁肃私自拨了二十条快船，每条船上配三十名军士，照诸葛亮说的，布置好青布幔子和草把子，等诸葛亮调度。

诸葛亮组 第一天，不见诸葛亮有什么动静；第二天，仍然不见诸葛亮有什么动静；直到第三天四更时候，诸葛亮秘密地把鲁肃请到船里。

鲁肃组 你叫我来做什么？

诸葛亮组 请你一起去取箭。

鲁肃组 哪里去取？

诸葛亮组 不用问，去了就知道。诸葛亮吩咐把二十条船用绳索连接起来，朝北岸开去。

齐 这时候大雾漫天，江上连面对面都看不清。天还没亮，船已经靠近曹军的水寨。

诸葛亮组 诸葛亮下令把船头朝西，船尾朝东，一字儿摆开，又叫船上的军士一边擂鼓，一边大声呐喊。

鲁肃组 如果曹兵出来，怎么办？

诸葛亮组 雾这样大，曹操一定不敢派兵出来。我们只管饮酒取乐，天亮了就回去。

曹操组 曹操听到鼓声和呐喊声，就下令说：“江上雾很大，敌人忽然来攻，我们看不清虚实，不要轻易出动。只叫弓弩手朝他们射箭，不让他们近前。”他派人去旱寨调来六千名弓弩手，到江边支援水军。一万多名弓弩手一齐朝江中放箭，箭好像下雨一样。

诸葛亮组　诸葛亮又下令把船掉过来，船头朝东，船尾朝西，仍旧擂鼓呐喊，逼近曹军水寨去受箭。

齐　天渐渐亮了，雾还没有散。这时候，船两边的草把子上都插满了箭。

诸葛亮组　诸葛亮吩咐军士齐声高喊“谢谢曹丞相的箭！”接着叫二十条船驶回南岸。

曹操组　曹操知道上了当，可是这边的船顺风顺水，已经飞一样地驶出二十多里，要追也来不及了。

周瑜组　二十多条船靠岸的时候，周瑜派来的五百个军士正好来到江边搬箭。每条船大约有五六千支箭，二十条船总共有十万多支。

鲁肃组　鲁肃见了周瑜，告诉他借箭的经过。

周瑜组　诸葛亮神机妙算，我真比不上他！

“其实，通过这一读，只要大家读准确了，马上就会发现，课文不是平板下来的，课文中的人物特点，各人语气都不相同，时而很舒缓，时而很紧张，时而杀机就出来了。”

这个读书环节用了12分钟。（干国祥点评：学生的读，就朗读质量来说，明显不够好。但本课不敢在此下力，此处分角色读，其实是整体感知故事情节，感受人物的语言和心理。所以明知有诸多问题，都只能悬而不决，轻轻带过。）

谁是好人

在朗读课文，对全文又有了一次整体回顾后，干老师抛出了这样一个问题：“我们思考两个问题：读了课文，你觉得他们中谁是好人，谁是坏人？”

“诸葛亮是好人！”“曹操是坏人！”“周瑜是坏人！”声音响成一片。

老师让学生用举手的方式做出判断，结果所有的同学都毫无例外地为“诸葛亮”举起了手。有个同学怯怯地说：“周瑜也是好人。”引来了一片哄笑。但还是有两个男生坚持为“周瑜”举起了手。

干老师接着再问：“除了诸葛亮和周瑜之外，文中还有没有好人了？”一个孩子起来说："曹操。"结果引来了更大的哄笑。他也没有得到另外支持者的响应。

又一个孩子站起来说："鲁肃是好人。"但当老师追问他理由是什么的时候，他摇摇头，说不上来。另一个同学说："鲁肃很讲信用，答应诸葛亮不向周瑜说。"

"可是曹操在这里有没有背信弃义呢?"

"没有。"

"那为什么不说曹操是好人呢?"

面对老师的追问，学生只有坐下再绞尽脑汁思考了。

老师又转向全班，细究同学心里的"好人之因"："为什么说诸葛亮是好人?"

"因为诸葛亮神机妙算，非常聪明。"

"哦，因为诸葛亮神机妙算，所以是好人。是吧?"干老师将这个学生的理由面向全班重复了一遍，然后又问，"因为曹操不神机妙算，所以不是好人，对吧?"

这样的思维方式是学生没有想到的，其他同学都笑了，干老师索性再来一个："因为周瑜不神机妙算，所以不是好人，对吧?"

干老师出示了要思考的第二个问题，学生一看，笑声又充溢了课堂。

"你觉得在故事中，谁是英雄，谁是孬种?"

"诸葛亮是英雄。"一个学生说。而当老师又追问他理由的时候，他思索着却想不到合适的语言来表达。老师打趣说："因为他神机妙算。"孩子摇头了。

"好，现在该我说了。我先给大家看几个人，都不许发出声音。"老师没有就刚才的话题继续组织讨论，而在大屏幕上再一次出现"诸葛亮""周瑜""曹操""鲁肃"四个人名，让学生专心听他讲。

"我们先来看谁呢？谁最坏?"

"周瑜!"一个男孩子脱口而出。他的叫声引来一片反对。

"我们先从曹操讲起吧。"大屏幕上出现了两张电视剧《三国演义》中曹操的剧照（鲍国安扮演），一张凝眉肃目，另一张则拔剑欲自刎状。学生的注意力被聚到了一起。

"我现在来读一首诗。"大屏幕上又出现了这样的诗句：

蒿里行

曹操

关东有义士，兴兵讨群凶。
初期会盟津，乃心在咸阳。
军合力不齐，踌躇而雁行。
势利使人争，嗣还自相戕。
淮南弟称号，刻玺于北方。
铠甲生虮虱，万姓以死亡。
白骨露于野，千里无鸡鸣。
生民百遗一，念之断人肠。

“这首诗是写诗人在战争过程中的感受，‘白骨露于野，千里无鸡鸣。生民百遗一，念之断人肠。’”老师将最后两行用黄色着重标出的诗句，饱含感情地吟诵出来，学生情不自禁跟着一起读起来。

“战争之后，遍地都是尸体，千里没有鸡鸣，也就是说，千里没有人家，能活下来的人，百里只有一个，想到这些，令人肝肠寸断，非常伤心。”干老师又带着学生一起简单地理解了这几句诗的意思。

“白骨露于野，千里无鸡鸣。生民百遗一，念之断人肠。”学生又齐声诵读了一遍这四句诗。

“谁写的?”

“曹操!”

大屏幕上又转换成这样的诗句：

龟虽寿（节选）

老骥伏枥，志在千里；
烈士暮年，壮心不已。

短歌行（节选）

对酒当歌，人生几何?
譬如朝露，去日苦多。
慨当以慷，忧思难忘。

何以解忧？唯有杜康。

老师依然用饱满的声音把这些诗句诵读出来并简单解释道："老马在马厩里，已经跑不动了，可它的心，还在千里之外奔腾。英雄到了晚年，也是走不动了，可是他的雄心壮志，有没有停止呢？"

"没有！"学生很齐地喊。

"谁写的？"

"龟虽寿。"学生又很齐地喊。

"这首诗的题目是'龟虽寿'，这首诗是曹操写的。"学生又都乐了。

"对酒当歌，人生几何？譬如朝露，去日苦多。"学生再一次把这些诗句读了出来，这些充满力量的词句啊，在学生充满力量读出来的同时，也再一次记住了写这些词句的作者——曹操。

"写得好吗？"

"好！"

"谁写的？"

"曹操！"

"中国历史上伟大的诗人、政治家、军事家，这就是曹操。"大屏幕上再次出现曹操的画面，和人们对他在中国历史上的评价，老师继续介绍，"他写过一部兵书，他一生打过无数胜仗，可惜在赤壁他败给了谁？"

"诸葛亮！""周瑜！"

"赤壁之战一方统帅首领是曹操，一方统帅首领是周瑜，后人，一位伟大的诗人曾经写到……"这时，大屏幕上又出现了李白的《赤壁歌送别》。

赤壁歌送别（节选）

李白

二龙争战决雌雄，
赤壁楼船扫地空。
烈火张天照云海，
周瑜于此破曹公。

"谁打败了谁？"

“是周瑜打败了曹操。”

“是周瑜打败了曹操。周瑜何许人也?”老师自问自答，“后来有一个很有名的诗人，叫苏东坡，他写了这样一首词，叫《念奴娇·赤壁怀古》。”

念奴娇·赤壁怀古

大江东去，浪淘尽，千古风流人物。故垒西边，人道是，三国周郎赤壁……遥想公瑾当年，小乔初嫁了，雄姿英发。羽扇纶巾，谈笑间，樯橹灰飞烟灭……

同样激情地诵读完后，老师又对词意做了简单的讲解，周瑜的聪明才干，周瑜的年少有为，周瑜的翩翩英姿，周瑜在战斗中身先士卒。“不过，周瑜在《三国演义》中的缺点是心胸狭窄。”

“周瑜是好人吗?周瑜是英雄吗?”

“曹操是好人吗?曹操是英雄吗?”

这时，老师再提出刚才那些没有解决的问题，学生的回答就全变了，他们“是”“是”地回应着。

此时，大屏幕上又出现了鲁肃的画面。“鲁肃是不是孬种?”

“当曹操八十万大军，挥师南下，东吴朝廷内是人心惶惶，大家都想着什么?投降。只有一个人站出来，说我们不能投降，他就是鲁肃。还把在外地的周瑜叫回来，一起来说服孙权，对抗曹操。但是孙权有没有足够的兵力跟曹操对抗呢?鲁肃提出了一个主张，什么主张?联合刘备，共同来抗击曹操。”

“鲁肃是英雄吗?”

“是!”

“鲁肃是好人吗?”

“是!”

刚才的问题，没想到一会儿的工夫，就来了很大的逆转。

这个环节，用时13分钟。

历史背景解析

“诸葛亮，历史上有名的政治家、军事家、发明家。在中国人心目中，诸葛亮是什么意思？是智慧的象征。要说聪明，我们就说谁呢？诸葛亮。他是智慧的象征。《草船借箭》中，把诸葛亮的智慧淋漓尽致地发挥了出来，其实通过老师刚才简单的描绘，曹操是不是大英雄，周瑜是不是大英雄？你想想看，他要在大英雄的夹缝下生存下来，是不是大英雄？需要有智谋，他是如何取得胜利的？他的智慧是如何淋漓尽致地表现出来的？我们今天讲不完，我们今天只来看‘草船借箭’，因为完整的诸葛亮的智慧，大家需要去看《三国演义》，但是接下来的一个问题是：诸葛亮为什么能取得草船借箭的成功？要大家结合课文来说。”

“他的两个对手，都是大英雄，都是聪明得不得了的人，在这样的夹缝中，他为什么能够成功，取得草船借箭的胜利？”

“因为曹操的军队都是北方人，不识水性。”有个男生说。

“因为曹操的军队不识水性？那我让你去打仗能胜利吗？”老师反问了一句，男孩子说：“不能。”

“诸葛亮准确地预料出了当时的天气。”又一个男生说。

老师让他找出课文中的原话，来作为有效依据。

“这时候，大雾漫天，江上连面对面都看不清。天还没亮，船已经靠近曹军的水寨……”男生把有关天气的句子念了出来。

“这位同学找得基本上还是对的，也就是说，他（诸葛亮）准确地计算出来，第三天早上一定有大雾，一定是大雾弥漫，所以他是懂得天文的。”

“还有地理。”有同学说。

“地理？哪位同学说说。”

“曹操知道上了当，可是这边的船顺风顺水，已经飞一样地驶出二十多里，要追也来不及了。”

“他不仅知道哪一天有大雾，还得知道那一天的水流朝哪流，对不对？如果不知道水流往哪流，风往哪个方向吹的，那怎么办？你借了箭，结果还要还给曹操。把自己的命也要送给曹操。对不对？所以不仅知道天文，还知道地理。”老师把这两点归结在一起。

这时，大屏幕上又投出诸葛亮的一段话，作为印证。

> 诸葛亮说：“为将而不通天文，不识地利……是庸才也。亮于三日前已算定今日有大雾，因此敢任三日之限。”

“因此这位同学，是不是因为曹操的士兵是北方人，不识水性？这是不是关键原因？”

“故事中诸葛亮取得草船借箭的成功，真的仅仅是因为通天文识地利吗？”老师新的问题又来了，促使学生再进行更深入全面的思考。

“不是，”后面一个口齿非常伶俐的女生站起来说，“那是因为曹操的缺点就是疑心多，再加上东吴士兵擂鼓呐喊，曹操一定以为他们会进攻，曹军又不熟悉水性，所以就叫人放箭。”

“你看这个同学说得很好，她准确地说出了曹操这个人怎样。多疑，再加上他们的兵士又不习水性，所以当敌军来的时候，他只得怎样？射箭。所以，知己还要知彼，既知道我们这方面，还要知道对方的虚实，将领的性格，士兵的特点，全部知道，了然于胸。”

“还有鲁肃，”受了同学和老师的启发，一个男生起来补充，“还有鲁肃，在暗中帮助诸葛亮，把 20 条装满草把和青布幔子的船给诸葛亮。”

“那么这取胜的关键，岂不是不在诸葛亮身上，而在鲁肃身上了？”没想到老师这样反问他。

“不是，因为没有鲁肃借给他船，他就不能取得成功。”这个孩子还是没有说到“诸葛亮知人”的关键处。

“那岂不是说这成功是鲁肃的了？”老师再次追问。

男孩子还是有些绕不过来。

“你想想啊，如果换个人会不会这样说。换一个不是鲁肃，是另外一个人，他会不会这样说，‘你去给我准备 20 条船’……”

“不会。因为鲁肃是第一个主张联刘抗曹的。而且，鲁肃还是一个讲信用的人。”男生把刚才老师讲过的在这里用上了。

“对，鲁肃很讲信用，是一个诚信的人，这些诸葛亮都知道，了然于胸，因此，他这件事情只能交给谁去办？”

“鲁肃。”

“其他的人能不能交给他们去办？”

“不能。”

“因为周瑜是极聪明的人，哪一段话看出周瑜非常聪明？”

学生迅速地在书上寻找。还是刚才发言的男生，站起来读这一句。“周瑜说：‘是他自己说的，我可没逼他。我得吩咐军匠们，叫他们故意延迟，造箭用的材料，不给他准备齐全。到时候造不成，定他的罪，他就没话可说了。你去探听探听，看他怎么打算，回来报告我。’”

“这句话只能说明周瑜很狡猾。”老师很干脆地点明这句话的核心意思，又说，“凭这个诸葛亮会不会佩服他？那么哪句话说明诸葛亮佩服他？”

学生继续找。又有学生找到周瑜设计请诸葛亮造箭一段，但是也被老师否定了。

“翻到52页，我给你们找出一句：‘不过不能让都督知道，他要是知道了，我的计划就完了。’为什么不能让周瑜知道？”

“因为周瑜很聪明，知道你要青布幔子、草垛子、草船，就知道你要使什么计策。对不对？”

“所以周瑜聪明吧，连诸葛亮都有几分忌惮他。但是这一切，诸葛亮全部都知道。他知道哪个人可以透露消息，哪个人不可以透露消息，他知道曹操该怎么对付，因此，他深知这些人。”

“周瑜的妒忌，我这里插一句，刚才只说了周瑜‘嫉妒’诸葛亮，因为诸葛亮比他聪明，那么为什么他还有‘猜忌’呢？后来是刘备提出借荆州，借了之后，就再也没还了。不仅没有还，另外的地盘还给抢去了。所以周瑜为什么要猜忌，因为这么聪明的对手过来了，会对我们国家不利，因此他的猜忌有几分道理。但是按照他的想法，如果把诸葛亮抓来给杀了会怎样？赤壁之战就会曹操胜，孙权刘备输。因此，这个事情难说得很。这是我们知道的周瑜的猜忌心。”

“那么，周瑜的这种嫉妒、猜忌诸葛亮知道吗？他了然于胸。鲁肃，友好，诚实；曹操，多疑，谨慎。这一切，诸葛亮全部了然于胸，因此，诸葛亮不仅通天文，识地理，更重要的是他知人心。天文好测，地理好查，最难的是知人心啊。知道人心可难了，人心隔肚皮啊，但是诸葛亮厉害就在这里，他洞察人心。”

“因此，最后，周瑜说他：‘诸葛亮神机妙算，我真不如他。’”

“就是因为周瑜知道自己不如诸葛亮，所以两个人安安心心坐下来，共同抗击曹操，就有了后来赤壁之战的胜利。”

这时，电视剧《三国演义》的主题曲回荡在教室里。

滚滚长江东逝水，浪花淘尽英雄。是非成败转头空，青山依旧在，几度夕阳红。白发渔樵江渚上，惯看秋月春风，一壶浊酒喜相逢，古今多少事，都付笑谈中。

“浪花真的淘尽了英雄了吗？没有，他们至今还活在我们的课文里。但是他们更多的精彩，是不是在《草船借箭》里？不是，而是在一本叫《三国演义》的书中。如果你再长大一点，《三国演义》之外还有一本更重要的书，叫《三国志》，还有更多的信息在那里，那些鲜活的面容依然存在着，依然复活在纸上，所以大家下课了，除了要把课文中的掌握了，还要找来《三国演义》，好好读一读，周瑜是怎样的英雄？曹操是怎样的豪杰？诸葛亮是如何的智慧？好不好？”

“好！”

下课。

课后反思

对《草船借箭》这一个课案，我一直犹豫不决，因为凡读过《理想课堂的三重境界》一书的朋友，一定会知道对比新教育理想课堂的严格要求，《草船借箭》这一课多少有些“浮离于”文本细处了。

事实上在当初决定怎样上课的时候，对此是有清醒的认识的。因为半天的研讨时间是预定的，这一课还是挤进去的，所以最多只能用40分钟。在这种情况下，我想的是，与其像平时那样做点最开始的基础活动，不如跳过一些地方，把时间用在开拓学生的视野上。

也就是说，如果说平时的课大多数是从地下慢慢萌芽，最后在天空中开花的话，那么此课固然也讲究某些基础的夯实，但却跳过了许多教材文本细读的环节，直接从天上把更高远的东西带来了。

这样的课堂会是激动人心的，但也是危险的。

所以这是一次值得一记的取舍和冒险，但我不得不谨慎地指出，学生的兴趣可以以这种方式激发，但学生的语文素养，最终只能在大阅读和真正的文本细读（如前一课案《孙悟空三打白骨精》）中获得。

不是课就不能这样上，而是不能总这样上。课要有这样的大视野，同样也要有此课中没有显现的细功夫。

凡　　卡

时间：2007 年 11 月 22 日

班级：山西绛县镇中小学五年级

教材：人教版五年制小学语文第九册

背景描述

在 2007 至 2008 年间，新教育研究中心除了在宝应实验小学（内设有由十多个实验班组成的新教育小学）开设开放周外，还经常到各新教育实验区进行 2 + 5 的新教育培训。两天面对数百教师的通识理论讲座，五天带领少数骨干教师的田野实战训练，有效地传播了新教育三大课程的理念和操作模式。

山西绛县是一个地处太行王屋深处，文化极其悠久，但经济较薄弱的县，同时也是新教育最成功的实验区之一。而这一课，正是新教育研究中心首度到绛县，和老师同题异构，进行实战演习的课。

新教育小学实验班的孩子所能达到的文本理解能力，是干国祥老师许多课案能够达到相当高度的前提。许多实验老师怀疑的正是：就我们的学生，也能够上出三重境界的语文课吗？

当时此课引发了强烈的反响，部分老师折服于干国祥老师的文本解读，尤其是独特的教材剪裁方法；部分老师则对课堂最后把《凡卡》与上半年发生在山西的“黑砖窑”事件关联起来产生了正反完全不同的观点。一种观点认为这才是把文本和生活紧密结合起来了，让文本的精神在当下复活了；另一种观点认为孩子太小，不应该把这些血淋淋的事实传递给孩子们（当然他们不能解答这个问题：是不是基于同样原因，也不应该把《凡卡》放在教材中呢）；还有的观点则认为，干老师不应该在山西揭山西人的短，这样做很不厚道……

课前检测

临时教室里，已经是密不透风。还有五六分钟的时间上课。

干老师对学生说："你们的预习认真吗？要检测一下。"他让学生利用这段时间拿起笔来，在课文上把凡卡给爷爷写的信，一句不少地画下来。

学生画得差不多了，干老师又问学生是否和凡卡一样大，学生说不是，原来凡卡九岁，而他们已经十二岁了。干老师又问他们能不能写出这样好的信，学生毫不犹豫地回答"能"。

一封怎样的信

上课铃响了。

大屏幕上，出现了课文的插图：那个九岁的孩子凡卡·茹科夫正在昏暗的灯光下给爷爷写信。

"认识这个孩子吗?"

"凡卡。"

"做什么?"

"写信。"

"给谁写信?"

"爷爷。"

"他跟爷爷在一起吗?"

"不在。"

一连串快节奏的问答，学生的全部情绪被调动起来了。

"在一起还写信干什么!"老师的幽默打破了这种节奏。"不过，在一起也是需要写信的。我们跟爸爸妈妈在一起的时候，有时候话不太好说，通过信来沟通比较好。但是凡卡和爷爷不在一起，他在哪里?"

"店里。"

"凡卡在哪里，给在哪里的爷爷写信，该怎么说?"老师开始训练学生将刚才得到的信息概括在一起的能力了。

"凡卡在店里给在乡下的爷爷写信。"学生七嘴八舌。

"凡卡给乡下的爷爷写信，那么前面能不能说'在店里'?"老师引导他们思维要更缜密些。

"凡卡在城里给在乡下的爷爷写信。"后面一个男生心领神会。

"在城里，这个城叫什么城?"老师继续开始了新一轮的问答游戏。

“莫斯科。”

“在莫斯科城里，凡卡做什么？”

“做学徒。”

“在城里做学徒的凡卡，给在乡下的爷爷写了一封怎样的信？”

学生不再齐答，各自思索。

“他想让爷爷带他回家。”一个男生站起来说。

“哦，因为他想念家了，所以写了一封让爷爷带他回家的信。”老师看似解释了这个男生的回答，但是里面暗藏机关。

“不是。”学生发现了。

“他忍受不住老板和老板娘对他的虐待。”男生完善着自己的回答，其他的同学也在一边应和补充。

“现在我们能不能用一句话来说？”大屏幕上出现了相应的文字提示：在哪里生活得怎样的凡卡，给在哪里的谁，写一封怎样的信？

学生纷纷打开练习本写起来。

“没有标准答案，谁想写得好，那就需要创造。”老师鼓励大家。

两分钟后，陆续有学生举起了手。

“凡卡在城里。凡卡给在乡下的爷爷写信。写了一封请求爷爷带他回乡下的信。”一个男生这样写道。

“能不能把它缩成一句？”老师问，“你刚才说了三句话，‘凡卡在城里’‘凡卡给在乡下的爷爷写信’‘写了一封请求爷爷带他回乡下的信’。一句话怎么说？”

“在莫斯科城生活的凡卡给在乡下的爷爷写了一封请求带他回家的信。”一个女生这样来归纳。

“在莫斯科生活得怎样呢？”老师提醒她注意一个要点。

“在城里生活得非常不好的凡卡给在乡下的爷爷写一封希望爷爷带他回家的信。”另一个女生起来回答了。

老师肯定了她的回答后说：“我们概括文章的主要内容，有时候可以用这种方式来问自己一个详细的问题。”随后，他又在大屏幕上投出了一个答案，供学生参考。

在城里做鞋匠学徒，生活得非常艰难，活不下去了的凡卡，给在乡下的爷爷写了一封……求救信。

“求救信是不是比刚才那个‘带凡卡回家’更准确啊?”

“是。”

“但是我这里还有一个省略号，也就是说，到底是一封怎样的信呢?等我们的课结束的时候你们就知道了。要把这个填充进去，学问大着呢!”

把不懂的提出来

大屏幕上又出现了新的问题。

思考：把这句话再继续写具体，写成一篇文章，一般会是怎样的?

等学生思考了片刻后，老师把根据这句话改写的一篇文章投在大屏幕上，括号内的文字是老师根据需要添加的。让学生先齐读一遍。

九岁的凡卡·茹（rú）科夫，三个月前给送到鞋匠阿里亚希涅（niè）那儿做学徒（tú）。

圣（shèng）诞节前夜，他没躺下睡觉。他等老板、老板娘和几个伙计到教堂做礼拜去了，就从老板的立柜里拿出一小瓶墨水，一支笔尖生了锈（xiù）的钢笔，摩（mā）平一张揉皱了的白纸，（给在乡下的爷爷）写起信来。

在写第一个字以前，他担心地朝门口和窗户看了几眼，又斜着眼看了一下那个昏暗的神像，神像两边是两排架子，架子上摆满了楦（xuàn）头。他叹了一口气，跪在作台前边，把那张纸铺在作台上。

学生读了第一段后就被老师打断了：“停，九岁的凡卡被送到鞋匠那里做学徒，要不要气势雄壮地读啊?我们已经反反复复读过课文了，这篇课文应该气势磅礴地读吗?所以要注意读得恰到好处。”

学生又从第二节开始读，声音明显控制了。

读完第三节后，老师让大家停下，问：“我们在预习的时候有个作业，让大家把不懂的语句画出来，到现在你有没有不懂的?”

“他叹了一口气，跪在作台前边，把那张纸铺在作台上。”一个女生马上站起来，念出了这句话。

“哪个不懂?”

“他为什么‘叹了一口气’?”女生问。

“你真的不知道他为什么要叹气?”老师说，“是考考我呢，还是真的不知道？记住，不要考老师。”

“你是知道的，因为这是一封……”女生接：“求救信。”“所以他在写的时候叹气是很自然的，‘叹气’其实我觉得情绪表达得还不够。‘叹气’还是小了。”老师请这位女生坐下，问其他同学还有问题吗。

没有人再举手了。“好，我们就继续读。真的遇到大家读了不懂的语句，就随时把手举起来。”学生继续往下读了。

凡卡朝黑糊糊的窗户看看，玻璃窗上映出蜡烛的模糊的影子；他想象着他爷爷康司坦丁·玛（mǎ）卡里奇，好像爷爷就在眼前。

(他一边想念着爷爷和乡下的美好生活，一边写着信。)

凡卡叹了口气，蘸了蘸笔尖，接着写下去。

(他在信里描写了自己在城里的悲惨生活。)

凡卡撇（piě）撇嘴，拿脏手背揉揉眼睛，抽噎（yē）了一下。

(他在信里希望爷爷来救他回去。)

凡卡伤心地叹口气，又呆呆地望着窗口。

(写完后）凡卡把那张写满字的纸折成四折，装进一个信封里，那个信封是前一天晚上花一个戈比买的。他想了一想，蘸一蘸墨水，写上地址（zhǐ)。然后他抓抓脑袋，再想一想，添上（爷爷的名字)。

他很满意没人打搅他写信，就戴上帽子，连破皮袄都没披，只穿着衬衫，跑到街上去了……前一天晚上他问过肉店的伙计，伙计告诉他，信应该丢在邮筒里，从那儿用邮车分送到各地去。邮车上还套着三匹马，响着铃铛，坐着醉醺醺（xūn）的邮差（chāi)。凡卡跑到第一个邮筒那儿，把他那宝贵的信塞了进去。

过了一个钟头，他怀着甜蜜的希望睡熟了。

“有问题吗？”很多学生摇头。

“戈比是什么意思？”一个学生问。

“戈比是俄国的货币，俄国还有一种货币叫‘卢布’，可能相当于我们人民币的‘元’，‘戈比’就可能相当于‘角’或者是‘分’了。”

学生没有问题后，老师的问题出来了：“像刚才的文章，会不会成为一篇流芳百世的杰作？为什么？”

这个问题颇有些难度，一个学生站起来说：“能。因为这篇文章很感人。”

“刚才大家都很感动了，大家都读得泪流满面了，是吗？”老师反问，接着解释说：“你们不要把刚才读到的文章跟课文弄混了，我说的是刚刚你们才读到的文章，就把你深深打动了？”

“有没有？”

学生摇头。

“它好像少了些什么，对不对？”老师说出了他们心里有但却又表达不出来的，“少了什么？”

“信的内容！”学生脱口而出。

“那好，把‘信的内容’写上去就成杰作了？我们看一下吧。”

用心读，用心听

大屏幕上的背景变成了黑色，九岁凡卡给爷爷的信在白色的方框内更加醒目。

这一次，干老师请全班的女生齐读，男生听。但都要求：用心地读，用心地听。

女生清脆的声音响起来了。

> 亲爱的爷爷康司坦丁·玛卡里奇，我在给您写信。祝您过一个快乐的圣诞节，求上帝保佑您。我没爹没娘，只有您一个亲人了。
>
> 昨天晚上我挨了一顿打，因为我给他们的小崽（zǎi）子摇摇篮的时候，不知不觉睡着了。老板揪（jiū）着我的头发，把我拖到院子里，拿皮带揍了我一顿。这个礼拜，老板娘叫我收拾一条青鱼，我从尾巴上弄起，她就捞起那条青鱼，拿鱼嘴直戳（chuō）我的脸。

读到这里的时候，老师让大家停下，说："同学们读得很好，但是读得太轻描淡写了。比如说刚刚读过的这一句：'老板揪（jiū）着我的头发……'"他学着刚才同学们读的语气，接着问："这样读行吗？不行，这样读不出老板那种穷凶极恶，飞扬跋扈。"

"'我'在弄青鱼的时候犯了什么错？'我'没犯错，无非就是'我'从尾巴上弄起，而老板娘大概认为应该从头弄起吧。结果老板娘就'捞起'那条青鱼，拿鱼嘴'直戳'我的脸。因此不能像你们刚才那样读，不能轻描淡写。"老师进行朗读指导，一方面让学生通过语句体会老板、老板娘的凶狠霸道，凡卡的可怜无辜，另一方面则通过自己的声音、语态来做直接的示范。

"所以第一段要读出他的诚恳。'亲爱的爷爷康司坦丁·玛卡里奇，我在给您写信。祝您过一个快乐的圣诞节，求上帝保佑您。我没爹没娘，只有您一个亲人了。'你想想，一个九岁的孩子，给唯一的亲人写信，是亲切的、哀伤的，因此到后面就不一样了，面对唯一的亲人，一下子就把所有的感情宣泄倾诉出来。所以能不能轻描淡写？"

老师又具体地对朗读细节进行了一些指导，比如"昨天晚上我挨了一顿打"就不能读得太重，因为后面还有更痛苦的事情等着。然后让学生再来朗读"凡卡的信"。

伙计们捉弄我，他们打发我上酒店去打酒，他们叫我偷老板的黄瓜，老板随手捞起个家伙就打我。

吃的呢，简直没有。早晨吃一点儿面包，午饭是稀粥（zhōu），晚上又是一点儿面包；至于菜啦，茶啦，只有老板自己才大吃大喝。他们叫我睡在过道里，他们的小崽子一哭，我就别想睡觉，只好摇那个摇篮。亲爱的爷爷，发发慈悲吧，带我离开这儿回家，回到我们村子里去吧！我再也受不住了！……我给您跪下了，我会永远为您祷告上帝。带我离开这儿吧，要不，我就要死了！……

读到这里，老师问大家："刚才那一段讲了凡卡在城里挨打。这一段讲了什么？"

"没有吃的。"

"没有吃的叫什么？"

“挨饿。”

“好，这一段就是凡卡挨饿。”老师随时注意用课文培养学生的概括能力。

女生又继续往下读。

我会替您搓（cuō）烟叶，我会为您祷告上帝。要是我做错了事，您就结结实实地打我一顿好了。要是您怕我找不着活儿，我可以去求那位管家的，看在上帝面上，让我擦皮鞋；要不，我去求菲吉（jí）卡答应我帮他放羊。亲爱的爷爷，我再也受不住了，只有死路一条了！……我原想跑回我们村子去，可是我没有鞋，又怕冷。等我长大了，我会照应您，谁也不敢来欺负您。

“这一段讲什么呢？我们先把它放下。等会儿再来分析，这一段里有很大的学问。”

接下来男生也加入朗读中来，和女生一起来读“凡卡眼中的莫斯科”。

讲到莫斯科，这是个大城市，房子全是老爷们的，有很多马，没有羊，狗一点儿也不凶。圣诞节，这里的小孩子并不举着星星灯走来走去，教堂里的唱诗台不准人随便上去唱诗。有一回，我在一家铺子的橱（chú）窗里看见跟钓竿钓丝一块出卖的钓钩，能钓各种各样的鱼，很贵。有一种甚至钓得起一普特重的大鲇（nián）鱼呢。我还看见有些铺子卖各种枪，跟我们老板的枪一样，我想一杆枪要卖一百个卢布吧。肉店里有山鹬（yù）啊，鹧鸪（zhè gū）啊，野兔啊……可是那些东西哪儿打来的，店里的伙计不肯说。

“莫斯科是不是一个住不下人的地方？”

“不是。”

“是不是凡卡在那里受苦的地方实在太穷太穷了？”

“不是。”

“这一段写出了什么？用一个词语形容莫斯科城。”

“繁荣！”“琳琅满目。”“繁华。”

“是啊，繁华，它什么都美。但是，‘房子全是老爷们的’，房子里面的所有财产也全都是老爷们的。可是莫斯科城除了房子还有什么东西?”

“街道。”

“那只有街道了，街道是大家的，房子全是老爷们的。莫斯科是不是凡卡的?”

“不是。”

“所以这边城市的繁华就跟我们刚才读到的凡卡的遭遇——”

“形成了对比。”到此时，学生已经明白这段话在文中表达的作用了。

“繁华的莫斯科，凡卡却过着挨饿、挨冻、挨打的生活。”老师语气低沉，“你看，凡卡的要求可不高啊。”他接着读下一段课文。

> 亲爱的爷爷，老爷在圣诞树上挂上糖（táng）果的时候，请您摘一颗金胡桃，藏在我的绿匣子里头。

“他只要求什么?”

“摘一颗金胡桃。”

“这金胡桃是不是金子啊?”

“不是。”

“那什么是金胡桃，你知道吗?”“一颗糖果啊，外面裹着一张金色的糖纸。”老师缓缓地说出，正在猜测“金胡桃”的学生显出吃惊的样子。

“凡卡的要求这么低，它能实现吗?”

“不能实现。”

“因此他非常渴望回去。我们一起来读。”

> 快来吧，亲爱的爷爷，我求您看在基督（dū）的面上，带我离开这儿。可怜可怜我这个不幸的孤儿吧。这儿的人都打我。我饿得要命，又孤零零的，难受得没法说。我老是哭。有一天，老板拿楦头打我的脑袋，我昏倒了，好容易才醒过来。我的生活没有指望了，连狗都不如！……我问候阿辽（liáo）娜，问候独眼的艾（ài）果尔，问候马车夫。别让旁人拿我的小风琴。您的孙子伊凡·茹科夫。亲爱的爷爷，来吧！

由于几乎是逐段理解了凡卡信的内容，所以在读最后这一段的时候，学生读得很动情。

“这真是在倾诉、在哀求爷爷带他回去。同学们，我们先来回忆一下，用一句话说说：凡卡在城里的遭遇，是怎样的?”

“连狗都不如。”学生很准确地用信中的句子来表达。

老师接着让学生用①②③④……在课文中标出相关的内容，用一两个词来概括每一部分的意思，来体现凡卡在城里“连狗都不如”的生活。

由于刚才读信时已经解决了，所以学生很快就找出来：

①挨打。②挨饿。③挨冻。(书上只有一句话。)

老师小结：最主要的是他孤苦伶仃，没有亲人，因为所有的人，包括跟他一起打工的伙计，也捉弄他。连一颗小小的“金胡桃”这样的礼物也没有收到。

在充分理解了信的内容后，老师的问题又出现了：凡卡的这封信，会不会成为一篇流芳百世的杰作？为什么？

“就凡卡的这封信，或者把凡卡的这封信加上刚才读的那篇讲凡卡写信的文章，会不会成为一篇流芳百世的杰作呢？也就是说，读到这里，我们是不是被深深打动了?”

学生在紧张地思考着，可是让他们说出这就能成为“流芳百世的杰作”，感觉好像还是不行。

“我觉得我们被打动了，但是这些还不够。”老师说出了他们心中的困惑，“这篇文章，不止于此。它还写了什么?”

由此进入课文剩下内容的学习。

“凡卡和爷爷在乡下的生活真的很好吗?”这是老师关于这段内容提出的一个总括问题。

“不好。”学生说。

“到底怎样，我们来看这些语句。”大屏幕上又出现了信中的句子，老师做了重点讲解。

“爷爷有几个亲人?”

“也只有一个。”

“两个人孤苦伶仃，相依为命。”

“爷爷是不是对他一味慈爱，百依百顺啊?”

“还有，他为什么不能在乡下一直待下去？是因为什么原因?”

“因为他找不到活儿，找不到活儿就没事干，没事干的后果就是要饿死，冻死。”

“没有鞋，穷啊。”

“‘等我长大了，我会照应您，谁也不敢来欺负您。’这说明什么，说明有人曾欺负过他们。一个老头，一个小孩，孤苦伶仃的。”

“还有我们刚才分析过的：‘亲爱的爷爷，老爷在圣诞树上挂上糖果的时候，请您摘一颗金胡桃，藏在我的绿匣子里头。’在西方，圣诞节是最受重视的，是一年中最盛大的节日。在这样最大的节日里，他的要求也只是一颗‘金胡桃’。”

这些话品过后，再问学生：“凡卡和爷爷在乡下的生活真的很好吗？”

“不好。”

问题又出现了：凡卡和爷爷在乡下的生活贫困，找不到好的工作，寄人篱下，没有前途。凡卡为什么还那么急迫地想着回去？

“因为他想念自己的爷爷。”

“因为他不想在城里受苦。”

那么跟爷爷在一起的日子到底是怎样的？有哪些让凡卡印象深刻的回忆呢？老师把经过剪辑后的相关内容又在大屏幕上投放出来，这是今天课堂上第三个被剪裁但依然完整的篇章了。

先看爷爷是一个怎样的老人。

> 爷爷是日发略维（wéi）夫老爷家里的守夜人。他是个非常有趣的瘦小的老头儿，65岁，老是笑眯眯地眨着眼睛。白天，他总是在大厨房里睡觉。到晚上，他就穿上宽大的羊皮袄（ǎo），敲着梆（bāng）子，在别墅的周围走来走去。老母狗卡希旦卡和公狗泥鳅（qiū）低着头跟在他后头。泥鳅是一条非常听话非常讨人喜欢的狗。它身子是黑的，像黄鼠狼那样长长的，所以叫它泥鳅。
>
> 现在，爷爷一定站在大门口，眯缝着眼睛看那乡村教堂的红亮的窗户。他一定在跺着穿着高筒（tǒng）毡靴的脚，他的梆子挂在腰带上，他冻得缩成一团，耸着肩膀……

老师请大家思考：如果用一个词来形容这些文字的感情，会是哪一个呢？

学生找出了“有趣”。

老师又引导学生想象当凡卡想到“有趣”的爷爷时，会是怎样的心情，以此来体会怎样把这两段朗读好。

老师请全体男生来读，试着进入角色，读出这种“温情”的感觉。

学生读完后，老师就“高筒毡靴”一词，讲了爷爷的职业，是一个守夜人，在寒冷的深夜，在宅院中不停地走动……过去爷爷就是靠这样的工作来维持他和凡卡的生活。以此来指导学生在朗读的时候要注意，当凡卡在写这封信时，眼前出现爷爷的这个形象时，会是一种怎样的心情。

接着干老师亲自来读。

> 天气真好，晴朗，一丝风也没有，干冷干冷的。那是个没有月亮的夜晚，可是整个村子——白房顶啦，烟囱（cōng）里冒出来的一缕缕的烟啦，披着浓霜一身银白的树木啦，雪堆啦，全看得见。天空撒满了快活地眨着眼的星星，天河显得很清楚，仿佛为了过节，有人拿雪把它擦亮了似的……

“好，因为景色很美丽，所以不哀伤。但是，因为‘我’处境的艰难，也不能读得过于愉快。”老师又继续讲述一些朗读细节上的技巧。

> 到树林里去砍圣诞树的总是爷爷，爷爷总是带着他去。多么快乐的日子呀！冻了的山林喳喳地响，爷爷冷得吭（kēng）吭地咳（ké），他也跟着吭吭地咳……要砍圣诞树了，爷爷先抽一斗烟，再吸一阵子鼻烟，还跟冻僵的小凡卡逗笑一会儿。……许多小枞树披着浓霜，一动不动地站在那儿，等着看哪一棵该死。忽然不知从什么地方跳出一只野兔来，箭一样地窜过雪堆。爷爷不由得叫起来：“逮（dǎi）住它，逮住它，逮住它！嘿（hēi），短尾巴鬼！”
>
> 爷爷把砍下来的树拖回老爷家里，大家就动手打扮那棵树。

“那么，这些文字，又可以用一个怎样的词来形容呢？”

学生能说出这些文字写的是“凡卡跟着爷爷去砍圣诞树”，但是用一个词来形容，对他们又是挑战了。

“快乐的。因为‘要砍圣诞树了，爷爷先抽一斗烟，再吸一阵子鼻烟，还跟冻僵的小凡卡逗笑一会儿’。”

“哦，你从这句话里感到了快活。我们来看，这段话中你觉得最快活的是哪一句?”

“还有最后一句话‘逮兔子’。”一个女生站起来，然后她用很清亮的声音把最后一句读了一遍。

老师提示她语气可以再夸张、急促一些，他做了示范，逗得所有的人都笑了。

然后老师和学生一起分读这一段话，老师舒缓的语调和后面学生急促、紧张的语调构成了一种反差，很美妙地表达了这段话的意思，表达出凡卡回忆中乡下生活的温馨、美丽、快乐。

老师的问题随之而来：凡卡回忆中的乡下和乡下生活，为什么会这样的温馨、美丽、快乐?

“因为乡下有爷爷。”学生说。

“因为乡下有爷爷，而城里没亲人。因为城里的生活太苦，所以回忆以前的任何一点快乐，就特别的甜……”老师做了这样的小结。

“那么，像刚才那些回忆的文字，会不会成为一篇流芳百世的杰作?为什么?”这个问题再次出现在学生面前。

这个时候学生已经看到了，仅仅那段文字是不够的。

老师说：“乡下的生活虽然非常清贫，但是又非常美丽、幸福、快乐。而城里生活是如此残酷，不人道。清贫而美丽的乡下生活，和残酷的城里生活形成了强烈的对比。当它们在一起的时候，就不一样了。”

老师又请男生和女生把这两段话放在一起对比读，男生读在乡下快乐的生活，女生读在城里凡卡信中的苦苦哀求。

大屏幕上的两段话被老师黑白两色背景分别标出来。

凡卡的两个出路

“但是，凡卡毕竟把一封信给寄出去了。‘过了一个钟头，他怀着甜蜜的希望睡熟了。他在梦里看见一铺暖炕，炕上坐着他的爷爷，耷拉着两条腿，正在念他的信……泥鳅在炕边走来走去，摇着尾巴……’”

这一段充满了“甜蜜”的希望的文字，在被老师声情并茂地朗读后，另一个问题又呈现在学生面前：对凡卡的未来，你想说什么?

“凡卡会得到幸福，因为他是个懂事的孩子。”前排的一个学生说。

“他会得到幸福，因为他是个懂事的孩子。在前面，他一直很懂事，可是他得到幸福了吗?”老师“以子之矛，攻子之盾”。

“他没有得到幸福。”

“他要得到幸福，取决于什么?”老师继续深究。

“那封求救信。”学生说。

“你认为这封信寄出后，结果会怎样?”

“爷爷不可能收到，因为信上没有写地址。”学生说。

“他说得很重要。现在我来统计一下，认为过不了多久凡卡就能过上幸福快乐、温馨美丽的乡下生活的举手。”

有四个同学把手举了起来。

“你认为凡卡不可能过上那种生活或者至少短时间内不可能过上那种生活的举手。”

绝大部分学生都举了手。

“因为他信上的地址没写清楚。”一个学生说。

此时，大屏幕上出现了按照文中所写模拟的凡卡的信封。

“他还没有贴爷爷的照片。”说完后，这个孩子自己也笑了，马上改正道，“没贴邮票。”

“古时候的信是这样寄的，是收到的人付钱。根据路途的不同，钱是不一样的。关键在哪里?”

“乡下，哪都有乡下啊。”学生说。

现在，学生都知道了凡卡的这封至关重要的求救信却由于凡卡的疏忽，成为爷爷收不到的一封信。

“收不到凡卡会怎样?”老师的声音低沉下来。

“继续留在莫斯科。”

“那种生活过下去会怎样?”

学生不说话了，因为他们忽然发现，他们要面对一个极度残酷的事实。

“过下去有两种可能。同学们，一种是死掉，一种是和那些小伙计一样，损人利己。这些小伙计最初也和凡卡一样，被迫来到莫斯科生活，但是日子久了，他们也渐渐习惯了那种生活，变得麻木，变得阴冷与狡诈。不仅是自己麻木了，还去欺负跟自己一样命苦的人。”此时，这个严酷的事实正被老师清楚明确地表达出来。

“凡卡只有两个出路：A. 死掉。B. 成为那个欺负别人的伙计。”

学生有些不忍，有个学生站起来，坚持说：“还有第三种结果，他跑回去和爷爷过上幸福的生活。”可是说完后他发现连自己也说服不了，他怎么跑回去呢？

“怎样的结果取决于同学们自己的意愿。但是有一点，要经得起推敲。”这时，上课最初的那句话又出现在大屏幕上：

在城里做鞋匠学徒，生活得非常艰难，活不下去了的凡卡，给在乡下的爷爷写了一封……求救信。

老师让学生把省略号的地方填充上。

学生一起说：“在城里做鞋匠学徒，生活得非常艰难，活不下去了的凡卡，给在乡下的爷爷写了一封没有地址的求救信。”

流芳百世的杰作

像刚才的文章，会不会成为一篇流芳百世的杰作？为什么？

“答案是会。因为它从俄罗斯传到中国，它经历了100多年的时间，流芳百世的佳作啊，为什么呢？我们来看。”

老师利用PPT集中做了梳理。

《凡卡》这篇文章之所以能够成为流芳百世的杰作，有以下几方面的原因：

A. 编织：把不同时间的故事巧妙地编进一篇文章。

乡下生活	学徒生活	写信时刻	未来结局

B. 对比：

用贫穷乡下的幸福生活，来反衬城里当学徒的悲惨生活。

强烈的希望与彻底的绝望。

C. 留下悬念：

一个非常特殊的结局。

准确的分析结束，影片《泰坦尼克》的主题音乐悄然响起，凡卡个人生活的痛苦命运成为人类曾有过的灾难的缩影。

音乐后，全场静默了片刻。

老师问："凡卡的故事，发生在何时何地？"

当学生说出"18世纪的俄国"后，老师又问："它只发生在那里吗？它有没有发生在我们身边？作者契诃（hē）夫为什么要写这个故事？"

有学生举手想回答，老师制止了，说："我都不要你们回答，我只要你们思考。"

大屏幕上又出现了这样的问题：在我们今天，在我们身边，会不会有"凡卡"，有和他一样悲惨的故事？

接着，大屏幕上出现了这样的文字：

> 在山西万荣县六母村附近的4家窑厂中，每个都有一二十个孩子，其中最小的8岁，在砖机前像机械人一般地干活。被问及籍贯时，孩子恐惧地看着手拿三角带的监工，木讷地摇头。
>
> 至少有1000名孩子被骗至山西黑窑厂做苦工，最小的只有8岁，最大的13岁。
>
> 2006年6月18日，河南汝州，陈成功，14岁，曾经在黑砖窑里面工作三个月，于6月6日，被解救出来。

这是从2007年夏震惊全国的山西"黑砖窑"事件的媒体报道中采集的文字报道。

"也是三个月，非常巧合。而有些孩子，却已经消失在我们不知道的某个地方了。世界上发生的事，就在我们身边，而我们都不知道。"

"我们全都不知道，同学们，记住：你这辈子，不要做那个悲惨的凡卡！你父母不希望，老师也不希望。同学们，这句话你尤其要记住，你长大了，不要为了钱去做奴役凡卡的'主人'！"

"记住了吗？"

"记住了。"

"这个承诺可不是轻易就做出的。对让'凡卡'过着痛苦生活的社会，要坚决地学会说：不！你必须改变。"

教室里非常安静。

大屏幕上，那三行对学生也是对整个人类的三点希望静静地、庄严地在那里。

> 不做“凡卡”。
>
> 不做奴役“凡卡”的“主人”。
>
> 对让“凡卡”过着痛苦生活的社会，坚决地说：不。

最后，老师深情、充满期待地说：希望未来的世界，连冬天也能够像这样美丽。

学生轻轻地朗读着，真是无比纯净、美丽的一幅图画啊！

> 天气真好，晴朗，一丝风也没有，干冷干冷的。
>
> 那是个没有月亮的夜晚，可是整个村子——白房顶啦，烟囱里冒出来的一缕缕的烟啦，披着浓霜一身银白的树木啦，雪堆啦，全看得见。
>
> 天空撒满了快活地眨着眼的星星，天河显得很清楚，仿佛为了过节，有人拿雪把它擦亮了似的……

课后反思

这一课我比较满意的是对教材的剪裁。

这一剪裁，使得我能够在上此课时，把主要的教学目标和教学时间，首先放在文本形式上，即更多地体现所谓的语文的工具性，而避免直接上成一堂批判资本主义罪恶的政治课，或者同情社会弱势群体的思想情感课。

确实，长期以来，我们的小学语文缺乏对文本形式进行分析的方法，包括许多名师的舞台课，也都主要出彩在情感的感染与熏陶上，难怪被不少激愤的有识者讥为“演出”“思品课”。

如果不是在形式上完美地传达了主题，而仅仅出于批判了当年资本主义的罪恶这一点，此类文章（还有譬如《卖火柴的小女孩》《穷人》等）是配不上成为文学经典，进入我们的语文教材的。

所以此课我设定的一个核心问题便是：一个文学经典是如何创造出来的?

虽然学生的基础确实较弱，时间也过于仓促，但是这一任务还是较为顺利地得以完成。描述不同时空的文字的复杂编织，色彩鲜明的强烈对比，语言的深邃委婉的含义，欧·亨利式的结尾……这些形式分析构成了本课的主要部分。

我总以为，如果在语言文字（包括结构、修辞等）的教学上路子走对了，文章做足了，那么情感和思想往往是水到渠成、自然而然的事。

因此从平淡的叙述，到强烈的对比，到意想不到的悲惨结局，学生的思想情感（对凡卡命运的真切同情）是在不知不觉中走到了高潮的。

但我以为这还不够，所以力排众议，把就发生在身边的黑砖窑事件插了进去。

而且我更为残忍与清醒地意识到：那些冷冰冰的师兄乃至小老板，原来可能也曾经是凡卡，于是，便有了最后的那些寄语。

考虑到这样的结尾太阴太冷，于是又利用课文中的优美片段，为课堂增添了一个美丽的、有点暖意的结尾，就像是鲁迅《药》结尾中，坟上的那朵白花。

巨人的花园

时间：2010 年 12 月 30 日
班级：重庆市长寿区长寿一小五年级
教材：西师版小学语文第十一册

背景描述

2010 年的最后一个星期，新教育长寿一小开放周活动正在进行中。一边是学生已经期末迎考并准备放假，一边是来自全国各地的老师们，还在为新教育、课堂教学、儿童课程而苦思冥想。

这次开放周的重心在一年级的全人课程（由所有学科的不同教师贡献出集体智慧，创造出一个集语文、科学、音乐、美术、体育及形体于一体的新型课程）。

一年级的课程，自然童趣盎然，但其不足的地方，就是思的深度无法借一年级课程而显现。所以还穿插了几堂高年级的语文教学课。并预留了干国祥老师将上的一课，课由大家来确定。

最终，大家选定了一个经典的童话，王尔德的《巨人的花园》。原因是长寿一小高段教研组不久前研讨过此课，但大家觉得意犹未尽，想借这次机会，听听干老师怎么来解读和教学。

人教版《巨人的花园》放在四年级，西师版放在六年级，文本颇有不同，但都不是原著。相比于原著，不仅做了大量的删减，而且还修改了一些情节——譬如都把带有基督教色彩的结局（巨人之死和基督以小孩形象出现）删除了。

类似《巨人的花园》这样经典文本的教学，自然是最宜体现新教育所倡导的“理想课堂的三重境界”的。但对干国祥来说，这里有一个尴尬：作为儒家弟子的他，面对一个宣扬基督教精神的文本，这里的共鸣会有一种身份上的尴尬。而课堂的有效，一取决于预习的质量，二取决于教师对学生的了解。本课之后，干老师不无遗憾地说：孩子们举手太积极，以至于当我提出一个有困难的问题时，我无法从林立着的小手中，找出哪一只是真正领悟了的。

虽然如此，这一课还是给在场参与研课的老师以震动：原来我们可以这样来解读文本；而这样布置预习并认真完成后，学生可以在如此高的起点上开始新的学习……

你的人生理想是什么

距上课时间还有 10 分钟左右，老师就以大屏幕上投出的一段阅读材料为话题，和学生聊了起来。这段材料是预习作业第四题补充的阅读材料：

> 四、认真阅读以下材料，思考：下面的故事和《巨人的花园》有什么关系？
>
> 1864 年 4 月 20 日，柏格理出生在英国一个叫卡米尔福特的小镇上。
>
> 刚满 4 岁，妈妈教他读书。柏格理 9 岁时，进入韦斯理小学读书。13 岁那一年，柏格理进入教会办的希博尔公学。在学校里，他品学兼优，敏锐善辩，热爱体育运动，尤其擅长板球、足球和游泳。
>
> 柏格理的父母有 6 个孩子，由于牧师的收入有限，因此一家人的生活过得紧巴巴的。
>
> 随着年龄的增长，柏格理看到父母这样辛劳，全家却过着贫寒的生活。……他决心靠自己的努力让父母和弟弟妹妹们过上富裕的生活。1881 年，柏格理参加英国公务员考试，名列全英国第三名。
>
> 这个年轻人踌躇满志地离开家乡，来到英国首都伦敦。在英国邮政银行做一名公务员，成天坐在高背椅上点钞票。很快，柏格理就定下了自己的人生目标，他决心在最短的时间内使自己的年薪达到 1000 英镑。
>
> 金钱、财富、体面的生活，凡是世人所看重的，似乎都要成为柏格理脚下所要走过的路。（以上节选自阿信《用生命爱中国》第一章《人往低处走》。）

最后两段被干老师特别标出。同学们从这段文字描写中知道了一个人——

柏格理。这名伟大的基督教传教士，曾经在中国西南苗族人居住区，做出过巨大的贡献。

“柏格理是名人，是吧？你看，这是少年柏格理的人生理想，”干老师对同学们说，“我跟你们第一次见面，想听听你们的人生理想。”干老师拿自己身边一个男生做例子：“你现在是长寿一小五年级七班的同学，是吧？若干年之后，有个人要给你写传记了——名人某某某传，比如这个同学……”他拿起这个同学的预习作业看着名字说，“名人胡毓传。”同学们都乐了，干老师又问了这个孩子的出生日期和其他信息，把它填进去，“1999 年 10 月 16 日，胡毓出生在中国重庆一个叫长寿的地方。刚满 5 岁，他就进了当地最好的小学长寿一小读书。在学校读书的时候他怎样怎样，他的理想……”

同学们纷纷站起，畅谈自己的理想。

干老师结束了同学们的自由发言，与此同时，大屏幕上出现了长寿一小校训，干老师让大家齐读自己学校的校训。

长寿一小校训：让每一个人都能幸福健康地成长，实现“过一种幸福完整的教育生活”的教育理想。每个人都能做最好的自己……学生成为面向未来世界的合格公民。

从童话里学到什么

正式上课了。首先就是检查预习作业，PPT 上先出现了生字词检查题，干老师让大家不用抄题，把答案依次写在练习纸第二页下面的空白处，他要求学生静齐快，马上完成。

小鸟 qī（　　）息在树枝上

孩子们吓得一 hòng（　　）而散

一块告示 pái（　　）

整天下着冰 báo（　　）

lūn（　　）起一把大 fǔ（　　）

两分钟后，学生都写完了，全班校对，这六个生字全班百分百的正确，接着又检查了每个字的形旁，孩子们也都对答如流，问答时干老师又把每个字的形旁跟所表达的意义做了关联，比如“起哄”的“哄”字，不就是“那么多嘴巴（口）一起（共）说，才能‘起哄’”吗？

接着检查预习作业第一题：

预习作业一：

默读课文数遍，填充下面的鱼骨图，理出课文情节结构——概括第三部分后面的内容，可不限六部分。你认为鱼尾中的问号，应该填什么？

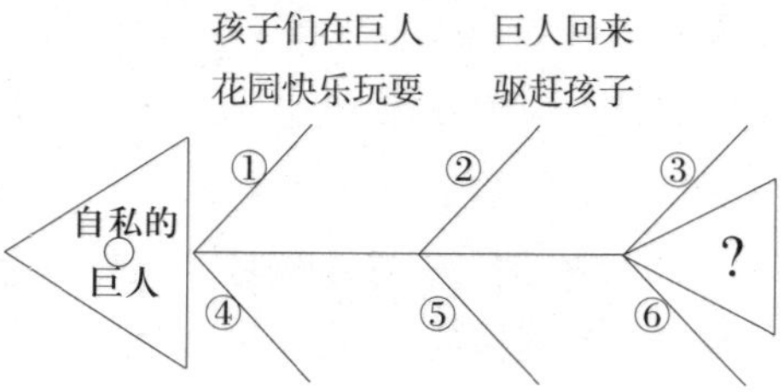

大屏幕上鱼骨图刚一出来，大家就纷纷把小手高高举起。

“第三部分应该是春天已经到了，可是巨人的花园里却还是寒冬。”一个男生回答，他没有把第三部分的内容全部说出。又一个男生起来发言说：“春夏秋不到这里来，只有冬天到这里来。”女生又提出了自己的意见，说：“孩子们没有玩的地方，一年四季那里都是冬天，春、夏、秋都不到巨人的花园里去。”

“你跟刚才同学的意思基本一样，在这种情况下我们就不要再提出异议，因为我们要节省时间，往难的地方走。所以这会儿你要举手，就是你要有不同的意见，明显的不同意见。”干老师对这个女生说，很多同学马上不再举手了，最后还有一个同学手高举着，干老师让他发言，他说：“雪、霜、冰雹，在花园里捣乱，摧毁花园。”

“大家觉得刚才的同学归纳得更好呢，还是这个同学归纳得更好？”干老师转交给大家评议。干老师在事后评议说：如何抑制那些仅仅为了表现自我的过度发言，这事实上成了一些课堂上的难点，尤其是在借班的情况下，小手如林纵然不是灾难，也绝对不值得庆幸。

“刚才。”

“对，因为梳理课文，概括性要强，像刚才那位同学所说，花园从此只剩下冬天一季，没有了春夏秋这三个季节。”这时，屏幕上“鱼骨图”的三部分处，也出现了老师概括的“花园从此只剩下冬天一季”字样。接着干老师又让全班同学是这样概括的举手，约有一多半的同学举了手。

“我觉得第四部分是孩子们偷偷跑进了花园，花园里又有了春天，一片春意盎然。”首先发表意见的一个女生说。

“我反对，我觉得第四部分应该是那些雪霜和冰雹来了，它们觉得那里只有冬天了，它们就在破坏。”这是那个要开名车公司的男生。

“他说得对不对？”干老师又转交大家评议。

“不对！因为这是第三部分说过了的。”一个男生马上评判并说出了理由。

“对，这是第三部分已经说过了的，第四部分故事一转，转到哪里去了呢？”干老师又问。

“转到了巨人很纳闷，春天为什么一直不光顾他的园子。”一个女生说。

“巨人纳闷，我的园子为什么没有春天了？这个能不能单独成为一部分？”干老师又追问。

“不能，因为这个内容写得太少了。”这样，经过对大家发言的检查校对，最后确定为第四部分可这样概括：孩子溜进围墙，春天回到花园。同样，老师再让大家举手统计这部分内容的概括情况，情况仍然不错，一大半的同学大意都是如此。

用同样的方式，干老师带领同学们梳理鱼骨图的五六部分如下：

五：巨人帮助小孩，从此拆除围墙。

六：巨人慢慢变老，花园满园春色。

在这个过程中，老师对学生发言的反馈始终紧紧围绕着“概括”进行，既要全面，又要准确精练。

现在鱼骨图上只剩下鱼尾巴部分的填充。相对于鱼头“自私的巨人”，同学们有多种说法，“愿意与人分享的巨人”“知错就改的巨人”“无私的巨人”“善良大方的巨人”。这些意见干老师都做了肯定评价，然后他让大家再从这些词里挑选出一个最合适的，所有同学都选了“无私”。

“无私，不错，但是，我还不准备用无私。”出乎大家意料，干老师居然这么说，同学们静待下文。

“你们知道我为什么不准备无私吗？因为无私和自私中间似乎少了一个，你看啊，无私就是全心全意地爱别人，是吧？他不关心自己，只爱别人，是不是呀？而自私呢？只关心自己，不关心别人。但是这中间就少了一个既爱自己又爱别人的，那该叫什么呢?”干老师辨析这两个词的区别。

“既自私又无私!”一个学生说。

“既自私又无私？没这个说法。”对这个顺口溜出的回答，干老师马上否掉了。“乐于助人？也没说太清楚。”干老师又否掉了另一个女生的发言。

一个男生又找到一个：“爱人爱己的巨人。”

“爱人爱己，那叫‘博爱’。”干老师表示肯定，并给出“博爱”这个更恰切的词，与此同时，大屏幕的“鱼尾巴”上也出现了这两个字。干老师让大家把这个词填写在自己练习纸的相关位置上，又略作解释说：“博爱，那博大的爱，爱人爱己，爱己爱人，我先爱自己，再爱父母，再爱所有我遭遇的一切的人，那叫博爱。”干老师一边巡视着同学们的书写情况，一边又说：“同学们啊，你们爱你自己，爱家人，又爱别人，这就叫博爱了。”

这样，用了11分钟的时间，师生共同校对了预习作业一、二，复习巩固了生字词，并梳理了鱼骨图，对全文内容有了更进一步的理解。

“看样子同学们真的很聪明，再自由说说，你从这个童话里学到了什么?”

一个戴眼镜女生，发表意见：“我明白了那些自私的人，就会尝到恶果，而那些无私的人，关爱别人的人，终会尝到善良。”

干老师的建议是，如果把最后一个词换成“收获幸福”，答案就完美了。

一个女生不停地举手示意：“我！我!”

干老师让她发言，她说：“我读到了只有分享快乐才是真正的快乐。”

又一个男生起来补充说：“只自己享受快乐是无味的，你只有和别人分享快乐才是有趣的，因为与别人分享快乐，自己也得到了快乐，别人也得到了快乐，这样大家都快乐了。”

又一个女生说：“我懂得了要宽宏大量地对待别人，分享才是真正的快乐。”

这几个同学说的都是一个意思“分享”，所以干老师再次强调说：“现在有没有想说的不是‘分享’的。”

一个女生起来说：“我学到了要关爱别人，因为故事里面说到了巨人把一个孩子抱上了树，我觉得这样就是关爱别人。”

对于这个不同的意见，干老师迅速捕捉住，他用比刚才略低一些的声音舒缓地说：“你看，她说的跟‘分享’有什么差别?”“她说的是‘关爱’。她不说我有快乐跟你分享，她说的是：你不快乐，我来……”聚精会神的同学们马上接道：“帮助你。”

“那叫什么?”

“助人为乐!”孩子们又一起说道。

“说得好呀!”干老师赞叹道。一个男孩子举手了，就请他起来发言。

“我还懂得了我们要学会博爱，只有学会博爱的人才会幸福和满足。”

“你是学以致用，马上就用上了，很好!”干老师称赞他。

他后面的一个男生也举手要求发言：“我还从这个童话里明白了‘恶有恶报’，不要自私，如果自私的话，就会像巨人一样遭到恶报。”

还有同学仍然积极举手要求发言，不过干老师就此打住了：“好，行了，够了，大家说得太好了。”

专家式阅读

现在一共只用了14分钟完成了生字词、对课文结构以及对全文主题的检查教学。干老师提问：“大家学得这么好，讲得这么精辟，那么这堂课还能学到什么呢？你们猜一猜吧。”

“可以把这个故事续编。”一个女生说。

“我觉得应该学习作者的写法。”一个男生说。

“我觉得还可以把自己不懂的问题，大家讲出来，然后一起来解答。”又是一个女生。干老师随即让她说出自己不懂的问题，她说：“巨人为什么到他朋友家里去，回来的时候就自私了?”

这是从预习题三中的一个思考题化来的，原题为：

> 思考：一开始的时候（巨人没有到妖怪朋友那里去之前），巨人的花园一定也开满鲜花的。请问这是因为那时有孩子在玩耍的原因，还是其他什么原因?

干老师对此大加表扬：“这问题，好哇！聪明!”同时，把这个问题又复述了一遍：“巨人前面肯定不自私，因为他的花园里是有花的，而是到朋友家之后变得自私了，他为什么要去朋友家，为什么去了之后会变得自私?”

一个男生马上就举手要回答，干老师却摆手让他再缓一缓：“不行，你反应太快了，要思考!”他接着点了一个女生，她的建议是，应该再从重点词句学习体会到什么。

干老师不再找同学发表意见了，这时，大屏幕上出现了两行大字：孩子式阅读——课外浏览。专家式阅读——认真研究。

“同学们，我们前面的读，严格意义上说叫孩子式阅读，童话是写给孩子们的，是不是？但是，它不用老师上课，我给你一本童话，一本字典，你下课就可以看得津津有味，哟，这群人真好玩，这小孩怎么样，看完了之后，嗯，我很感动。这种阅读是大家都能做的。我出了那么多难题都没难倒你，就说明大家的水平都挺高，这个故事（《巨人的花园》）的意思基本上也就这样了。所以说从孩子式的阅读或者从课外浏览的角度，大家个个都已经能很好地完成了，我很满意。但是今天干老师要教给大家的是专家式的阅读，我们要对这个文章进行研究，愿意吗？”

“愿意！”所有的同学声音响亮。

“好，我们就先来试一试。”随之，大屏幕上出现了课文的第1、2自然段。

干老师请同学们推荐一位同学来读，同学们推荐了一位女生。

干老师夸赞她读得很好，同时又给出一个具体的建议，把不同的景物用不同的声音来表现。他自己也做了示范，读“美丽的鲜花随处可见，多得就像天上的星星”一句，和读“栖息在树枝上的小鸟唱着欢乐的曲子，歌声是那么优美动听”一句，果然在声音的强度、速度等上都有细微的变化。

对同学的朗读做了点评指导后，干老师要和全体同学一起，再次朗读这一部分。与此对应，大屏幕上的这段话中，中间描写草地、鲜花、桃树、小鸟等景物的句子变成了绿色字体，这是全班同学读的，而前后描写孩子们的句子，则由干老师来读。

这一遍全班同学读得可真好！

读后，干老师又聚焦到这段绿色字体的景物描写，因为这也是预习作业三中思考题之一。原题为：用横线画出巨人的花园的景色，每一处自己用一两个词语标注这些景色的特点，以及人们看到这些景色时候的心情。（做在书中）

干老师问：“用一个词语来形容这景色怎么样？”

“美！”“美不胜收！”“风景如画。”同学们七嘴八舌。

“再用一个词语表示你看了这样美丽景色的心情？”

“赏心悦目。”“心旷神怡。”

“我们发现，景色与心情之间好像差不多，是吧？”干老师在景色与心情之间的关联处点了一下，接着又针对检查预习作业时发现的情况，指着屏幕上的绿色字体说，“巨人的花园的景色，我用绿色字体标出来了。你们检查一下，看有没有画出来?”

学生对照着自己的练习纸，纷纷点头：“有!”

“那后两句你们有没有画?”大屏幕上，最后一句“孩子们的欢唱声在花园里荡漾：‘我们在这儿多么快乐啊!’”下，也出现了一道下画线。

“有!”“没有!”这里，同学们的意见就不同了。

干老师让大家举手统计了一下把这一句也画上的同学，差不多有三分之一吧。

“画了的同学你认为它也是景色，不画的同学你认为它不是景色，对不对?”干老师问大家。

“对。”

“那么，我们说景色一般都是说自然景色，是吧?那画了的同学，你的理由是什么呢?”干老师先让画了的同学说出理由。

一个男孩很积极地要求发言，他说：“我觉得它是，因为课文最后巨人的话是：我有许许多多美丽的花，可是最美丽的花是这群活泼可爱的孩子。巨人把他们比作了花园里最美丽的花，所以我觉得他们的歌声也是一种景色。”

其他同学都觉得他说得很有道理了，但有个学生起来反驳说：“我不赞同，我觉得人是一种事物而不是一种景色，我们不应该放到景色的那一类里去。”

又一个女生起来反对他，还提出了新的理由：“我觉得这个应该是一种景色，因为孩子们的歌声，就像是小鸟的歌声一样，在花园里回荡，就让花园变得更加美丽，既然小鸟的歌声就可以作为景物，为什么孩子们的歌声就不能作为景物呢?”

“放在另外的课文中，这是不能作为景物的；但是放在这个童话里，是一定要作为景物的。”干老师给出了最后的裁判，同学们都很专注地听他继续说出理由。

“因为刚才那个同学说了，这篇童话告诉我们，孩子是最美的花朵！所以，没画的是正确的，画了的是聪明的。”台下一百多位听课老师顿时发出一阵会意的笑声，同学们也都笑了。

就在这样的轻松气氛中，干老师把问题抛了出来，这就是刚才那个女生提出的问题，也是预习作业中的思考题：一开始的时候（巨人没有到妖怪朋友那里去之前)，巨人的花园一定也开满鲜花的。请问这是因为那时有孩子在玩耍的原因，还是其他什么原因？

“我!”“我!”同学们很踊跃。

“我不要你们回答，我要你们选择。”大屏幕上这个问题的下方出现了四个选项：

A. 巨人当时不知道孩子们在他花园里玩。

B. 巨人当时是善良无私的（他是在妖怪那里的七年学坏的）。

C. 那时巨人还没有长大，他和别人一样有童心。

D. 巨人那时没有赶孩子。

这些答案是干老师从同学们的预习作业中汇编而成的，选择A的有一个同学，选择B的占了大多数，选择C的有四分之一，选择D的也有几个学生。

到底是什么原因呢，干老师又带领大家“研究”课文了。大屏幕上出现了课文的第二部分内容：巨人回来驱赶孩子。

干老师先请一个女生读这一部分，干老师又请全班同学把巨人的话连起来再读一遍：“我的花园就是我的花园。这点道理你们还不明白吗？除了我，谁也不准进来玩。”

大家读得非常非常好!

“自私！太自私了！是吧？”干老师仿佛说出了每个孩子的心声，他们重重地点头称是。

“你们见到过这样自私的人吗？”还嫌不给力似的，干老师又重重地补充一问。

“见到过。”果然，同学们纷纷发言，开始“控诉”。

接下来干老师带学生“研究”另一个问题：巨人为什么离开了七年啊？

“因为他去朋友家做客。”“太空”男孩这样回答。

“因为那个妖怪朋友也有很多妖怪朋友，巨人在那里跟着他们学了不少坏习惯。他一回来就变得很自私了，所以就离开了七年。”一个没有发过言的男生说。

“你看，原著是这样的：有一天巨人回来了。他原先离家去看他的朋友，就是那个康华尔地方的吃人鬼，在那里一住便是七年。”大屏幕上显示出相应文字，干老师读给大家听。

接着，这段文字的下方又出现了这样一段资料，干老师同样读给同学们：

王尔德的大学生涯：

1871 年进都柏林三一学院读大学一年级；

1872 年获三一学院米迦勒节奖；

1873 年获三一学院大学基金会奖学金；

1874 年获三一学院希腊文优等成绩伯克利金质奖，1874 年就读牛津大学莫得林学院；

1878 年以考试优等的资格从牛津毕业。

干老师又问了："王尔德到著名的牛津大学毕业为止，读了几年大学啊？"

"七年。"大家迅速做了心算。

"七年！那王尔德读大学之前，是大人还是小孩？"

"小孩。"

"读了七年，回来之后是什么了？"

"大人。"

"读大学为了什么？"

"读大学是为了学习，将来成为一个有用的人。"那个胖乎乎的男生，声音非常清晰又响亮地答道。

"你看，这是我们看到的柏格理的，他当时定下的人生目标……"大屏幕上又出现了柏格理的节选片段，其中这几段被用黄色的大号字体重点标出：

这个年轻人踌躇满志地离开家乡，来到英国首都伦敦。在英国邮政银行做一名公务员，成天坐在高背椅上点钞票。

很快，柏格理就定下了自己的人生目标，他决心在最短的时间内使自己的年薪达到 1000 英镑。

金钱、财富、体面的生活，凡是世人所看重的，似乎都要成为柏格理脚下所要走过的路。

干老师把这一段又快速地读了一遍，问学生："我们读大学的时候是不是也这样？"

"是。"同学们纷纷点头，课前的谈话才刚过去没多久，那些话音还没散去呢。

大屏幕上又出现了课前谈话时的那张“名人某某某传”，干老师用手点着一个又一个同学的脸庞，把他们代入这个公式：“名人某某某，名人某某某，名人某某某……我们读下去，读下去……”与此同时，深圳中学校训、云南大学校训又快速掠过，最后定格到奥巴马总统、著名公司 CEO 那张 PPT 上，“最后我们就成了什么？”

“巨人！”所有的同学都知道这会儿“巨人”是怎么来的了。

“哇！牛啊！我们才华、能力什么都有，然后在长寿湖边盖一座花园别墅。”大屏幕上图片又变成了长寿湖花园别墅，但与课前谈话不同的是，“巨人的花园”这几个字醒目地标注在上。“这就是我的巨人的花园，那些讨饭的、小孩子能进来吗？”干老师再问大家。

“不能。”所有的同学几乎本能地做出反应。

“你准备让他们进来吗？”

片刻犹豫后，大部分同学还是选择了“不”。

“这是我自己的花园，难道这样不对吗？”干老师仿佛说出了他们内心的挣扎，“大家从大学出来，然后成为名人，成为有能力的人，水平很高，修建了自己的花园，花园是我的，就是我的，是我辛辛苦苦赚来的，不让别人进来，这难道有错吗？”

“没有错！”很多同学举手，想发表自己的意见。

“有一半错吧，是因为你太自私了，不让别人分享你的快乐；一半是对的，因为这就是你自己的花园，别人没有经过你的同意，就不应该进来。否则就犯了‘私闯别人住宅’的错误。”这个男孩子本来想说“罪”的，犹豫了一下还是换了一个程度轻一些的说法。

他的意见被同学们所接受，干老师仍然先悬置问题，接着带大家读课文的后面部分。

这时候，课已经过去了 26 分钟，但是同学们的探索欲望却越来越强了。

大屏幕上又出现了课文的第三部分：花园从此只剩冬天一季。

“这个巨人的后果是怎样的？”干老师开始朗读这一部分，这同时也给了这些活跃的孩子们一段安静的时间，不过在干老师朗读时，还是巧妙地把孩子们邀请进来，扮演了角色，从而对于本段有了更鲜活的体会。

“哪个词能够形容花园的景色，和人们对这些景色的心情？”大屏幕上出现了这样一个问题。

“凄凉。”大家异口同声。

“这景色很凄凉，人们看了这景色，心里很凄凉。景色是凄凉的，心情是凄凉的。”干老师反复着景色和心情的“凄凉”，让他们继续往下读。

师生的这段分角色朗读非常精彩。

“我有个问题，如果说冬天是‘凄凉’的话，另外三个季节的心情分别是什么?”大屏幕上又出现了这个问题。

同学们很积极地寻找词语，“春天温暖、欢乐”“夏天热情、激情”，后来一个男生又站起来说：“我觉得春天是温暖的，秋天是满心欢笑的，因为秋天果树都丰收了，千家万户都在欢笑，都吃上了甜蜜的果子。”

“除了这个巨人外，另外的名人们，用高高的围墙把孩子们拦在外面，他们的花园里会怎样?”干老师又问了一个问题。

“我觉得他们的花园里还是会很漂亮，但是里面冷冷清清，一个玩耍的人也没有，就会没有以前的花园那么漂亮。”一个女生说。

“谁觉得冷冷清清？是你觉得冷冷清清，还是他们（名人们）觉得冷冷清清?”干老师追问。

“他们的花园还会很漂亮，但是会非常寂静，寂静到会感到一种幽凉（凄凉），没有人会陪他们玩耍，没有以前那么快乐。”又一个男生说。

“对，他们的花园仍然四季如春，但是你觉得很凄凉，我问的是，名人会觉得凄凉吗?”干老师问。

“不会!”

“如果说冬天是‘凄凉’的话，另外三个季节的心情分别是什么?”屏幕上又回到了这个问题，同时又显示了干老师梳理过的文字意见：

春天——美好 夏天——热烈 秋天——喜悦	花朵、小草 鸟鸣、果实
冬天——凄凉	北风、大雪 严霜、冰雹

“春天是美好的、温暖的、美丽的，夏天是热烈的、激情的，秋天是喜悦

的，冬天是凄凉的。春天有花朵、小草、鸟鸣，秋天有果实，而冬天只有北风、大雪、严霜、冰雹。”干老师带学生又回顾了一下，他接着又指着这一页PPT上刚刚讨论过的两个问题（问题1：除了这个巨人外，另外的名人们，用高高的围墙把孩子们拦在外面，他们的花园里会怎样？问题2：如果说冬天是“凄凉”的话，另外三个季节的心情分别是什么?），问大家：“那么把这两个问题连在一起，我们可不可以来想一想，其实我们每个人的小小的心房，也是一个什么?”

“花园。”

“它也会有什么?”

“春夏秋冬。美好和凄凉。”真是些聪慧心地玲珑的孩子啊！

“对！所以我们一见名人那些没人气的地方，我们觉得很凄凉。可是他们却不这样想，他们会说，哇！这么贵重的东西，我一平方米两万三哪，他就觉得很好，两万三哪怕是一块水泥地，他也会觉得太昂贵太美妙了，两万三呢！但是你就觉得这是一块水泥地，一点都不漂亮，你觉得跟孩子们在一起，花开了才漂亮，是不是？所以啊，花开、小草、鸟鸣、果实，都是好心情，而北风、大雪、严霜、冰雹，都是一些坏心情。”

大屏幕上又出现了刚才师生分角色读过的第三部分课文，但是，又出现了一个新的问题：这花园表现了巨人的心情，还有什么？谁在对谁说他太自私了？

干老师和大家一起讨论。

“这既是巨人的花园，也是巨人的心情，他把孩子赶走了之后，他的心情就变得怎么样了?”

“凄凉。”

“只有冬天了。”

“他把孩子赶走之后，他的心情就只有冬天了。再没有春天的温暖、夏天的热烈、秋天的喜悦，再也没有了。那么是谁在对谁说他太自私了呢?”

对于这个问题，孩子们意见不同，有认为是孩子的父母对孩子说的，也有的是以读者的心态来把自己居于其间的，但是大多数同学都根据文中“‘他太自私了。’秋天说”一句认为，是春夏秋三个季节对巨人说，他太自私了。不过也有一个聪明的男孩谈到了是巨人的心情在对他说——因为四季都只是人的不同心情。

这时候，大屏幕上“自私”的下面出现了另外两个词：内疚、自责。学生一下子就恍然大悟了。

“谁在对谁说自私呢？这个巨人怎样？他的好的一面已经在自己说了，你太自私了。”大屏幕上又出现了一张更生动形象的图片，一个肌肉结实、身体健壮的巨人正低头沉思，旁边用气泡标注出他的内心对话，干老师讲给学生听：“这个巨人哪，心里有一个念头：我自己的花园就是我自己的花园，法律告诉我，这是谁也不能动弹的，我是学过法律的。”他又问学生：“这是从哪里学来的？”

“妖怪朋友家。”学生被画面和语言所吸引，目不转睛。

“所谓的大学里学来的。”干老师轻轻点了一句，他又接着说，“然后还有一个念头是：我想要当初的美好啊，我不懂为什么春天来得这么迟，我盼望春天，不久就会到来吧！”

这两种念头，一种是非常的强硬，一种则开始了反思。这时，大屏幕上又出现了巨人可能有的第三种念头，内疚和自责，用黄色字体更醒目地标出，干老师让同学们齐读：“难道是我错了？也许是我错了？我太自私了！”

“这个念头他有没有说啊？”

“没有。”学生纷纷摇头。

“他没说。我们知道，人啊，有念头，还有潜意识，比如你梦里想的东西，巨人他满脑子‘我的东西就是我的东西’，可是他睡梦之中，在有些时候却想着：我当初的天真在哪里呢？我当初的美好在哪里呢？”听干老师描绘着巨人的内心变化，学生也都感同身受，他们点头应和说：“在我的围墙的外面，被我自己筑起的围墙挡在了外面。”

“那么，怎么办？”

“把围墙拆了。”

“可是，他想不到把围墙拆了，因为他那个念头太重要了，哪个念头？”

“自私！”

“‘这是我的，我的就是我的，谁也不能拿去！’这个念头太大了，围墙太厚了，他想不到要把这个围墙拆掉，是吧？那故事怎么办呢？”

就这样，进入了故事第四部分的学习：孩子溜进围墙，春天回到花园。

同样，大屏幕上出现了相应段落文字，干老师让大家先齐读一遍。

此时，一阵犹如天籁的童声合唱轻轻地响起来了，是经典电影《放牛班的春天》中的插曲《开放》，孩子们的歌声与文字的美妙结合，马上就渲染出春天重返花园，孩子们欢乐嬉戏的美妙景象。在音乐声中，干老师接着读了下去。

> 他看到了更美妙的景象：围墙上挖了一个小洞，一群孩子从洞口爬了进来，他们攀上花园的果树，每棵树上都有一个孩子。桃树看见孩子们终于又来了，心里非常高兴，因此用鲜艳的花朵把自己打扮起来，伸出肥枝嫩杈在孩子们的脑袋上方轻悠悠地摆动。鸟儿们欢快地跳啊唱啊，朵朵鲜花纷纷从绿油油的草丛里探出头来尽情地欢笑。多么迷人的景象啊！

干老师读得真好，同学们情不自禁地跟他一起读出了最后一句："多么迷人的景象啊！"课文读完，歌声还在继续。

"你能想象这花开放的样子吗？十二棵桃树，十二个孩子，所有的花都开放了。"干老师非常抒情的语气，缓缓道出。但随即，歌声戛然而止，他又抛出一个思考题，让学生的思维又开始活跃起来："谁在围墙上挖了一个小洞？"

"孩子们！"

"孩子们违法了吗？"

"没有。"有同学马上就修改："违法了。"

"哇，在别人墙上挖一个小洞是不违法的，你去挖一个看看。"干老师幽默地叫起来。

大家都笑了，这次都肯定地说："违法的。"

不过这些五年级的孩子，却都为故事里的孩子们找出种种合适的理由来："因为他们没有玩的地方了，所以他们就在围墙上挖一个洞，进里面去玩。"

"我觉得孩子们没有违法，因为大自然是属于大家的，每一寸土地大家都可以去。巨人的花园也是属于大自然的，所以也是属于大家的，所以孩子们去也就不违法。"

"嗯，你说得很好，因为你还是孩子，但如果你读过大学，你就不会这样了。读过大学你就知道，孩子们违法了，但是这法律责任应该由你爸爸妈妈来承担。账要找你老爸老妈来算。"干老师又幽默地告诉大家，但同时他又把大家引到刚才的问题，"故事有没有告诉我们谁挖的洞？"

"没有。"大家再看课文说道。

"也许是巨人梦里的一个念头，墙上就裂开了一个洞，很有可能是这样。如果他梦里出现了这么一个念头，我做错了吗？我太自私了吗？我也许不应该这样吧，他这个念头起来的时候，也许围墙上就裂开了一个缝。"这篇童话故事的象征手法是非常突出的，不过，干老师也并没有就此坐实，他又提出了另外的可能，从而让孩子们自己去选择吧：“也有另外可能，哪一个驾驶员喝醉了酒，砰的一声撞了一个洞，谁知道，反正是你也不知道，我也不知道，墙上就有了这么一个洞。”

这个话题结束，大屏幕上出现后面的段落，同时，又有一阵充满忧伤与神性的背景音乐轻轻响起（《放牛班的春天》之插曲音乐《孤独与赞美》），干老师让大家轻轻地读。

干老师又提出了一个新的问题：“故事里为什么要有一个爬不上树的小孩？如果没有这个小孩，巨人的精神花园里少了什么？”

一个女生说：“因为那个小孩子把后面的剧情都铺垫了。后面巨人把围墙拆除了，小孩子看到巨人不再像以前那样凶狠，就跑回来跟着巨人一起做游戏。”

针对这个孩子说的“小孩子出现”的目的就是为了“拆围墙”，干老师反问：“如果没有这个小孩子，那么巨人爬下去把围墙拆了可不可以？”

“可以。”大部分同学都这样说。但是也有一个男生回答：“我觉得不可以，因为巨人十分的自私，十分的凶狠，小孩子一看见就跑了，他们就再也不敢来了，因为他们想，如果来一次就被巨人赶走一次，还不如不来这儿呢。”

面对这种情况，干老师直接干预了：“你看，巨人让那些大孩子们在花园里玩，叫作什么？”

“分享。”

“但是对这个小孩子，那叫什么？”

“关爱。”这一下才能继续往下深入了。

“你看，那些大孩子要不要他这样帮忙、关爱啊，不需要，所以故事中如果只有那群大孩子，就只能看出这个巨人从此变得慷慨了，愿意跟别人分享了，但是他的精神花园也就只达到了一个分享的境界。但是有了这个小孩子，而且是最小的小孩子，最弱的小孩子，那么这时候他的精神就变得……”

“博爱。”

“那就变成博爱的境界了。不一样了，是不是？”同学们点着头。

“所以这是不一样的，这个小孩子很重要，为什么？”这时，大屏幕上又出现了泰戈尔《吉檀迦利·10》，这是今天早上语文老师应干老师的要求，作为晨诵让孩子们读过的两首诗之一（另一首是狄金森的《如果我能使一颗心免于哀伤》），干老师用它们来与本文进行理解上的互文印证。

吉檀迦利

泰戈尔 著　冰心 译

10

这是你的脚凳，你在最贫最贱最失所的人群中歇足。

我想向你鞠躬，我的敬礼不能达到你歇足地方的深处——那最贫最贱最失所的人群中。

你穿着破敝的衣服，在最贫最贱最失所的人群中行走，骄傲永远不能走近这个地方。

你和那最没有朋友的最贫最贱最失所的人们做伴，我的心永远找不到那个地方。

干老师先让同学们齐读一遍，这首诗他们已经在晨诵课上读过的。接着又带着学生对诗意做了简要理解。干老师先举了生活中形象的反例说："在街上走过一个美女，然后我眼冒金星，哇，我喜欢，这叫博爱吗?"

同学们都笑了，摇着头说："不叫。"

"那啥叫博爱?"

"我觉得博爱就是关爱，对那些弱势的群体。"一个男生用词很确切。

干老师也赞他词汇丰富，他又对"弱势群体"一词具体化："弱势群体，那些个丑陋的、残疾的、身上带着传染病的人，你还能去爱他，那才叫作——"

"博爱。"

"所以啊，骄傲是达不到那地方的。故事中巨人原本很骄傲，可是一个小孩子出现了，让他向这小孩子俯下腰，向小孩子俯首，为小孩子折腰，才检验他有没有骄傲，他现在不骄傲了，也因此到达了那最贫最贱最失所的人群的地方。这个你是谁啊?"

"有爱心的人。"因为文化差异，同学们的理解也只能止于此了。所以干老师直接告诉大家："我告诉你，这是印度著名诗人泰戈尔写的，这个你指的是神。"

"耶稣。"学生又混淆了。

"不是耶稣，因为泰戈尔是东方人，不是西方人，他跟我们一样是东方人，所以他的这个神，不是上帝，而是那宇宙间生生不息的充满慈悲的创造者。所以他说，这个神灵啊，在哪里呢，就在最贫最贱最失所的人群中歇足。”干老师做了澄清。

“这是你的脚凳，你在最贫最贱最失所的人群中歇足。”干老师精心选择了三个人互文印证。

首先是耶稣，大屏幕上，出现了两幅画面，一幅是淡彩油画，身穿白色圣袍，一脸祥和的耶稣，正坐在犹如伊甸园的花园里，一个穿浅绿色连衣裙的小姑娘正用胖胖的手指，在耶稣的手心写着什么，画面静谧美好，人像上闪烁着神性的光辉。而另一幅则是瘦弱赤裸的耶稣双手双足被钉在十字架上的铅色雕塑，人类的罪恶，就这样被一个伟大的灵魂所担负。画像上，还有关于耶稣的简短文字介绍：

> 耶稣，在传播爱和正义的思想的同时，为百姓治病……在他被反对他的政府钉在十字架上处死后，他的门徒认为他复活了，并认为他就是上帝之子，并因此创立了基督教（天主教、耶稣教等）。

接着是特蕾莎修女，同学们大多也听说过。

> 特蕾莎修女，是世界著名的天主教慈善工作者，主要替印度加尔各答的穷人服务。因其一生奉献给解除贫困，而于1979年得到诺贝尔和平奖。

干老师选择的是特蕾莎修女的一张老年侧面像特写照片，如树皮般深刻的皱纹，和那深邃宁静平和的目光，给人留下了非常深刻的印象。

接下来就是柏格理了。干老师选了一张柏格理年轻时的照片，就是这个目光炯炯，对前途充满理想的年轻人，最后的命运却落在中国，被誉为“苗族救星”。旁边配上了胡锦涛同志的一段评述（评述是胡锦涛尚在贵州任职时所说的）。

> 公元1905年，一个叫柏格理的英国传教士来到贵州毕节地区威宁县的一个名叫石门坎的乡村。那是一个非常贫穷、荒凉、艰苦的地方。他带来募集的资金，在这块土地上盖起了学校，修起了足球场，还建

起了男女分泳的游泳池。他还创制了苗族文字，自编了“我是中国人，我爱中国”的教材。免费招收贫困的学生。后来，那个乡村发生了一场瘟疫（伤寒），当地老百姓都逃走了，他却留下来呵护、救治他可爱的中国学生，最后被瘟疫夺走了生命。

不知道这些伟大的灵魂，是否进入了孩子的内心，是否就此能在他们原有的“有爱心的人”“弱势群体”等经验上重新建构，但是此刻孩子们的目光是虔敬的。

而这时，干老师又转回到课文文字，《吉檀迦利·10》与之相映，现在这个问题：“故事里为什么要有一个爬不上树的小孩？如果没有这个小孩，巨人的精神花园里少了什么？”孩子们是真理解了。

让学生续写结尾

现在，课文只剩下了最后一部分，投放在大屏幕上。

巨人说：“孩子们，从现在起，花园就是你们的了。”说完，他抡起一把大斧，把围墙全部拆光了。中午，人们去赶集，看见巨人正同孩子们在天堂般美丽的花园里兴高采烈地做游戏。

一年又一年过去了，如今巨人变得又老又弱。他再也没有力气和孩子们一道做游戏了，只好坐在一张大安乐椅上看着孩子们互相追逐打闹，欣赏着花园里的满园春色。他常说：“我有许许多多美丽的花，可是最美丽的花是这群活泼可爱的孩子。”

这部分内容很简单，干老师并未做任何处理，学生浏览一遍文字后，干老师便抛出了一个问题，这也是预习作业中思考过的：

思考：其实这个故事还没有结束，你认为这个故事最后的结果可能是怎样的？想一想，有兴趣的话，直接就写在这里。

干老师先找了一个两节课都未有机会发言的男孩子，他读了他的预习回答：

“我觉得最后，巨人他应该死了，在他死之前，他的花园里到处都开满了鲜花，而且小鸟停在树上鸣叫，大人们全都参加了他的葬礼。第二天，小孩走进花园的时候，发现一封信，信中这么写道：这个花园不属于任何人，是属于那些孩子们的。因为是他们，让我明白了这些。”

干老师表扬他写得不错，相当好。

又有一个男生起来发表意见说：“我觉得是最后巨人死了，巨人他还有一个儿子，那个儿子最后长成了巨人，那个儿子也陪这些孩子们玩，这样世世代代繁衍不断。”

“因此那个地方就成了孩子们永远的乐园，是不是？”他连连点头。

这样检查过两个同学之后，干老师问大家有没有读过《巨人的花园》原著，只有一个女生读过，干老师请她来告诉大家原著的结尾是怎样的。她很清楚地说出了两个细节，一是小孩子称手上伤口为“爱的烙印”，另一是巨人跪下的细节。

这时候，大屏幕上出现了《巨人的花园》原文的最后结尾，有相当长的篇幅，干老师读给大家听：

> 许多年过去了，巨人也很老了。他不能够再跟小孩们一块儿玩，因此他便坐在一把大安乐椅上看小孩们玩各种游戏，同时也欣赏他自己的花园。他说：“我有许多美丽的花，可是孩子们却是最美丽的花。”
>
> 一个冬天的早晨，他起床穿衣的时候，把眼睛掉向窗外去望。他现在不恨冬天了，因为他知道这不过是春天在睡眠，花在休息罢了。
>
> 他突然惊讶地擦揉他的眼睛，并且向窗外看了再看。这的确是一个很奇妙的景象。园子的最远的一角落里有一棵树，枝上开满了可爱的白花。树枝完全是黄金的，枝上低垂累累的银果，在这树下就站着他所爱的那个小孩。
>
> 巨人很欢喜地跑下楼，进了花园。他急急忙忙跑过草地，去到小孩身边。等他挨近小孩的时候，他的脸愤怒得涨红了，他问道：“谁胆敢伤害了你？”因为小孩的两只手掌心上有两个钉痕，在他两只小脚背上也有两个钉痕。
>
> “谁胆敢伤害了你？我立刻拿我的刀去杀死他。”巨人叫道。
>
> “不！”小孩答道，“这是爱的伤痕啊。”

“那么你是谁？”巨人说，他突然有了一种奇特的敬畏的感觉，便在小孩面前跪下来。

小孩向巨人微笑了，对他说：“你有一回让我在你的园子里玩过，今天我要带你到我的园子里去，那就是天堂啊。”

那天下午小孩们跑进园子里来时，他们看见巨人躺在一棵树下，他已经死了，满身盖满白花。

故事读完，孩子们一下子无比安静。

“你喜欢哪个结尾？”

学生轻轻地回答：“原来这个。”

“为什么他的手上有钉痕？”

“耶稣！”这是学生都已经知道了的。

“因为他就是耶稣的化身。我又有一个问题不明白了，耶稣明明是个成人啊，他怎么变小孩啦？”

“因为他是人们所信仰的天神，他看到巨人这么自私，就变成了一个小孩子，到巨人的花园里来考验这个巨人。”大家都很认同这种说法，另一种说法与此大同小异：“耶稣死了之后，他的灵魂还在人世间，于是他就变成一个小孩子去做他的化身，来考验这个巨人。”

“耶稣在哪里？”老师问。

一个男生说：“我觉得神，它就在我们的身边，因为我们的身边有许多有爱心的人，他们所做的事情都让我们得到了更多的关爱，所以我认为神就在我们身边。”

还有一个学生说：“我觉得神就在我们的心里，让我们用更多的爱，去关爱弱势的人。”

柏格理生平传记的那段文字再次出现，这已经是第三次出现了，干老师问：“柏格理一生，开始的时候也想成为巨人，但是他有没有成为巨人啊？”

“没有。”孩子们摇头。

“神在哪里，孩子是谁？我们来看一下这段话。”干老师为同学们读起了大屏幕上的这一段话，这是摘抄自柏格理日记《在未知的中国》中的句子。

他们（苗族人）之中许多人衣衫褴褛，由于生活艰辛，使他们性格粗犷并不修边幅。在陌生人面前显得畏怯与缄默。还让更为尖刻和机警的汉族人所看不起。因为没有自家的土地，他们只得像农奴一样度日。去世后埋葬时常没有棺材，他们的坟墓上从无墓碑标记。在这个民族的历史及为生存而进行的斗争中，他们只能算作一个较小的群体。但他们仍然是上帝心中的花朵，他又一次选择了地球上的弱者。孩子们的耶稣再一次伸出双臂抱起孩子，并大声喊道："除非你们像小孩子那样谦卑。"他又一次以面带热切的、近乎严厉的表情，看着他的成年门徒说："不要阻止小孩子到我这里来。"我们已经听到了这条诫命，看到了他渴望的面容，我们没有阻止这些小孩子往他那里去，因为他们毫无疑问是上帝自己心中的花朵，散发着天国花园的迷人的芬芳。

"谁是孩子？谁是最美的花朵？"干老师再问，而这些学生已经在文本中得到了回答。

"谁是耶稣心中的孩子？"与此问题相对应的则是《吉檀迦利·10》。

这时，一阵朴素的歌声响起来了，那是贵州石门坎新中小学的校歌，石门坎就是柏格理曾经工作多年，最后把生命也奉献到那里的地方。

站在离天很近的乌蒙山冈，
放飞心灵渴望的翅膀；
山坡上的青草芬芳，
仿佛诉说你就在我的身旁。
……

这同样天籁的歌声中，大屏幕上的图片也变换着，这一组三张是街上的乞讨者，他们有须发皆白的老人，有肢体重度残疾者，而下一组则是捐款的儿童、救助的白衣天使和受救助者灿烂如花的笑容。

"谁是巨人？谁是孩子？"这两个问题与图片反复叠加，这歌声也更加清澈了，干老师讲述道："这歌唱得好吧？唱这些歌的孩子，他们连打扮过的新娘都没有看过，因为那里很穷，新娘结婚是不打扮的，甚至擦口红也是没有的，他们今天还是那样，这就是柏格理去的地方。"

“孩子、老人、病人，都是孩子，都是弱势群体。”

“谁是巨人，谁是孩子？”这个问题随后又定格在狄金森的这首诗上，《如果我能使一颗心免于哀伤》，干老师请大家轻轻地读一读。

如果我能使一颗心免于哀伤

狄金森

如果我能使一颗心免于哀伤
我就不虚此生
如果我能解除一个生命的痛苦
平息一种酸辛
帮助一只晕厥的知更鸟
重新回到巢中
我就不虚此生

大屏幕上，连续出现了七八张照片，同在蓝天下，可是那些孩子的生活却好像在另一个世界一样，破旧的桌椅，蓬乱的头发，但却拥有着同样渴求的双眸。干老师告诉同学们，这就是那些唱歌的孩子们的样子，后面几张图片学生有些骚动了，因为他们看到，在这些孩子中间的，不就是正在给他们上课的干老师吗？而那些课堂上孩子的笑脸，不就是这世界上最美丽的花朵吗？（马玲注：2009年11月，干国祥带领新教育公益行的一支小分队来到石门坎，在新中小学进行了近一周的教育考察研究工作，也就是在这里第一次和柏格理精神遭遇。这一周适逢石门坎地区全年气温最低的时候，云雾迷茫的乌蒙山被封裹在厚厚的冰霜之中，经常断电，生活出行非常不便，但也就是这个星期，干老师和石门坎地区的老师们共同研讨，他亲自上多节示范课，还通过课程研究，取得了苗族地区双语教学的一项重大突破。）

现在面对这些照片，干老师平静地对孩子们说：“如果我能使一颗心免于哀伤，帮助一个弱者，平息他生活的艰辛，帮助晕厥的灵魂重新回到他安全的、幸福的地方，那么我们，我们就不虚此生。”

“所以人能爱人，是宇宙中最美的事物；宇宙间最美的，就是人能够爱人。”

而这时，大屏幕上耶稣、特蕾莎修女、柏格理的画像又聚到一起，为他们做备注的就是这一行大字：人之爱，就是宇宙间的至美。

世间最美的花

又回到了那张梳理好的鱼骨图。干老师对同学们说："刚才大家是这样梳理的，现在有必要重新梳理，为什么？因为开头真的是自私的巨人吗？真的后面只是博爱吗？其实开头是自私的巨人，后面应该是什么？"

"博爱的巨人。"同学们回答。

"还是巨人吗？"干老师提示。

"博爱的小孩。"

"所以巨人表示强大，跟强大相反的是什么？"

"弱小。"

"是谦卑。"干老师做了纠正，他又联系同学们的发言说，"一个说，我要成为伟大的人，我要制造中子弹，我要成为大公司老板，我要在虫洞中旅行，这是强大的巨人。还有一个是谦卑，我什么也没有，我只能帮助一只晕厥的知更鸟，重新回到它的巢中。我只能使一颗心免于哀伤。所以由强大到后面的谦卑，由自私到后面的博爱。"

这样，鱼骨图就变成了现在这个样子，干老师又把其他一些细小的地方做了相应的转换：

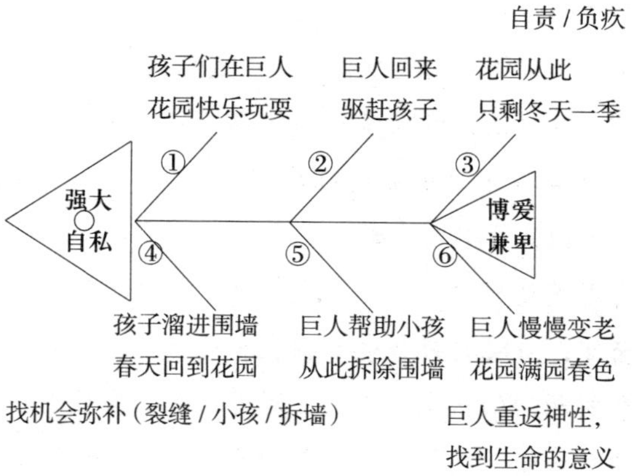

"巨人回来驱赶孩子，把孩子赶走之后他就内疚，觉得我不应该这样做，然后他就找机会弥补，因此就出现了裂缝，小孩子可以进来玩，然后他就把墙拆掉了，然后他就返回了童心，他找到了生命的意义。"

而在鱼头“强大”字样的上方，又出现了一直环绕课堂始终的青年柏格理的理想：很快，柏格理就定下了自己的人生目标，他决心在最短的时间内使自己的年薪达到1000英镑。金钱、财富、体面的生活，凡是世人所看重的，似乎都要成为柏格理脚下所要走过的路。

不过有意味的是，这段节选自阿信《用生命爱中国》第一章的标题却恰恰是“人往低处走”，干老师请同学们把这五个字读了出来，又告诉大家说：“现在把柏格理的故事连起来看看，就是前面是强大，后面是谦卑，前面是巨人，后面是小孩啊。”

“开始的时候柏格理想要年薪达到1000英镑，结果柏格理死的时候，他最后死的时候，住房叫‘5英镑小屋’，你知道为什么叫‘5英镑小屋’吗？就是他的房子，只需要多少钱啊，5英镑，他后来终身都住在5英镑小屋，他穷到这样了，但是他拯救了多少人啊？多少人因他的出现，从原来的文盲、奴隶成了大学生、博士生，成了医师。”

大屏幕上又出现了这样一段文字，这是柏格理最后因为抢救一位苗族病人而不慎自己也遭到感染，而最后病亡及苗族人民对他的爱戴的事情：

> 他告诉柏格理夫人，说他恐怕再也恢复不过来了……突然，于1915年9月16日下午，大限来临，他平静地停止了呼吸。
>
> 苗族人处于极度痛苦之中。他们在自己的贫困状态下承担起他丧葬的全部费用。巨大的中国式棺材无法放进他的住房，于是就置于“5镑小屋”之中，他的遗体即被恭敬地抬到那里。下一个礼拜日，大量哭泣着的群众聚集拢来，参加这位他们所有人都如此深深热爱着的、他们的朋友、他们的牧羊人的葬礼。
>
> ……墓及墓碑被稳妥地筑好、立起来，墓碑上面悉心地镌刻着英文、汉文和苗文，而昭通教会也准备在小教堂挂上一块黄铜匾额，以表达对他永久的深切的纪念。“一个真正的人，应该是狂飙中的避风港，暴雨里的遮蔽处，就如同旱地里的清流，干热荒野上一块巨石投下的阴凉。”

干老师总结道：“当然，最后这一块黄铜匾额上刻下的：一个真正的人，应该是狂飙中的避风港，暴雨里的遮蔽处，就如同旱地里的清流，干热荒野上一块巨石投下的阴凉。我们还可以有这样一种选择：从巨人变成了孩子，从强大到爱和谦卑。”

干老师又说：“当然，我们是不是也一定要这样做啊？不，没有人强迫你这样做。你不需要这样做，你可以同时成为经济上的、知识上的巨人，还可以同时成为灵魂与精神上的孩子。”

大屏幕上，涌现出两行大字：

从巨人到孩子，从强大到爱和谦卑；
身体与经济的巨人，灵魂与精神的孩子。

此时，大屏幕上又依次出现了佛陀（选取重庆著名的大卧佛图片）、孔子、观音、妈祖等不同文化的代表，干老师说：“这些人，都是教人去爱的人，他们都不是神仙，也许并没有什么神灵与上帝，但是，就像刚才那位同学所说，先有那些伟大的灵魂去救助他人，然后我们后人怀念他们，把他们称为神灵。”

至此，全课毕。

课后反思

分析童话往往会陷入两难：停留于故事情节，教师就成了一个讲故事的人，而课堂最高的境界，也最多达到演课本剧的投入；对童话的结构和象征进行分析，就极可能把课上得枯燥抽象，而且更重要的是破坏了故事和童话形象的那种圆满。

故事是伟大的，分析往往会破坏故事的整体性，进而不复存在伟大性。

但若不能够分析故事，不能分析故事的妙处、角色的象征，这个童话的独特性及其伟大性，那么我们要语文课做什么？莫非我们只需把童话教学的语文课，改成讲故事课、分角色朗读课以及表演课？

我想大家选此课让我来加以挑战的原因，可能就是基于上面的这种两难吧？

虽然在最后的共鸣处，因为面对的是基督教文化背景的故事，身为儒家文化的传人，此课我自己感觉和《少年王冕》《归园田居》《渔歌子》等儒道文化文本的课堂，还是有些差距，但整体而言，此课较好地体现了理想课堂的三重境界。

借学生扎实的基础，无论是朗读、生字词，以及借鱼骨图梳理文本结构，也就是说，第一重境界扎扎实实讲效率上，此课得以非常顺利地完成，且课堂上浪费也极少（除学生因过于积极举手，而有几处重复发言外）。

借对这个充满象征的童话文本的解读，借着对基督教传教士柏格理在华传教的故事，我们把文章中的巨人、强大、谦卑、弱势、小孩、忏悔等主题，在近乎游戏的对话中，得以较顺利地一一突破，此可谓第二重境界。

借孩子们的课前对话中暗含着的“成为巨人”“拥有自己的花园”这个伏笔，借着教者皈依新教育和儒家后的历程，更借由泰戈尔、狄金森的诗歌，耶稣和柏格理等人的故事，我们把自己放入了文本场景中，对自己想成为巨人还是孩子进行了思考，此可谓第三重境界的努力。

但是，我们并不需要拜倒在文本面前，只做出如出一辙的抉择。我们的抉择是一种基于尊重、敬畏的自主抉择。所以教学也就成了一种与文本的对话：儒家文化与基督文化的真诚的对话；科学经济话语与基督宗教话语的真诚的对话。

所以虽然在课堂的最高处，我们放弃了感动得涕泪交零的场景，在某种意义上，是削减了一些诗性；但是，这种因此增添了的思性，是能够补偿这一点丧失的。

第二章 诗歌篇

想表达我对新教育公益活动的情怀的，非《长相思》不可。整个过程要求所有的听课老师严格地按照新教育有效教学框架和三重境界的理论，逐一走过。和学生一样，他们在课前拿到文本、预习题，并要自己动手做一做这些预习题，逆向理解我出题的意图。上课前，他们还拿到了有效教学框架设计（教案），明了本课的各个教学目标。

真正的属于我个人式的抒情只在课堂的最后时刻，我说，这是留给我自己的舞台，请允许我在这一刻，留给自己七八分钟，向大家一抒衷肠。

望天门山

时间：2009 年 11 月 19 日

班级：贵州石门坎新中小学三年级

教材：人教版小学语文第五册

背景描述

在贵州，最偏远的县是威宁县；在威宁，最偏远的地方，就是石门坎。

石门坎，位于贵州接近川滇最边缘的西北角，中国最贫困区域的乌蒙山深处，平均海拔 2200 米，气候高寒。因历史、文化原因，这里生活的“大花苗”族，在汉族官吏和彝族土司的统治下，曾世代过着刀耕火种的农奴生活。

20 世纪初，英国传教士把基督教和先进的西方文化同时带进这块不毛之地，一度使石门坎成为西南教育重镇。

时过境迁，当我们再度来到石门坎的时候，我们看到的是正在缓慢上升的经济，以及再度返回到落后状态的教育。因母语问题，更因为没有电视、没有图画……这些孩子们即使在一二年级艰难地识了字，到三四年级时，也仍然以吼字的方式阅读课文，也就是说，只识其字，不知其义——因为不能把字和所指的事物联系起来。

新教育应邀到石门坎支教，前后数度，曾在论坛上留下许多珍贵的照片和文字。这是团队穿越危险的冰封道路，第一次到达石门坎时留下的记忆。

新中小学距石门坎镇，步行还要一两个小时的山路，海拔更高，生存环境也更为艰苦。

学校现有六个班级，每个年级一个，外加一个学前班。全校现在共有 9 个老师和一百多名学生，学生以苗族孩子为最多，另外是一些彝族孩子和少部分汉族孩子。

2009 年 11 月 17 日至 20 日，新教育研究中心干国祥、魏智渊、马玲等一行五人，在贵州威宁县石门坎镇新中小学，为新中小学和来自全镇其他各校的二十多名老师，进行了为期四天的新教育课程培训，同时对于少数民族教育进行了关于学前和一年级苗汉双语教学方面的专项调查研究。

这几天内，按照教学进程，大家先在三年级集中听了新中小学彭老师和卞校长上的两篇说明文：《赵州桥》和《清明上河图》，随后，来自石门坎另两所小学的赵老师和尚老师，又分别在四年级上了一课看图学文《长城》，和一年级的识字课《小小竹排画中游》。

这几堂课中，学生学习的困难主要表现在：机械地读字，而不是阅读；思维能力偏低；学习经验严重匮乏，比如在三年级教学《赵州桥》，对于“桥栏板”之类的词，学生都不能理解。因此，这里的学生成绩很低。上课的赵老师介绍，他今年带的四年级班大部分也是苗族孩子，全班53名同学，最近的考试，有30多名同学在20分以下，有十几个孩子，甚至考试题目对于他们来说，大部分都是生字。

于是，每堂课后的研讨，就聚焦于两个问题，一是如何做好学前和一二年级学生的苗语向汉语过渡衔接；二是如何改进课堂教学。第一个问题大家从一年级的苗汉双语故事课上，直接看到了效果和未来的希望；而第二个问题，则仍然在“教什么”和“怎么教”的问题上，颇多争论。

跟很多地方的老师一样，尤其又面对这些基础很差的孩子，石门坎的老师们都把教学目标定在识字教学和理解课文内容上面，一篇课文，串讲一遍，学生知道讲了什么内容，就完成了教学任务，可是效果却依然难尽人意。因此他们期待能够寻找到更好的“教学方法”，来提升课堂教学效果。

而研究中心干国祥老师则认为，“教什么”的问题不管在什么地方，不管学生怎样，都应该是教研的首要问题，也就是说，教的到底是“赵州桥”，还是《赵州桥》？是“清明上河图”，还是《清明上河图》？学生的学习经验匮乏是个具体问题，但完全可以通过其他方式来进行弥补，比如他在彭老师和卞校长的《赵州桥》和《清明上河图》第一课时识字教学和朗读教学后，都为学生上了第二课时，教学目标就是理解说明文的结构。课堂上，他用简笔画、多媒体播放《清明上河图》等方式，帮助学生来增加经验，都收取到了一定的效果。如果这样坚持下去，每堂课的教学目标定位在合宜的文本核心价值：内容的、形式的、精神的，长此以往，教学质量必然会有效提高。

为此，短短的三天内，干老师在三年级上了两篇说明性课文（均为第二课时）、两首古诗，为老师们的研讨提供了具有借鉴意义的教研素材。

以下为三年级《望天门山》古诗教学现场描述。

诵读·识字

“早上马老师带着大家读了两遍《望天门山》，我想听听你们读得怎么样了，准备好了吗?”干老师先这样问学生。

“好了!”孩子们很大声。

“有中气吗?”

“有!”稍顿了一下，孩子们依旧大声地说。

新中小学三年级的21个孩子，苗、彝、汉三族混杂，年龄不等。此刻，孩子们精神头儿很足。

望天门山

李白

天门中断楚江开，
碧水东流至此回。
两岸青山相对出，
孤帆一片日边来。

这遍齐读，学生能够完整准确地读出来。

“好，跟老师一句一句地再读一遍。”为了纠正孩子们的“读字”习惯，干老师加强了示范作用。

“望——天门山。”

“望天门山。”

“‘望’字没出来，说‘望天门山’的时候，就要‘望’，就要有往远处看的感觉。望哪座山?”

“天门山。”而在早读课的时候，当马玲问诗中写了什么山时，孩子们的回答却是——写了“望天门山”。

“望——天门山。”

“望——天门山。”

“唐，李白。”

“唐，李白。”

“天门——中断——楚江开。”

“天门——中断——楚江开。”

就这样，干老师领着读一句，学生跟着读一句。在重要字词那里，干老师就再停下来，稍做讲解，再领着读。

“‘中’要读成‘zhōng’，‘中断’就是断了，要把‘断’读出来，好不好?”

“好!”

“天门——中断——楚江开。”

“天门——中断——楚江开。”

“碧水——东流——至此回。”

“碧水——东流——至此回。”

干老师又停下来，对学生解释说：“你读这一句的时候要想，长江很长很长，‘碧水东流至此回’。江水流到这里的时候突然就回过来了，所以再读——”

“碧水——东流——至此回。”

“碧水——东流——至此回。”

“两岸——青山——相对出。”

“两岸——青山——相对出。”

“孤帆——一片——日边来。”

“孤帆——一片——日边来。”

就这样，一句一句地带学生读完全诗后，干老师再让大家连起来把全诗再读一遍。

开始学生字了。

“这个字是什么?”屏幕上出现了一个大大的“断”字。

“断。”学生都能叫得出来了。

“拼一遍!”

“d－u－an－duàn!”

根据这两天对学生的观察，哪怕是最基础的知识，干老师也加强了练习反馈。

“再看一下，这是什么?”这时候，屏幕上又出现了一个“哥”。

“丝!”学生猜测道。

“真聪明!”干老师表扬学生，又指着这个“哥”说，“那么多丝，一根根连起来，就变成了什么?”

这个学生就说不上来了。

“绳子，用丝做的绳子，对不对?”干老师告诉他们。

“对!”学生又齐声说。

“现在我拿了一个——这是什么?”这时，屏幕上“哥”的右边又出现了一个“斤”字，但居然全班没有一个学生能说出这个字来。

“这是‘斤’字。你们知道‘斤’是什么意思吗?”

“知道!”这次只有一个学生叫。

“那是什么?”

看孩子们不知道，干老师拿起粉笔，在黑板上写下一个“斧”字，这个字大家认识，个子最高的学生首先叫出来。

“这个字，读作‘斧’，斧头，‘斤’就是斧头的意思。”干老师又做了一个拿斧头用力往屏幕上的那个“哥”一砍的动作，“我这样就把绳子给怎样了?”

“断掉了。”

“对！这就是‘断’字啊!”这时，屏幕上，“哥”上又叠加了另一个部件“𡒊”，和右边的“斤”构成了完整的“斷”字。“你看，‘断’字就是这样来的啊，慢慢地，人们为了方便，就把里面的‘丝’变成了‘米’。”

“同学们，现在这根绳子已经‘断’了，对不对？那我要想把它连起来，怎么办?”干老师在黑板上又写下一个“断”字。

“用绳子。”学生们说。

干老师把“断”后的“斤”字抹去后，又在前面加上一个绞丝旁，就变成了一个“继”字，不过，这个字孩子们却把它跟“续”搞混了。

“你看，一把刀（斧）把绳子砍‘断’了，我再用绳子把它连起来，就变成了‘继’字了。”

孩子们都笑了，因为这两个字太有意思了。

接着学习的是“楚”字。同刚才一样，干老师先让学生观察分析字的每一部分组成，“楚”字的上面是个“林”，就指的是树林了，可下面的是什么呢?

一个女生说：“像定不是定。”

在屏幕上出现了“楚”字的甲骨文形状“”，干老师就甲骨文字形，又给孩子们讲故事了：“‘止’就是你的脚啊，你的脚往树林那边走，树林里有很多什么啊？有荆棘，有长了很多刺的东西，如果把你的脚刺了，你会怎么样?”

“很疼。”山里长大的孩子，自然是有体验的。

“因此，有很多树的地方，我们叫‘楚地’，那个有很多很多这样地方的国家，就叫‘楚国’。”

干老师又补充了三个词语“楚国”“痛楚”“楚楚动人”，让学生读。

而对于“楚楚动人”的理解，就更有趣了。他先在学生读完“痛楚”后问：“为什么会有痛楚啊？”

“因为被刺刺着了。”学生对刚刚讲过的知识，还是很理解的。

“但是如果你是个美女，被刺了之后也很痛，在那里‘哎哟哎哟’，可别人看了之后却会说，哇，美女连痛的样子都是那么——”

“楚楚动人！”孩子们自己已经接上了。

“那么楚江是哪里的江？”干老师又把这个字带回诗句中，这样学生都知道了，“楚江”从字面上说就是“楚国那里的江”，也就是指长江流过楚国地方的江。

识字：孤帆、日边

第三个生字“孤”学生都很熟悉，意思也都知道，对“孤帆”是一只小船，也很快理解了。

在讲第四个生字“帆”的时候，因为学生没见过“帆”，所以干老师用图片来帮助学生理解，屏幕上打出了这样的画面，一只帆船正在平静的水面航行。

他先让学生观察“帆”是什么做的。这帮孩子，却令人啼笑皆非地说是“船”。

干老师就联系有些女同学头上戴的头巾，告诉大家：“帆是用布做的。这个‘巾’就跟布有关，你看，有些同学头上系着头巾，如果把头巾挂起来，像不像船上的‘帆’啊，而‘凡’就表示这个字的读音念‘fān’。”

除了诗中的“孤帆一片日边来”，干老师还补充了常用成语“一帆风顺”，让大家读一读。

接着，他又故作神秘地说：“我现在可要考考你啦！想好了哦！”

干老师先带着学生理解了“千帆”就是“很多很多的船”，而“千帆竞发”就是很多很多的船，在比赛谁开得最快。

然后，屏幕上又出现了两幅图，这就是干老师带给大家的挑战：在下面这两幅图中，哪一个是孤帆？

孩子们异口同声选择了第一个。

"'帆'是什么意思呢?"干老师又问。

"就是船上面的那个。"学生都说。

"在这里,'帆'就是船的意思。也就是说,有时候我们讲船,不叫它'船',叫它什么,叫它'帆'。"干老师又用身边的例子向孩子们讲解词语的引申义,"比如我们叫一个孩子,他戴着红领巾,我们就会说,你看,一个'红领巾'走过来了。红领巾会不会走过来?"

"不会。"学生都笑。

"我们其实说的是戴着红领巾的人走过来了,对不对?"

"对。"

"那我们说'孤帆一片日边来',是不是说帆过来了?"

"不是,是——"

"是什么过来了?"干老师问学生。

"不是走过来了,是划过来了。"

"过来的不是帆,而是什么?"干老师再问。

"船。"这一下,所有的学生都知道"帆"在诗中就是"船"的意思了。

"那么'孤帆'就是说是'一只船',对不对?"学生都点头了,干老师再问:"那么上面哪个是孤帆?"

"第一个。"学生声音依然很响亮。

干老师仍很从容,他又指着第二幅图中那挂着三片帆的船问学生:"这个是不是孤帆?"

"不是。"学生的声音还是又快又大声。

"是几只船?"干老师继续追问。

"三只!"这一声出口,学生自己都笑了,马上改口说:"一只!一只!"

"是几只船?"干老师再追问,要大家明白"孤帆"到底是啥意思。

"一只。"

"是不是'孤帆'?"

"是!"他们终于知道了:"孤帆"就是一只船。

干老师又一次指着屏幕上的图片,告诉大家:"'孤帆'是单独一只船的意思,你无论挂多少个帆,它也叫'孤帆'。"他接着又把学生带进全句诗,"那么'孤帆一片日边来',这个'孤帆一片'是什么意思?"

"一片就是一只。"这一次,所有的孩子都清清楚楚。

“对了，就是单独一只船的意思。我还要再考考你，孤帆一片日边来，是不是说，单独的一只船从太阳旁边来？”干老师继续问学生。

“不是，从日边那里。”学生又做出这样一个匪夷所思的回答。

“日边不就是太阳旁边吗？”干老师问她。

“但是日边是日边，太阳是太阳啊。”

“日不就是太阳吗？日当然是太阳了。”干老师把她的思维拽向合适的方向，“我再问你一句，这个孤帆一片日边来，是不是诗人看见一片孤帆从太阳那边过来了？”

“是。”马丛仙这样回答。而这时，有些同学开始说出不同的意见了。但是这个问题，干老师没有马上告诉他们答案，而是先讲了一个故事，大屏幕上也出现了这个故事来历的文字：

> 晋元帝问儿子：“你认为长安与太阳哪个远？”
> 儿子回答说：“太阳远。因为从来没听说过有人从日边来。”

干老师把这段文言讲成了孩子们听得懂的故事：“在晋朝的时候有个皇帝，叫晋元帝，有一天，他考考他的儿子聪明不聪明。他说：‘儿子啊，你认为长安城远呢还是太阳远？’”

孩子马上参与进来，说：“太阳远！”但是理由却说不出来了，只在嘴里咕哝着这样的断句：“因为太阳永远……”“因为太阳只是……”

有一个男孩终于能表达出自己的理由，他说：“因为太阳在天上。”

“那我放一个气球在天上，你说是气球远还是长安远？”干老师马上追问。

“气球。”

“啊，气球就远了？”

“太阳，太阳。”学生又叫起来。他们完全是凭着自己的直觉，来做出判断的。

“‘日边’就表示很远很远。好，大家拿起笔来，把‘日边’圈出，再在旁边写上很远很远。”

“现在每个字的意思我们都知道了，我们再把这首诗读一遍，好不好？”

奇怪，一向很积极说“知道”“不知道”的学生却无人应声了。原来有很多孩子不会写“很远很远”，还正埋头在书上呢！于是，干老师又把这四个字写在了黑板上，让大家抄下来。

这样，才又继续读课文了。可是再读诗的时候，学生却又读得没有感觉了，于是干老师又一句一句地带读了一遍，然后又让学生齐读一遍。

前两句：水冲开山，山阻挡水

这样，学习朗读，学习生字，用去了近二十分钟。接下来就该学习诗句的意思了。

大屏幕上，也出现了一幅气势恢宏的“江水奔流图”，还有与画面相对应的诗句“天门中断楚江开”。

“天门中断楚江开。大家看到左右两边的山了吧，它本来是一座山，现在怎么样了？”干老师让大家看画面。

“断了。”

“中断了。断裂开了，为什么会裂开呢？”

“被天门山冲灭的。”意思学生是理解的，但是不能准确表达。

“天门山被冲开了，不是被天门山冲灭了。”干老师纠正了学生的不准确表达，又问，“天门山被谁给冲开了？”

“水！”

“什么水？”

“楚江的水。”

“楚江就是什么江？”

“就是长江。”

有了图画，再加上前面学习生字的时候，这些都涉及了，所以学生的应答很是顺畅，也都知道这一句讲的是“天门山被长江水给冲开了”。

“天门山被水给冲开了，这水厉害吧？”干老师的感受也感染了学生，他们也都认为这水太厉害了。很自然地，干老师就要让学生用声音，把这水的气势表现出来。

“我们再来读一下，要把这水的气势读出来，好不好？”画面转换，一张更能表达水势汹涌、不可阻挡的图片出现在大屏幕上。

“天门中断楚江开。”

“天门中断楚江开。”

第一遍学生读得气势不够，干老师让大家又读了一遍。然后让大家在诗句旁批注上：水势汹涌浩大。

学生对于抄下“水势汹涌浩大”这几个字可真是困难，于是干老师就让他们只写两个字——水大。

写完后，干老师让大家看着画面，又读一遍，要把“水势汹涌浩大，把天门山都冲垮了”，把这个气势读出来。

“天门中断楚江开。”学生又读。

就这样，真是一点点地理解，一次次地又把理解打回到诗句中，再通过朗读体现出来。

接着该理解第二句了。

“水势汹涌浩大，把天门山都给冲开了，那天门山是不是被冲没了？”

“是！”学生马上应声。但是一会儿，有几个学生小声冒出来：“不是。”

“不是被冲没了，而是‘碧水东流至此回’。”

屏幕上，又出现了和这一句相对应的画面。

干老师让大家再看画面：“你看，天门山有没有被冲掉啊？”

“没有。”

“水冲下来到这里，水就要打回，就要转弯了，说明这个山怎么样？”干老师指着图，让学生看。

“很大。”

“很大，很坚固。是不是？”

“是。”

“所以第二句写的是水，还是写的是山？”干老师又问。这时学生的回答就有了分歧，有的说“水”，有的说“山”。

“第二句写的是水厉害，还是山厉害？”干老师调整了问法，再问。

“山！”呵呵，这一下，所有的同学毫不犹豫地站在了同一战线。

“第一句写水厉害，第二句写谁厉害？”干老师还不放心，又问得更具体了。

“山！”

“山怎么样？”

“山坚固。”看来大家真的是知道了。

“那你就在旁边写上：写山势高大坚固。”

学生往书上抄。

干老师又总结说：“你们有没有感觉到，前两句诗好像两个人在吵架似的。

第一句讲这个人很厉害——天门中断楚江开！第二句就写另一个人也很厉害——碧水东流至此回。”

干老师接着说：“什么叫回呢?”

“就是冲回来，被那个山给挡回去了。”

“对，被山挡住又打回去。我们现在把前两句连起来再读一遍。像吵架一样的意思要读出来啊。”

“天门——中断——楚江开，”

“碧水——东流——至此回。”

后两句：两岸青山，迎接诗人

该学习后两句了，同样是先出图片和诗句，然后理解诗意，再感情朗读。

在学习“两岸青山相对出”的时候，干老师先问大家有没有坐过汽车，然后回到诗句，干老师再问大家：“你坐汽车的时候，车开得很快，就好像路两边的山啊一对对都出来了似的。现在大诗人李白坐在哪里啊?”

“坐在船上。”

“船快不快啊?”

“快!”

“所以这句话写出这个船很快，因为水比较快，他从上游到下游，船比较快，大家在旁边给我写两个字，船快。”

“船快。”一些学生仍然不会写，干老师也仍然又写在黑板上。

“船很快，所以坐在这船上的感觉是——”

“两岸青山相对出。”

干老师又问大家：“你们有没有当领导来的时候，站在校门口迎接领导的时候啊?”

“有。”

“是不是排成两队?”

“是。”

“哦，两岸青山相对出，等着谁来?”

“等着客人。”

“哦，两岸同学相对站，等候客人前来。是不是?”

“是。”

“所以，现在是两岸青山就像同学们一样站着，等着谁来?”

“诗人!”

“啊，厉害厉害!”这些孩子能回答出这个问题，的确是令人意想不到，干老师也很高兴，他又强调了一遍：“那两岸青山相对，就像等着领导检阅一样，等着谁来?”

“诗人!”

“诗人是怎么来的?”

“坐船来的。”

“坐船从哪里来的?”

“水里。”呵呵，这下孩子可“翻船”了，听课的老师哄堂大笑。马丛仙又马上改口：“天门山。”

“他是来到天门山，不是从天门山来的。他到底是从哪里来的?”

“长江。”学生这会儿就又开始猜了。

“你给我读最后一句!”干老师提示大家。

“孤帆一片日边来。”学生齐读。

“从哪里来的?”干老师再问。

“孤帆!”“日边!”有两种声音冒出来。

“孤帆就是诗人坐的那艘船啊，他到底是从哪里来的?”

“日边。”这一次全班统一了。但是干老师又在这里设了个小小的“陷阱”，检查刚才的学习成果，他问道：“是不是从太阳边上来的?”

“是!”呵呵，又开始不经大脑顺口溜了。干老师再问：“日边啥意思?”

“很远很远的地方。”很多孩子都抢着说。这个他们倒记得很清楚呢。

“那是不是太阳边来的?”

“不是——他是从很远很远的地方来的。”一个女生像打枪一样一口气说完。

“这就是聪明啊!”干老师表扬了她，又说，“所以说诗人是从很远很远的地方来的，因为诗人要来了，所以两岸的青山都恭恭敬敬地站在那里，等着诗人来。是不是?”

“所以，最后一句，就写出了诗人豪情万丈，我是谁?我是君王！我是大诗人。现在我来了，我来了怎么样?两岸青山都要怎样?”

“等着我。”

“迎接我。就像同学们欢迎客人一样。好，把这一句写下来。诗人豪情万丈。”

理解完后两句的意思后，干老师让大家把后两句连起来再读一遍，要求一边读一边在脑中想象这样的画面：诗人乘着一只船，这只船顺流而下，很快很快，然后两岸青山就像相对迎出一样，远远的，就望见天门山了。

“两岸青山相对出，孤帆一片日边来。”学生这一次读得真是好，相当有气势，干老师表扬了大家，又自己范读了一遍，让学生把最后一句再读得更豪迈一些。

随后，全班学生又一起把整首诗连起来，有感情地朗读了一遍。四句诗，不同的景物特点，碧水来势汹涌，青山高大坚固，一叶轻舟，载着豪情万丈的诗歌之王。这次读，学生基本上都能读出每句诗的重点了。

尾声 · 检查

这样，对于新课的学习就基本结束了。

还剩下几分钟的时间，干老师让学生试着背背这首诗，一分钟后，马丛仙表示她会背了，果然很流利，也很有感情。但是两三分钟后，仍然没有同学能够像那个常发言的女生马丛仙一样，敢于尝试。于是，干老师把这个作为课后的第一个家庭作业：背诵全诗。

干老师又对学生的生字学习进行了检查，他让大家拿出纸笔，听写课上学过的生字：楚江、中断、孤帆。

但是没有一个同学全对，马丛仙错了一个“帆”字。其他同学的错误情况，就不是很清楚了，因为当老师检查错字情况时，无论他问几个，孩子们都不吭声了。于是，干老师布置了第二个作业：错的字，每个抄写5遍。

第三个检查是让学生来翻译这首诗，同样，大家跟着一起溜都没问题，但是要站起来说，除了马丛仙外，就再没别人了。她基本上能做到较为流畅地说出全诗的意思了。干老师再问同学们，以前翻译诗都是怎么办的？听课的彭老师说，是把翻译抄在黑板上，让同学们再抄写下来背诵的。于是，干老师布置的第三份作业就是，把这首诗翻译出来。

但是他的要求是：每一个作业必须认认真真做完，并且过关。对这些孩子来说，这是非常非常必要的。

六月二十七日望湖楼醉书

时间：2008年3月14日新教育小学开放周

班级：翔宇实验小学503班

教材：苏教版小学语文第十册

背景描述

被班主任马继芬老师昵称为“五（3）班的坏小子们”的这些孩子们，刚刚结束了来自河南焦作的访问教师梅素霞老师带给他们的古诗学习——《晓出净慈寺送林子方》。在梅老师的带领下，学生对于本诗体现古诗“诗中有画，画中有诗”的特点理解比较到位，对于本诗先直抒胸臆，再具体描述的写作特点也理解比较到位，但是在完成“通过文本细读，想象画面，并在此基础上感受诗人的豁达开朗，顺其自然，并尝试将体悟到的画意及诗人之心通过朗读表现出来”这一目标的时候，老师引入了另外几首送别诗进行比较阅读，但由于老师自身本体性知识还不能将这几首诗娴熟运用，因此在引导学生时的教学语言，对学生就显得有些“疏离”了，尤其最后补充李商隐的《宿骆氏亭寄怀崔雍崔衮》让学生比较，欲使学生理解“留得残荷听雨声”与“映日荷花别样红”相比又是一番境界——但显然补充的这首诗的难度更大，因此，梅老师最后只能以“随着年龄的增长，知识的增多，会领略其中的韵味”的美好祝愿，把本真理解的希望寄予将来了。

上课前，干老师请班里字写得很好的同学在黑板上写下本节课要学的苏轼的这首诗，同时上节梅老师所用的板书依然保留，然后他也在黑板的右上角龙飞凤舞地画下两诗比较阅读的一个表格。

“这字潦草吗?”干老师就像一个孩子似的，指着他的“大作”。

“潦草!”“不好!”孩子们很认真地评价。

“告诉你们，我是学他的，学不好，就成了这样子。”他再指向大屏幕，苏轼流传下来最有名的一幅书法作品《寒食帖》赫然在目。（此帖与东晋王羲之《兰亭序》、唐代颜真卿《祭侄稿》合称为“天下三大行书”，也有单称《寒食帖》为“天下第三行书”。珍贵无比，现藏于台北故宫博物院。)

“这字是谁的？苏东坡的！宋朝有四位大书法家，‘米黄苏蔡’，‘苏’指的是谁？对，就是苏轼。苏轼的字很漂亮，等会儿我们学了诗后再欣赏。”

从检查预习开始

课开始了。干老师和学生一起检查预习作业的完成情况。

他首先请学生看着大屏幕，把《晓出净慈寺送林子方》齐读一遍，屏幕上“接天莲叶、映日荷花”的背景图上，是用行书竖行书写的诗句，不过学生没怎么在意，他们是不看诗句流畅地背出全诗的。不过令他们没想到的是却遭到了老师的批评：“我怎么写，就怎么读，记着，不能背诵。”

接着，大屏幕上又出现了《晓出净慈寺送林子方》的诗句，这次是横排宋体，干老师让学生读，学生大声读了一声“毕竟”后便没音了，因为第一行诗句变成了“毕竟六月中”，原先“西湖”的字样被抹去了。

“读！大声读！”这边干老师还在叫。

“把宝应填进去我们试一试。”干老师说，看样子他很满意他造出来的这种效果，因为对于进行了充分预习又刚刚学过的这首诗，孩子们非常专注。

“毕竟宝应六月中……”孩子们笑着，开始了一个语词的游戏。

“可以吗？”学生读完后，老师轻轻地问。

“不可以。”学生纷纷摇头。

“可以还是不可以？”老师又提高了声音。

“不可以！”学生很坚决了。有一个女同学态度最为坚决，声音也最响，干老师请她说说“为什么不可以”。

“因为宝应的荷花大多都在水寺这个地方。”原来是刚才那个文静女生。

“那么西湖六月中，是不是西湖的每个地方都是荷花呢？”干老师反问，“所以，不要拘泥于诗意。宝应有没有接天莲叶？”

“有！”

“所以这不能是理由的。”

又有一个学生起来，他的理由把大家又逗乐了。他说：“因为不能篡改别人写的诗词。”

“那么我告诉你，想要真正地理解，就要敢于篡改，就要大改特改。好，现在不填宝应了，想想你还能填什么?”

学生又嘀咕起来，说着一些自己熟悉的当地地名，宝应是全国有名的荷乡呢。

“我们在扬州，我们把扬州填进去好不好? 想一想，还能填什么?”

“江苏。”学生马上举一反三。

“我给你们填一个特殊的词语。”随干老师说着，大屏幕上在“西湖”的下面出现了一个词：人生。学生有些奇怪。

“可以吗? 我们来品味一下，请同学们一起读填‘人生’的句子。”

女孩子男孩子还显天真的声音响起来了：“毕竟人生六月中……”

“在我们这里谁是‘毕竟人生六月中’?”没想到读完后干老师问了这样一个问题，刚才情绪很活跃的孩子们一下子静下来了，他们的思维开始转向活跃，一个学生举手了，他说：“老师。”

干老师追问：“哪个老师?”

“所有的老师。”学生说。

“所有的老师? 年近50岁的，20多岁的，都一样? 说具体一点，哪个老师?”干老师又引导，“比如马老师［注：五（3）班的班主任马继芬老师，年轻漂亮，教育教学细致细腻，对学生像大姐姐一样，深受孩子们的喜爱。］和干老师。”

“马老师!”学生都叫，也有叫“干老师”的。

“我告诉你，你们现在是‘小荷才露尖尖角，早有蜻蜓立上头’。”学生都笑起来，听干老师继续讲，“你们马老师才是‘接天莲叶无穷碧，映日荷花别样红’，干老师才是‘留得残荷听雨声’了。”

“所以干老师今天告诉你们，学诗歌可以学得很活。”

开始的这九分钟关于《晓出净慈寺送林子方》的谈话，其实是干老师的预设教学中没有的，也是在听梅老师讲诗的时候，发现有些地方没有到位，也就是说没有抵达新教育理想课堂三重境界中的知识复活和人生共鸣，于是干老师便临时在听课过程中加了几张PPT，将孩子们和在场听课的人的生命在当下就编织进了这首千百年流传下来的古诗中。

小组交流与全班反馈

“但是要想学得活，先要学得死，要能够分析诗歌。我们把这首诗来简单地回顾一下，因为我们要用这首诗来理解新的诗。”

接着干老师和学生一起把《晓出净慈寺送林子方》做了如下的分析，这也是预习作业中要完成的内容：

晓出净慈寺送林子方 杨万里 毕竟西湖六月中， 风光不与四时同。 接天莲叶无穷碧， 映日荷花别样红。	
时间	农历六月
地点	杭州西湖
主要景物	接天莲叶　映日荷花
颜色	（无穷）碧　（别样）红
故事	杨万里在夏天的早上送林子方走出净慈寺，看到西湖美丽的景色，写下了这首诗。

接着，干老师让学生把这节课要学的新诗《六月二十七日望湖楼醉书》先按照自己的理解读一下。众多的举手者中，干老师却先找了坐在边上的一个没举手的戴眼镜的女孩，她读得正确、流利，前两句按照一般七言诗的节奏和语速进行，在读到“卷地风来忽吹散”一句时，速度明显快了，而且“卷地风来”后的停顿也很短促，同最后一句“望湖楼下水如天”的舒缓恰形成对比。只是她的声音比较轻，因此读完后同学们并没有什么特别的反应。“不错，有没有不同意她的读法？”后面一个女生把手举起来，干老师请她来读。

这个女生声音清脆，四行都是按照“黑云/翻墨/未/遮山”这样的节奏来读的，语速较刚才的女生更为缓慢。

干老师请同学们评价一下这两个同学谁读得更好一些，学生一致认为是第二个女生，因为她有停顿。

“前面一个同学也是有停顿的啊。”老师说。

“刚才第二个同学读得很好，但是我觉得前一个同学读得更好。为什么呢？这个秘密等会儿我们再来揭晓。你真正把这首诗读好了，就会知道为什么不能像后一个同学那样来读了。”

“小组之间，马上交流预习题。”干老师把朗读的话题先悬置起来，让学生拿出预习作业，互相交流。做得好的就画星号，做得不好的督促他改正。

学生小组交流后，老师又全班进行了反馈。

	晓出净慈寺送林子方	六月二十七日望湖楼醉书
时间季节	夏天（六月）	
地点	杭州西湖	
景物及颜色	接天莲叶　映日荷花（碧红）	黑云　白雨　卷地风　水如天（黑、白）
诗人心情	豁达　开朗	
……		

有意思的是，在检测到“景物及颜色”时，老师问学生“你喜欢黑白的画还是彩色的画”，学生基本上都选择的是“彩色”——也就是说，他们更喜欢前一首诗的画面。

在说到诗人苏东坡心情时，学生的回答就显得杂乱了，有的说他的心情“先是暗的后是明的”，有的说他的心情是“暗淡”的，还有一个孩子说“先是乱的后是宁静的”。对此，干老师结合了诗人写诗时的身世背景略做了讲解。

学生根据诗句字面意思的理解认为，苏轼这首诗是在“似醉非醉”的背景下写的，从题目“醉书”二字得，一个学生认为是在“风雨天”的背景下写的，干老师澄清“风雨天”就是诗人描写的环境，然后也把这个问题先悬置了起来。

对于表格中的最后一项（省略号），干老师问大家还有没有除了上面各项外自己又发现的，几个学生发言后发现所说的内容其实已经在上面几项里了。

证实没有新的意见后，干老师说，现在才是刚刚开始，接下来就是正式学习这首诗了。这里，检查预习环节用了十分钟。

诗画结合的学习

大屏幕上出现了苏轼评王维诗画的名句：味摩诘（王维）之诗，诗中有画；观摩诘之画，画中有诗。这是老师们研课前确定的教学目标之一：结合诗句理解“诗中有画”，并以此来分析诗歌。

干老师让全班同学齐读后问，这句话说的什么意思呢？

“品味王维的诗，他的诗中好像有一幅画；看王维的画，他的画中好像有一首诗。”学生对于这句话的字面意思的理解很到位。

“好，我们就来品味诗中有画。我们先来欣赏一首诗，好不好？”

屏幕转换，画面上出现的却是一幅黑白水墨：天雪茫茫，一老翁独坐船头，一竿独钓一江冰雪。但没有一个文字。

“《江雪》！”学生惊喜地叫出来。

“念一下！”

“千山鸟飞绝，万径人踪灭。孤舟蓑笠翁，独钓寒江雪。”学生眼前是没有一个文字的黑白水墨画，但心中涌起的却是这样的千古绝句。

“果然画中有诗啊。好，我们再来欣赏一幅画。”屏幕转换，黑色的背景上却赫然是那首刚学的《晓出净慈寺送林子方》，学生一愣，马上便明白过来了。

“我们再来欣赏另一幅画——”

这次屏幕上出现的却是《六月二十七日望湖楼醉书》，干老师问大家：“这是一幅怎样的画？”

“黑白的画。”“雨天的画。”除此之外，学生再说不出如何来描述这幅画了。

“我们来看一下，这首诗更接近于哪一幅画？”大屏幕上此时有两幅画，左边的一幅，水墨淡彩，青山绿树红花，潺潺小溪，尽显山明水秀。右边的一幅，则是典型的中国传统山水画，只用墨色的浓淡便渲染出苍茫一片，浮云、远山和深秋萧瑟的树。“你觉得左边的漂亮还是右边的漂亮？”

“左边！”“右边！”学生争论着，不过选择左边相对多一些。

“不去管它，不去管它，我只是想让你感受得更多一些。”干老师再次出示苏轼的诗，“诗中有画，这是一幅怎样的画？只有你理解了这首诗，才能说出它到底是怎样的一幅画？”

这时，大屏幕上出现了这样的练习。

解决重点字词，相互翻译诗句——

书：书写，写；醉书：趁着醉意写下（诗）。

黑云翻墨：黑云像打翻的墨汁在天上快速地散布开来。

未：没有，指来不及；未遮山：来不及遮住山头。

白雨跳珠：白亮的雨点在水面溅起无数像珍珠一样的水花。

卷地风来：风卷地而来，一阵大风卷地而来。

水如天：湖水就像天空，一片茫茫。

几分钟后，干老师请小组代表交流。一个男生先站起来，说：“作者都醉了，怎么还能看得见白雨跳着……”

“停!”干老师打断了他说，“李白斗酒诗百篇。”又幽默地说：“古代人和现代人不同，要喝醉了酒才写诗。”学生都笑了。

“诗人写‘望湖楼下水如天’，但是诗人在船上。”一个女生指出了书本上画面的错误。干老师赞同她的意见，表扬她观察细微，并从诗题“望湖楼醉书”上也做了澄清。

“雨是无色的，怎么能说是白色的呢?”一个男生又问。

“我们能不能用白花花来形容雨?”老师反问。

“不能。”学生统一摇头。

“哪篇小说里散文里写‘透明的雨在哗哗地下’?”干老师接着追问。

学生“轰”一下都笑了，干老师说：“记住，自然科学和文学是两条路。以后记住了，大雨就是白花花的。”

大家都冲着这个孩子乐了，这个孩子自己也乐了。

“白雨跳珠乱入船，是动态的，不应该是画。”这时，一个男孩子提出这样的意见。干老师先表扬了这个小组刚才讨论时很热烈，他们在讨论“诗中描写的景物是动态的，画不出来”，但干老师又追问：“白雨跳珠乱入船真的画不出来吗?”

学生争着说“画得出来”。

干老师没在“画不画得出”上继续纠缠，而是问学生：“白雨跳珠是什么意思?”很多学生举手，一个女生起来说：“就是雨点打在了船上。”

干老师先和学生一起逐字分析了“白雨就是白色的雨”，“跳珠就是跳动着的珠子”，并且知道这句是比喻的写法，随后他提出一个问题：“能不能说白雨像跳动着的珍珠?”

学生说不能，可是不能很清楚地说出缘由。

“雨是从上往下掉的，能说它跳吗？跳动的是什么?”干老师引导学生分析。

“青蛙。”居然有学生这样回答，又引发了大家的笑声。

干老师说：“跳动的是雨落下溅起的水花，夏天的雨哗一下下来的时候，溅起了水花。所以你不能简单地翻译成白色的雨像跳动的珍珠，白色的雨打在水面上，溅起一片像珍珠一样的水花。表示它在胡乱地跳着，然后跃入船中。”学生都点头，他们理解了这个比喻的妙处。

干老师让学生把“白雨跳珠乱入船”自己再翻译一下，学生叽里呱啦地互相说起来。老师又问大家，对于“黑云翻墨未遮山”又该怎么翻译呢？同样，这也是一处妙喻。

干老师特意挑了课前积极背诵的那个男生，他站起来说：“黑云就像被打翻的墨汁，散布开来，还没有来得及把山给遮住。”

干老师表扬他翻译得很好，尤其好在一个“翻”字，“翻”是“打翻”的意思，墨汁在白纸上打翻了以后“哗”一下就流开了，说明速度很快。说明黑云就像打翻的墨水一样，在天空中弥漫开来，“未”是没有的意思，但是在这里翻译成“来不及”就更准确生动地把黑云很快地在天上蔓延的样子写出来了，干老师让学生把“来不及”批注在书上。

自然进入第三行的意思，老师请一个学生说说“黑云翻墨未遮山，白雨跳珠乱入船”后又怎样了？这个学生解释了第三行的意思：“一阵风从地上吹起来，把云和雨都吹散了。”

干老师引导大家辨析了“卷地风来”应该翻译成“一阵卷地而来的大风”。“忽然一阵卷地而来的大风，把乌云和雨全都吹散了，吹散了又怎样呢?”

“望湖楼下水如天。”学生们回答。

在这里，老师引导大家翻译时不要一味追求逐字去译，这样清楚明白的句子翻译了反而没有好的效果，接着，干老师又引导学生去体味，狂风暴雨过后，“水天茫茫”的样子，天地之间没有界限，辽阔无边。而不是“水好像天一样”，也同时告诉学生在预习的时候对待参考来的资料不要盲目就听信了，要有自己的思维力。

朗读训练

诗意理解完后，干老师让学生想想“现在该如何来读这首诗”，他又拾起刚才悬置的话题，那两个女生都是怎么读的呢？这下学生明白了，不能用刚才缓慢的语调来读。该怎么读，大屏幕上出现了朗读提示：

把对诗的体悟与理解，用声音表达出来——

1. 你认为每一句诗中，哪个字（词）要特别强调？你准备用怎样的声音来进行强调（读轻读重读长）？

2. 你认为这首诗哪几句诗应该读得快一些？哪几句诗应该读得慢一些？为什么？

3. 四句诗之间，哪里应该停顿得短一些？哪里应该停顿得长一些？为什么？

4. 全诗应该用一种怎样的语调（心情）来朗读？

学生对照着纷纷练起来。随后，在交流朗读的时候，干老师结合朗读提示，对学生又进行了朗读技巧上的具体指导，比如“未”要读得短促有力。指导过后，又给学生以充分的时间，让学生揣摩再读。

学生大声练读的声音渐渐息了，一阵裂帛似的乐声起，这是干老师为学生朗读特意配的古筝曲，老师让学生再读，孩子们很聪明，音量比刚才小很多，但是朗读时却更有感情，也更投入了。

学生又练了一会儿后，干老师检查学生朗读情况了，他又挑了刚才读过的第二个女生，这次，这个女生读得比上次好多了。老师表扬了她并提出建议：可以把“水如天”读得再慢一些，这样可以显得更加辽阔浩渺。

接着，全班同学又进行了齐读，效果比刚才有了很大进步。同样，老师也提出了修改意见，并且又进行了练习。最后，老师说：“最后要读到什么程度，还需要你慢慢揣摩，要读到就像你灵魂发出来的声音一样，就像你‘醉书’的一样。”

这一段朗读指导时间非常充分，有五分钟之久。

诗背后的诗人

“在诗的背后，站着一个怎样性格或心情的诗人?”老师带领学生继续往高处走。

“在诗的背后，站着一个奔腾豪放的苏轼。”前排一个女生非常流畅地说。其他同学也纷纷点头，表明感觉到了。

“我认为他忧愁，因为他借酒，说明他很愁。我们现代人，都是借酒来解愁的。”一个男生回答。

“哦，喝酒有时也是快乐的，并不一定都是忧愁。不过这首诗里，有没有忧愁?”老师问。

“有。”有学生说，并且找出理由：“黑云翻墨未遮山。”

“有！不过，在前两句之前。”干老师开始讲了。

“你看不到，你去细细品味一下，站着一个怎样的诗人?”

“一开始忧愁，后来他就豁然开朗。”一个男生表示不同意见。

“我告诉你，‘黑云翻墨未遮山，白雨跳珠乱入船’，有一个字说明不忧愁。”老师说。

学生都猜“跳”，老师却指向了“珠”，学生纷纷表示惊奇，认真听老师细述缘由：“他用什么词语来形容这暴风骤雨，珍珠，这是多美好的东西啊。在苏轼那里，暴风骤雨是怎样的? 啊，那乌云是翻动的墨水，你要知道，苏东坡一生爱墨，他喜欢墨，比喜欢珍珠还喜欢。他自己制墨，他是书法家，还是画家，喜欢墨。‘白雨跳珠’，因此面对暴风雨他是以一种怎样的心情来面对的呢? 不是那种简单的喜爱，是一种乐观的、豪放的态度面对人生的暴风雨，所以不能说他是忧愁的。”

“但是他这个忧愁是有的，在什么时候，在这个之前，这场暴风雨把他的忧愁统统刮跑了，‘卷地风来忽吹散，望湖楼下水如天’。”

接着，干老师又补充了一些关于苏轼的背景介绍给同学们：苏东坡，本来是朝廷中的一位大臣，为皇帝工作。但是因为一点小小的原因，他就被贬到杭州做地方小官了，这是不是人生的暴风雨啊? 但是他怎样来面对人生这场暴风雨的?

讲到这里，干老师把两首诗放在了一起，一首是《晓出净慈寺送林子方》，一首是《六月二十七日望湖楼醉书》，干老师问："这两首诗都是写诗人豁达潇洒的，但是有什么不同？"

一个孩子说："它们一个是美好的，一个是苦难的。"大家都笑了。

老师肯定他"美好"这个词形容得准确，接着准确地指出：《晓出净慈寺送林子方》是"静"，而《六月二十七日望湖楼醉书》是"动"，充满了勃发的动感的生命。只有大诗人能写、敢写动的东西，一般的诗人是不敢写的。

接着，老师又让学生再次朗读，读出诗中的豪放、奔腾，充满动感。

学生激情朗读后，老师却轻轻抛出这样一个问题："一首写西湖夏天暴雨的诗，与你有什么关系？"

前排一个女生起来说："这首诗是用来比喻我们人生的，每个人的人生也将会经历许多暴风雨，也会有晴天，'毕竟西湖六月中'，在六月里，我们的生活都是美好的，有碧绿的荷叶，还有粉红的荷花，都是很美丽的。但是也会经历许多不好的事情，'黑云翻墨未遮山，白雨跳珠乱入船'，但是在这些暴风雨面前，我们只要像诗中写的一样，把不高兴的事情统统忘记，所有的事情就会重新像'水如天'了。"

"为她鼓掌。"干老师静静地说。顿时，全班掌声一片。

"我再加一句，"干老师又说，"不仅是把它忘记，你还要以欣赏的态度对待黑云和白雨。"

这时，大屏幕上这几首诗的旁边，多了这一行句子：生命必将遭遇突如其来的风暴，你当以欣赏的姿态，欣赏黑云白雨以及雨后的湖水如天。

"看这首诗不一样了吧？它写的是你的生命，我们再一起来读一遍。"

学生又读，饱含感情的声音里，有生命勃发的力量。

这时，大屏幕上出现了三首诗，除了课堂学的两首外，又多了苏轼写西湖的另外一首《饮湖上初晴后雨》，这是今天早上班主任兼语文老师马继芬所上的晨诵课内容，这三首诗，正是这个上午由三位老师分别带给五（3）班的同学们的。干老师说："我现在把三首诗合起来。"学生正奇怪呢，大屏幕上已经出现了干老师这样改写的一首诗：

学宋诗初晴后雨

莲叶荷花晴方好，
黑云翻墨雨亦奇。

可把诗歌比西子，
或着淡妆或浓丽。
再把人生比天气，
笑对阴晴与别离。
欲把坡诗比西子，
淡妆浓抹皆卓绝。
——唯大英雄能如此也！

干老师说：“只有大英雄，才能把诗歌在顺境中写得豪放，在逆境中写得更豪放。这大英雄就是——苏东坡。”然后，大屏幕上一张张地闪过苏东坡的书法真迹的照片，干老师说：“那些酣畅淋漓的墨迹啊，不也是挥洒着苏东坡那豁达、豪放、充满生机与动感的生命吗？”

课后反思

作为新教育小学实验班的孩子，他们的基础自然是无可挑剔的优秀。所以教学古诗，自然不会满足于背诵记忆和初步的字面理解。事实上，这一课和收录在《理想课堂的三重境界》中的《游园不值》，都是极具价值的古诗研讨课例。两课在取向上有所差异：《游》侧重在形式分析，因为那首诗在存在的内涵上并不丰沛，但诗中充满了富有文化意味的符码，结构也颇值称道；而《望湖楼醉书》虽然字词也极精妙，但最大的价值却在于它是诗人生命的当下显现，也就是说，是诗人活脱脱地写出了自己。

也就是说，在教学价值上，这两个文本前者在形式，后者在精神；前者宜聚焦语词和结构，后者宜在语词结构的基础上，更多地聚焦于精神本身。打个不恰当的比方，就是前者仿佛更多工具性，后者仿佛更多人文性。

本课的高潮时刻是由一个女生震惊全场的回答所完成的（指本课中最后学生说“这首诗是比喻我们人生的”这段话），当时我依据诗的本意，说：“我再加一句，不仅是把它忘记，你还要以欣赏的态度对待黑云和白雨。”后来我了解到，这位孩子在二年级时，母亲因车祸去世，这一事件使得她这几年来一直忧郁，极少言语，这堂课的发言正是她生命的兴发感动，与文本产生了深刻共鸣，才有了那些切身的体会。

可惜的是我当时没有了解到这个事实，轻率地依据诗意让她以欣赏的态度对待黑云和白雨，真是荒谬。

借班上课，永远是上不到那种恒久的、深远的共鸣的。

长 相 思

时间：2008 年 4 月 17 日

班级：贵州凤冈龙泉二小五（5）班

背景描述

2008 年 4 月，全国数十家教育公益组织汇聚贵州凤冈，观摩新教育凤冈公益实验点，探讨中国教育公益的道路。

我应邀在这个会议上为老师们作了“教师职业生涯与《西游记》解读”的讲座，上了《落花生》和《长相思》等课。

平时我的大多数课都是由老师点课（或在研讨过程中生成新课题），我来按菜谱烧菜；这次《长相思》是我要求上的。

因为在动身之前，偶然重读《长相思》的文本，有一番感动充溢于胸，我以为能表达我对新教育公益活动的情怀的，非这个文本不可。

但我仍然知道，我不能因此而把这个文本上成一味抒情的课，这样的话，将严重误导听课的老师，让他们刚刚建立起来的有效教学的观念，被草率的抒情所摧毁，课堂重新丧失本真的思，而只剩下泛滥的伪诗意的课堂。

整个过程要求所有的听课老师严格地按照新教育有效教学框架和三重境界的理论，逐一走过。和学生一样，他们在课前拿到文本、预习题，并要自己动手做一做这些预习题，逆向理解我出题的意图。上课前，他们还拿到了有效教学框架设计（教案），明了本课的各个教学目标。

所以真正的属于我个人式的抒情只在课的最后时刻，我说，这是留给我自己的舞台，请允许我在这一刻，留给自己七八分钟，向大家一抒衷肠。

结合资料，学习文本

长相思

〔清〕纳兰性德

山一程，
水一程，
身向榆关那畔行，
夜深千帐灯。

风一更，
雪一更，
聒碎乡心梦不成，
故园无此声。

预习作业

1. 联系地图（大致包括北京、山海关、长白山等几个与文本相关联的地点），大概知道：作者从何处出发？此时身在何处？前往何处？联系资料，了解作者此行的目的。

2. 查字典，掌握“畔、帐、更、聒”四个字在这首词中的正确读音和意思。

3. 反复朗读课文，揣摩该用怎样的语气来贴切地读好每一句诗（譬如壮阔、优美、忧伤、宁静、平和等）。

4. 阅读材料，尤其是结合后面的赏析文章，理解这首词的意思。把你认为比较精彩的赏析、解释文字，直接抄录到书本中相关诗句的旁边。

补充资料

纳兰性德（1655～1685），字容若。满洲正黄旗人，大学士（宰相）纳兰明珠长子，母爱新觉罗氏（皇族），生长在北京。幼时好学，经史百家无所不窥，尤好填词。康熙十五年考中进士，授三等侍卫，后升到一等（三品官）。康熙二十四年，纳兰容若抱病与好友一聚，一醉，一咏三叹，然后便一病不起，七日后于五月三十日溘然而逝。

康熙二十一年（1682）的春天，康熙皇帝亲自率卫队虎将，浩浩荡荡北行，到满族人的发祥圣地长白山祭山、祭祖。纳兰性德作为满洲贵族、康熙最亲信的文人卫士之一，伴随康熙出行。

榆关，即山海关。当年清兵就是通过山海关占领北京，夺取政权的。榆关那畔，指山海关外满洲人原来栖息的地区，尤其指本次出行的目的地长白山。从满族先人肃慎到满族拥有中国政权的两千多年里，满族人主要在长白山区生息繁衍。清太祖努尔哈赤就出生在长白山西麓。

山一程，水一程：古诗文写作中，有一种方法叫作“互文见义”，两样事物分开写，但是其含义是互相包含的。“山一程，水一程”可以理解为：“越过了一程又一程的山和河。”那么“风一更，雪一更”可怎样理解呢？

长相思：唐教坊曲名，后用为词牌名，在本词中是词牌名。（词，是中国古代诗歌的一种，因句子有长有短，也叫长短句。）《长相思》，又名《双红豆》《忆多娇》等。用“长相思”格律填写的诗，内容不一定是写思念的，如另一个词人王质有一首《长相思》这样写：

山青青，水青青。两岸萧萧芦荻林。水深村又深。

风泠泠，露泠泠。一叶扁舟深处横。垂杨鸥不惊。

《长相思》赏析资料

下面有两个不同的关于《长相思》的理解，你认为哪一个赏析与《长相思》这首词的本意和作者纳兰性德这个人的本性更接近一些？

第一种赏析：

纯真的自然之心体验了人世最深重的矛盾，最沉痛的悲哀，这自然之心，也成就了作为艺术家的纳兰，历史不会磨灭他的痕迹，小词成就，“直追后主”，乃“李重光后身”。

不说那千古绝唱，高山流水的《金缕曲》，看看这首同样贯注真情的《长相思》——那山，那水，那夜，那灯，那风与雪，在纳兰的笔下都已不再是纯粹自然的景物了。你看那一程又一程的山，分明是纳兰心头一重又一重的愁；你看那一程又一程的水，即使集长江黄河于一流，也无法洗掉纳兰心头离家仕进的忧愁，也洗不去他心头沉痛的无奈。身虽已向榆关，但心却不在；身虽在帝王朝中，而心却追求着至情至性的自由。“夜深千帐灯”，大地上连绵的灯火，仿若天空中点缀的点点星光。天上的星星，为什么那么拥挤；地上灯火旁的人群，却为何是那么的疏远？词中，含着纳兰深深的爱与痛，因此这景便具有了无限的美；那千帐灯的壮观，又何尝只是眼前的自然之景呢？分明是词人心中星星点点理还乱的愁与痛。在满怀愁绪中，词人辗转反侧终于成眠，梦回故园，可这冷酷的北风与寒雪，却是那么的无情！“山一程，水一程”，“风一更，雪一更”，四个简短同一的句子，已不只是这一词牌本身固有的格式了，在这样的强烈排比之下，更能体味出词人心中的厌烦、厌倦，那一种从词人心底流淌着的无可奈何，那一种身不由己，那一种对自在生活的渴求。而这时，劈空而至的“聒碎乡心梦不成，故园无此声”，则熔铸了词人前面所有的愁与痛，矛盾与无奈，那样任性地从心底流露出他对随君王远行的官场生活的厌倦感和悲戚感；流露出对自性自然生活，无拘无束，自由自在生活的渴望与欣然。纳兰的确已经做到了出乎其外，入乎其内的境界。“出乎其外，故能观之”，“故有高致”；“入乎其内，故能写之”，“故有生气”。

纵然沉溺于至情至性，生于相门，却深恶官场的蝇营狗苟，避之唯恐不及。他那一腔的真情仿若千尺山崖的急瀑，一任其飞流倾泻而下，绝无任何堤岸的束缚，更无造作的矫情。其势随物赋形，入无底之深渊，便化为凝碧的深潭；经蜿蜒之曲涧，即发为动人心弦的清溪。故此，王国维赞赏他：“以自然之眼观物，以自然之舌言情”，“北宋以来，一人而已”。

第二种赏析：

“山一程，水一程”仿佛是亲人送了我一程又一程，山上水边都有亲人送别的身影。“身向榆关（这里借指山海关）那畔行”是使命在身行色匆匆。“夜深千帐灯”则是康熙帝一行人马夜晚宿营，众多帐篷的灯光在漆黑夜幕的反衬下所独有的壮观场景。

“山一程，水一程”寄托的是亲人送行的依依惜别情；“身向榆关那畔行”激荡的是“万里赴戎机，关山度若飞”的萧萧豪迈情；“夜深千帐灯”催生的是“大漠孤烟直，长河落日圆”的烈烈壮怀情。这情感的三级跳，既反映出词人对故乡的深深依恋，也反映出他渴望建功立业的雄心壮志。二十几岁的年轻人，风华正茂，出生于书香豪门世家，又有皇帝贴身侍卫的优越地位，自然是眼界开阔、见解非凡，建功立业的雄心壮志定会比别人更强烈。

夜深人静的时候，是想家的时候，更何况“风一更，雪一更”。风雪交加夜，一家人在一起什么都不怕。可远在塞外宿营，夜深人静，风雪弥漫，心情就大不相同。路途遥远，衷肠难诉，辗转反侧，卧不成眠。“聒碎乡心梦不成”的慧心妙语可谓是水到渠成。

“山一程，水一程”与“风一更，雪一更”的两相映照，又暗示出词人对风雨兼程人生路的深深体验。愈是路途遥远、风雪交加，就愈需要亲人关爱之情的鼓舞。因为它是搏击人生风浪的力量源泉，有了它，为了它，就不怕千难万险，就一定会迎来团聚的那一天。从“夜深千帐灯”的壮美意境到“故园无此声”的委婉心地，既是词人亲身生活经历的生动再现，也是他善于从生活中发现美，并以此创造美、抒发美的敏锐高超艺术智慧的自然流露。

有效教学框架设计（教案）

<table>
<tr><td colspan="3">新教育小学有效教学框架　凤冈县龙泉二小五年班　教师：干国祥</td></tr>
<tr><td colspan="2">课题：长相思（纳兰性德，山一程）</td><td>课时数：1</td></tr>
<tr><td rowspan="3">教学目标</td><td colspan="2">A 类：结合词意，情感贴切地朗读课文。</td></tr>
<tr><td colspan="2">B 类：通过文本细读，正确理解词的字面、全词及词人灵魂这三个层面的意思。</td></tr>
<tr><td colspan="2">C 类：感受生命在浩渺时空中的孤独与诗意。理解关于词的粗浅的常识。</td></tr>
<tr><td>预习作业</td><td colspan="2">见上</td></tr>
<tr><td colspan="2">教学板块
（注明各板块解决目标序号及所用时间）</td><td>学生课堂练习单</td></tr>
<tr><td colspan="2">第一板块——
1. 初读课文，读准字音与停顿。
2. 揣摩朗读，同学互演，有不同意见的小组提出来。
【目标 AB：8～10 分钟】</td><td>朗读。
揣摩朗读。
参与交流朗读心得。</td></tr>
</table>

续表

第二板块—— 理解上阕词意，进一步贴切地朗读上阕。 上阕可能有雄壮、低婉两种读法（即理解），需要一一辨析。 “山一程，水一程”的正确解释与互文见义。 身从何处、在何处、向何处的辨析。 “夜深千帐灯”的辨析，与辛弃疾《破阵子》参读。 【目标 AB：10 分钟】	解释上阕。 朗读上阕。 适当批注。
第三板块—— 理解下阕词意，进一步贴切地朗读下阕。 “风一更，雪一更”的正确解释与互文见义。 “聒”之辨，“梦不成”之辨，“无此声”之辨。 【目标 AB：10 分钟】	解释下阕。 朗读下阕。 适当批注。
第四板块—— “故园”“乡心”之辨。 上阕重读——旅途遥远漫长，空间空旷寂寥；孤独感。 下阕重读——时间，长夜岑寂。“故乡”在何方？回到故乡的纳兰？ 作为后世的读者，在词中读到了什么？他们为何感动？ 【目标：10 分钟】	参与辨析。 反复朗读。

朗读的感情

大屏幕上，清代著名词人纳兰性德的《长相思》全词，白色的字体在黑色的背景映衬下，更显朴素。

“我们一起来学习纳兰性德的《长相思》。已经布置过预习，先来检查一下，请一个同学用你的理解，把这首词，读给大家听听，谁愿意呢？”干老师开门见山。

下为预习作业中关于朗读全词预习的内容：预习作业3. 反复朗读课文，揣摩该用怎样的语气来贴切地读好每一句诗（譬如壮阔、优美、忧伤、宁静、平和等。）

一个女生举了手，从完成预习作业的角度来说，她的字音读得很准，也很流畅。但是在用怎样的语气来贴切地读好每一句诗上还明显不足。

“读得很好，我这里的‘好’指的是这位同学没有读错字。生字她都读对了，但是读诗要注意什么？”干老师开始对这个同学的朗读进行评价与指导。

“感情。”学生一起说道。

“首先要注意节奏，”干老师往下说，“诗歌有它自己独特的节奏，要把这个节奏读出来。哪个地方该停顿，哪个地方声音该延长一些。好，我们来看这首《长相思》，应该在哪个地方停顿呢？是同一句诗里哪一处要注意停顿。”随后一些同学举起了手。

干老师点了刚才朗读的那个女生，她起来说：“字与字之间，还有词与词之间。比如‘山一程’中就应该在山字后面停顿。”

“你试一试。”干老师说。

“山/一程，水/一程，身向/榆关/那畔/行。”这一遍读，比刚才第一遍读，明显有了读诗词的味道。

“嗯，每个词语后都进行了停顿，但是一定要咬准在哪个词语后面停顿得长一些。”干老师又提出了更高的要求。接着，他点击课件，大屏幕上的这首词中，在“榆关”“夜深”“乡心”“故园”这些词后被画上了停顿符号，他请全体同学一起按照停顿符号，把这首词读一遍。停顿处学生读得分明。

词牌解析

“好，这是预习检查，现在我们开始学这首诗了。”

“我先问问‘长相思’是什么意思呢？你读到长相思的时候，你准备怎么读？”

“长相思是一种词的词牌名。”一个男生回答得很准确。

“能不能充满感情的，‘长——相——思——’这样来读啊？”干老师故意很夸张地读出来。

学生都笑了，摇头说：“不能。因为它不是题目，写的内容并不是相思。”

“同学们掌握得比我想象的要扎实得多。”于老师欣慰地说。

于是，针对《长相思》这个让很多老师误读的词牌名，于老师又做了集中讲解：“‘长相思’并不表示这首词写的内容就一定是长久的思念。它是一种词牌名，是曲名，还有另外的名字叫‘双红豆’‘忆多娇’。所以它不必读出感情，全词共三十六字，所有句都押同一个韵。”“在我们刚才读的《长相思》里押的是什么韵呢？”

学生沉吟着，说不出来。“山一程，水一程，是‘eng’韵。”老师提示并告诉了大家。接着，他又在大屏幕上出示了《长相思》词牌的平仄规律，告诉学生：“凡是这样写的都叫《长相思》。”

中中平，
中中平。
中仄平平中仄平。
中平中仄平。

中中平，
中中平。
中仄平平中仄平。
中平中仄平。

随后，又列举宋代词人万俟咏的一阕《长相思》让学生朗读，以佐证。

长相思

〔宋〕万俟咏

一声声，
一更更。
窗外芭蕉窗里灯，
此时无限情。

梦难成，
恨难平。

不道愁人不喜听，
空阶滴到明。

“也就是说，如果你把我刚才的《长相思》的平仄押韵抄过去，那么每个同学下课后都可以写一首《长相思》。你可以写得高兴，可以写得欢快，总之你想怎么写都可以。”

读出一个诗人来

“长相思又叫‘双红豆’，分上阕、下阕两阕。我们先看上阕。你准备用怎样的语气来朗读这些句子呢？”干老师向学生具体说明要求，“现在我们请同桌之间先讨论一下，这首词的上阕你认为应该用哪种语气来读：忧伤？豪放？慷慨？低沉？”面对大屏幕上的上阕词及提示朗读语气的词语，有些同桌之间很顺利地讨论起来，可是也有些同学却孤零零地坐着，一个人看着大屏幕。

干老师注意到了这个情况，他让学生停下，说：“我发现了，有些同学不肯读，那就罢了。我来问你们：你认为应该用怎样的语气来读？”

有的同学说要“慷慨”，有的说要“低沉”，还有的说要“忧伤”。干老师让三位同学来试读，“慷慨”的同学字音咬得很重，“低沉”的同学却读得更“慷慨”，一位女生用低沉忧伤的语气来读。干老师声音低沉地范读上阕，全班同学不禁一起读起来。

有学生还认为“忧伤低沉”语气是不合适的，应该读出“豪放、慷慨”的语气。这时，干老师在大屏幕上投出了这样一首词作为示例——辛弃疾《破阵子·为陈同甫赋壮词以寄之》。他用慷慨豪迈的语气，把全词高声朗读了一遍。

醉里挑灯看剑，
梦回吹角连营。
八百里分麾下炙，
五十弦翻塞外声，
沙场秋点兵。
……

读完后，他又简单讲述了词意："同样是一位将领，他怎么做的？'醉里挑灯看剑，梦回吹角连营'，军号在响，'八百里'是一种神牛的名字，把牛肉分给大家。'麾下'就是士兵，来，我们来吃牛肉，多豪迈。'五十弦'，是一种乐器，乐器演奏着豪放的、雄壮的军乐，在沙场上，千万人马齐整肃立，等待着检阅。这是多么豪放！"

讲完后，大屏幕上又出现了《长相思》的上阕。

老师却提出了这样一个问题："诗人是一位和辛弃疾一样，志在保家卫国，在战场上建功立业的将军吗？"

"不是！"学生回答得也很干脆。

"诗人是一位很有才的文人，他比较喜欢追求悠闲的生活，不喜欢做官。"一个学生这样说。

"不喜欢做官，他不想建功立业，他喜欢吟诗作画。那我们用'慷慨豪放'的语气不是读错了？"老师又就刚才的朗读反问大家。

"我们再来看一看，'山一程，水一程'到底说的啥意思？"

"比喻路途遥远。"一个女生说。她接着解释道："可能是纳兰性德去一个地方吧。"

"到哪里去呢？"老师追问。

"长白山。"

"这里没有长白山啊？"老师故作糊涂。

女生笑了，说："已经预习过了啊。"下面其他同学也小声议论："榆关那畔啊。"

"那么到他们要去的地方这一路的路程是怎样的？"

"很遥远，山一程，水一程。"学生都能用诗句来回答。

"那么，能不能解释成，走过一程山，走过一程水？"老师继续追问。

"不能！"一个同学起来说道，"应该是过了一山又一山，过了一水又一水。比喻路途很遥远。"

"好，回答得很好，我在PPT上也已经显示出来了，这种方法就叫'互文见义'，就是山水一程又一程，翻过了一道道山，越过了一道道水。"

"'身向榆关那畔行'，诗人是从哪里出发的？"老师又带领学生理解后面的诗句。

"从北京出发，经过万水千山，朝向榆关那畔（长白山）前行，前行……"学生在充分预习的基础上，这一句非常轻松地就理解了。

“那么‘夜深千帐灯’呢?”老师又抓住“千帐灯”一词，让学生知道了全诗只有“千帐灯”三字，点出军旅生活。“所以上阕都在写一个诗人眼中的风景。首先写诗人越过的一道道山，一道道水，然后再写晚上的时候看到的‘千帐’灯火，所以读的时候我们该怎么读呢?”

“壮观的那种。”

“哪句话壮观呢?”

“夜深千帐灯。”

“前面要不要壮观?”

“前面不要。”

“前面怎么读出它的味道来?”

“前面应该用低沉的声音读，最后一句再读出很壮观的景象。”

“你在读的时候眼前要看见风景，那么前面在读的时候眼前要出现什么?走过了一道道山，一道道水，要有一种沧桑。后面要读得壮观。现在我们来读一下。”

学生读得比刚才好多了，不过老师仍然抓住词句细评道：“你们‘千帐灯’的壮观读得不错，但是‘夜深’这两个字没有读出来。”他又做了示范，让学生体会这其中的细微差别，理解“壮观”并不就是简单地“读响”就行了。

怎样读出“乡心”

“我们又该用怎样的语气来读下阕的这些句子呢?”开始了对下阕词句的学习。“忧伤的。”一个男同学说。“少年不识愁滋味，为赋新词强说愁”，可是这个孩子他虽然尽量想读出“忧伤”，但听上去仍然不够“忧伤”。

“怎样才能把‘忧伤’读得更好一些呢?”老师又请了一个男同学来试试。

同样的，这个男生声音很亮，也没有能读出这种“忧伤”。“读这两句的时候大家可以把眼睛闭起来。”干老师进行指导了。他看着同学们疑惑的神情问：“为什么要把眼睛闭起来?”

这时，刚刚读完的那个男孩子起来说：“如果把眼睛闭起来，就可以在眼前浮现出那种‘风一更，雪一更’的景象。”

“也就是说，这‘风一更，雪一更’是他看到的吗?”看着同学们专注的神情，干老师继续讲道，“前面‘夜深千帐灯’是讲诗人看到的景象，而‘风一更，雪一更’就是他耳中听到的声音。”

接着，他又请刚才发言的男生来解释“风一更，雪一更”的意思。

“风雪交加。”男生说。

老师又联系上阕补充道：“这个翻译的时候也要注意，互文见义，风一更的时候也有雪，而雪一更的时候风同样刮着，风雪交加，一更又一更，过了几更?”

“两更。”学生齐声说。大家都笑了。

“哈哈，哪有两更啊，到底几更不知道。”这时又有同学说“无数更”，老师解释说：“一个晚上才五更，哪可能有无数更啊。”学生又都笑了。

老师接着说：“如果有五更的话，说明这个诗人晚上睡着了吗?”

“没有。”学生都摇头。

“压根儿就没有睡着。那为什么睡不着呢?”老师抛出了一个重要问题。

“思念故乡。”中间一个男生说。

“作者怎么说?”

“故园无此声。”

“什么声?”

“外面的风雪声。”

“风雪之声怎么样了?”

“聒碎乡心梦不成。”

“他为什么梦不成，为什么睡不着?”

“因为他思念家乡。”一个女孩子说。转了一个圈，又回来了。

“诗人有没有这样说呢？他没有这样说，他说的是‘聒碎乡心梦不成’。他认为睡不着的原因是什么?”

“想念家乡。”

“风雪交加的时候，声音很嘈杂，吵得他睡不着。”一个女生又站起来说。

“哦，让他睡不着的就是这风雪之声，把他聒碎了。‘聒’什么意思?”

“嘈杂。”一个女生说。

“对，你怎么把这个字记住？这是课文中的一个生字。”女生一时说不出来，干老师接着分析这个字道：“你看这个字左边是个‘耳’，右边是个‘舌’，你的‘耳’朵旁边现在有条‘舌’头，叽里呱啦的，你觉得怎样?”学生都笑了。

“那叫‘聒’，你妈妈‘聒’吗?”老师又调侃了一句，“你妈妈平时有没有‘聒噪’的?”

“有!”学生都会心地一笑。

“哦，这就是‘聒’，在你的耳边叽里呱啦叽里呱啦的，现在在诗人的耳边，叽里呱啦的是谁啊?”

“风一更，雪一更，聒碎乡心梦不成。故园无此声。”学生一起念道。

“这全词的主题，可以用下阕的一个词来概括。是哪个词呢?”干老师带领学生理解下阕词句的意思了。

“故。”“聒。”“声。”三个学生说出了三种不同的答案，第三个学生的理由看上去最为充足，因为上阕写了词人眼中之“景”，而下阕主要在写词人耳中之“声”。老师再次引导学生从整首词来看：“整首词其实就写了一个词语，是哪个呢?”

“我觉得应该是故园。”一个学生思考后说。

“大家同意吗?”大部分同学表示赞同，有同学提出反对意见，认为应该是“聒碎”。对他的这个意见，老师问他：“整个上阕有没有‘聒碎’?”这样他就清楚了“聒碎”不能代表全词的主题。这时，另一个同学又经过思考，提出一个新的意见：“我觉得应该是‘乡心’。”他的意见出来后，在“故园”和“乡心”之间，同学们又经过辨析，都认为应该是“乡心”最能表达全词的主题。

“因为‘乡心’中有一个字把‘故园’给写进去了，哪个字呢?”干老师也补充了一个最有力的证据。

“乡!”学生豁然开朗。

“乡，就是故乡，就是故园。乡心，就是对故园的思念之情。”干老师对“乡心”做了明确的解释。

“所以，整首词围绕着‘乡心’来写，那么，在读整首词的时候，要怀着怎样的感情来读?”

“思念家乡。”

“对，你要读好这首词，你就要怀着‘乡心’来读，但是我们离开家乡了吗?”

“没有。”

“谁会起‘乡心’? 一般什么人会起乡心呢?”

“离开家乡的人。”

“离开家乡的人有哪些人呢?”

“外出打仗的士兵。”

“出去游学的学子。”

“出去打工的父母。”

“是啊，还有很多很多，边卒啊，游子啊，旅人啊……他们会起乡心。好，如果此刻你或者外出游学，或者守卫边关，或者外出工作，那么你也会起乡心，对不对？你的乡心里会有什么？”

“爸爸妈妈。”一个女生说。

“家乡美丽的景色。”一个男生说。

“关爱我的每一个亲人。”一个女生说。

“你不知道，你还会对凤冈的羊肉汤啊，羊肉粉啊，特别怀念。为什么，因为到了外面之后，还能喝到吗？喝不到了。所以现在要读好这首词，你就要想着某一天，你爸爸妈妈不在身边的时候，亲人不在身边，羊肉汤不在身边，所有熟悉的一切都不在身边，在很遥远的地方，你读起这首词。怀着这种乡心，应该用一种低沉、忧伤的语气来读，我们把这首词再读一读。”

干老师的这番描述后，这些五年级没有离过家的孩子再读这首词，还真读出了一种“乡愁”之感。“大家把感情带进去了，读得很好。但是还是要注意一点技巧。你在读前两句的时候，要读出征途遥遥，那漫长的路啊——读!”此时，在大屏幕上“山一程，水一程”的词句旁，出现了“征途遥遥，漫长的路”的朗读提示，学生放慢语速，声音低沉地读起来。

“好！读后面句子的时候，你要读出那种军容整齐肃穆，意境辽阔悠远——读!”与此同时，在大屏幕上“夜深千帐灯”旁也出现了“军容整齐肃穆，意境辽阔悠远”的朗读提示，学生的声音转为雄浑有力。

“我刚才说了，你既要读出‘千帐灯’的辽阔，也要读出‘夜深’的宁静——再读!”

“那么读‘风一更，雪一更’的时候你要读出寒夜迢迢，那漫长的不眠之夜啊——读!”同样，大屏幕上“风一更，雪一更”的旁边也出现了“寒夜迢迢，漫长的夜”的朗读提示。学生的声音明显忧伤起来。

“尤其后面两句，或者整首词都是，要把这种情真意切的乡心读出来。”接着，干老师又用低沉、凝重的声音范读了最后两句，极富感染力，学生情不自禁跟读起来。“现在不但有这种‘乡心’，也把这些朗读的技巧再带进去，把整首词再读一遍。”这一次齐读，效果非常好。

“我还要请这位同学再读一遍。因为她是第一个读的。”干老师又请刚上课时第一个读词的女生再读一遍这首词。很明显，同刚才相比，这会儿的朗读明显体现出理解的水平了。

她读完后老师又找了一个男同学来读，结合他单纯、直白的声音来朗读的情况，老师又跟大家分享了一个朗读技巧：要学会控制自己的声音，不要完全地放出来。然后他又朗读了整首词，让学生感受如何“控制声音”。

“我们下去后还可以再继续揣摩，把它读得更好。”对于朗读，老师一直没有忘记提出新的更高的要求。

“乡心”中的感情

“这首词，只是一首古老的思乡曲吗？”在学生对全词意思的理解达到一个高度后，干老师又带着他们往高处走了。

“在纳兰性德的乡心里有着什么呢？”干老师让学生度词人之心。

“他的父母。”“家乡的风景。”“还有家人，还有他的亲朋好友。”学生按着自己的感情线索一路说来。

“好，他的家乡在哪里呀？”对于这些回答，干老师抓住“家乡”来问。

“北京！”“长白山！”课堂上出现了两种声音。

“这矛盾了啊，‘北京’是他来的地方，‘长白山’是他去的地方。到底哪里是他家乡？”

“北京！”学生先是异口同声，但马上又一次异口同声：“长白山！”

“我也不知道。这个问题我们只能请纳兰性德来回答。”学生露出疑惑的神情，“为什么？因为纳兰性德出生在北京，但是他的老家在长白山。那是他们的故乡，是他们祖先、民族的故乡。”干老师没有在考据纳兰性德的故乡是在“北京”还是在“长白山”上多做纠缠，而是跳出这个思维框架，问了学生这样一个问题：“在北京或者是长白山，那里就没有风雪之声吗？”

“有！”学生回答。

这时，大屏幕上出现了从北京一路向北的地形图，在上面，北京、榆关（山海关）、榆关那畔（长白山）的位置清清楚楚地被标示出来。干老师带学生从图上再次回顾了词人所走过的漫漫长途，干老师说：“但是我们不知道词人他心中所想的故园到底是什么？我们不知道。更重要的是，究竟是什么让诗人‘梦不成’（睡不着）呢？”

学生答：“并不是那么简单的‘风声雪声’让诗人‘梦不成’，而是他思念家乡。”

“那么是不是他回到家乡，就‘梦成’了？”这时，干老师在大屏幕上投出纳兰性德在北京写的另几首诗词，让学生思考：在同一个诗人的另外的诗里，又是什么让诗人“梦不成”呢？

西风鸣络纬，
不许愁人睡。
只是去年秋，
如何泪欲流。

这段教学过程中，出现了很有趣的师生对话。

“这次他睡着了吗？”老师问。

“没有。”学生很确定地回答。

“什么原因让他睡不着？”老师追问。

“西风和纺织娘。”学生说。

“哦，在西风中传来的纺织娘的叫声，现在怪西风和纺织娘了。”老师转而又问，“他有没有思念家乡？”

“没有。”学生依然很确定。

“那为什么睡不着？”这一问，学生一下子蒙了，是啊，“风一更，雪一更。聒碎乡心梦不成。故园无此声。”可是现在他在北京“故园”呢，怎么还会“睡不着”呢？

老师没有解释，又出示了一首词：

谁翻乐府凄凉曲
风也萧萧
雨也萧萧
瘦尽灯花又一宵

“睡着了吗？”同样的问题，老师又问。

“没有。”同样的回答，学生依然确定。

“瘦尽灯花又一宵。什么原因让他晚上睡不着？”

“风和雨，还有乐府凄凉曲。”学生又找出了字面上的解释。

“又睡不着了，看来这个诗人有问题，这也睡不着，那也睡不着。就是睡不着。”

学生都笑了。他们已经知道令诗人“梦难成”的“乡心”远不是“思念家乡思念亲人”之心那样简单了。

不知何事萦怀抱
醒也无聊
醉也无聊

那么，诗人到底为什么“睡不着”呢？这是学生现在迫切想知道的。

这时，大屏幕上出现的一组问题，可能也正是学生的“困惑”之处。

诗人心中的故园指哪里？那里真的“无此声”吗？回到了“故园”，诗人能真的快乐，不再忧伤了吗？在诗人的乡心里，究竟意味着什么呢？干老师逐个问题问来，又逐个问题回答：“诗人心中的故园指哪里？我也不知道。那里真的‘无此声’吗？不对，那里也有此声。回到了‘故园’，诗人能真的快乐，不再忧伤了吗？不对，诗人仍然不快乐，很忧伤。那么，在诗人的乡心里，究竟意味着什么呢？”所有的问题，都直指一个词——乡心。到底作者想表达什么感情？但是干老师却告诉同学们：“我们也不知道，不知道怎么办。我们再来读这首词。”大屏幕上出现了配着画面的一首《长相思》，沙漠漫漫，一匹孤独的骆驼凝然伫立，似乎在咀嚼着什么，思考着什么。

学生又一次读起了《长相思》，这一次朗读，除了那种浓浓的忧伤之外，还增添了几许探询，似乎要从这读中破译词人写作此词的一些密码。

你喜欢这首词吗

读完后，老师却问了大家这样一个问题：“你喜欢这首词吗？”

“喜欢。”

“为什么？”

学生都沉默了。

“虽然喜欢不需要理由，但我还是想听你说出理由来。”干老师说。

他又抛出这样一个问题：千百年后，一位居住在城市里的，不必再“思乡”的现代人——因为他没有跟亲人分别，即使分别了，只需要打开手机，就能马上听到亲人的声音了。而“风雪之声”有什么可怕的，我只要把耳机塞上，就会被周杰伦的歌声所充满了。所以不会有“聒碎乡心”了。可是，他还会不会在读到这首词的时候，感动得流下泪来?

“不会。”学生马上显出这样的反应。

“会!”稍后有人这么说。

“会!”“会!”更多的学生这么说。

“会感动。只要他的心灵还活着，他一定会感动。那么让他感动的是什么呢?”老师继续问下去。

“对家乡的思念。”学生说。

“可是他明明没有离开家乡啊。”

“是他觉得纳兰性德这种思乡的感情让他很感动。”学生修正自己的回答。

“他被谁感动?”

“纳兰性德。”

“可问题是他连纳兰性德是谁都不知道呢。他可不像我们查了资料的。”老师又将问题引向深处，“那么这首词，它感动人的原因在哪里?”

“因为这是每一个人的词。为什么呢?因为你的人生，你的人生是不是一个漫漫的长途呢?”

“是。”学生若有所思。

“你要不要走过‘山一程，水一程’呢?”

“要。”学生若有所悟。

“你也要走过这漫漫的人生征途，生活之旅。”学生继续专注地聆听。

“‘身向榆关那畔行’，你一定有个目标，有个方向，是吧?在前进的过程中，你会遇到非常壮阔的景象，‘夜深千帐灯’。跟好朋友在一起，跟同事们在一起，或者是迎奥运，或者是干什么大事情。对不对?”

“对。”学生对词的理解已经从刚才的词人词作之意转到自己了。

“但是在壮美的景象中你总可能会像纳兰性德一样，会有那么一点什么呢?”

“孤独。”有学生不觉说了出来。

“对，会有一点孤独与忧伤在里面。所以你有一天会遭遇到这孤独，你现在可能还没有。但是你长大了，有一天总会遭遇到。你会感觉到漫漫的人生啊，漫漫的长夜啊。”沉默了一会儿，老师继续讲道，“人生中总会有寂寞的时刻，‘聒碎乡心梦不成’，你的故园在哪里呢?”

“在凤冈。”学生已经把自己放进去了。

“但是你在凤冈也忧伤啊。所以，你可能啊，还有一种永远的乡愁——寻找着精神的家园。你在憧憬着，你在怀想，既然每一个人都有人生的征途，都有寂寞的时刻，都有对精神家园的追求，因此读到这首词的时候，每一个人都会有感动。是不是?”

“是。”学生似懂非懂，若有所悟地点着头。

“好，我们现在就基于你的理解，现在不是纳兰性德了，现在是谁?”

“我们自己。”学生齐声说。

“我们踏上人生征途的自己，以这样的心情，再来读一下，好不好?”

学生再次齐读全诗。这一次读，又和前面的读不同了。

尾声·我们的乡心在何处

学到这里，干老师面向全体同学，深有感触地说：“我呢，比同学们年纪要大一些。因此我对这首词感受也要深一点。大家想不想听听我的感受啊?”

“想。”孩子们的声音透出对“老师内心感受”的一种渴望。

“而且更重要的是，我现在是不是在家乡啊?”干老师又说。

“不是。”

“我已经离开家乡很多年了。但是我的家乡就是我出生的地方吗?”

“不是。”

“是不是你可不知道，就听我来说说吧。”这时，大屏幕上打出了一首诗——《唱一支歌，然后启程》，干老师继续告诉同学们，同时也在告诉在场听课的200余位凤冈县各校领导和骨干教师们：“这是我在离开江苏来凤冈之前，要出发的时候写下的，诗句里面的‘我’有时是纳兰性德，有时是我。搞不清楚了，你也不要刻意去把它搞清楚。”

接着，他就以己证诗，念出他读纳兰性德《长相思》时的感受。读完后，歌曲《橄榄树》的音乐响起来，在音乐声中干老师再次念起这首《长相思》。

一曲终了，全场掌声——主要是来自后面的老师们。

“同学们，学到这里，最后表达我读后感受的诗是要告诉你，真正要领会这首词，要用你的一生去经历你的人生，到那一刻，在异乡的某一个地方，在人生的某一个时刻，你突然领悟：你的灵魂里也有纳兰性德的忧伤与禀性。”

山居秋暝

时间：2009 年 11 月 12 日

班级：贵州凤冈三小五（4）班

背景描述

五年级下册的教材中是没有《山居秋暝》的，在大多数教材体系中，这首诗是放在初中或高中的。这种编排是明智的，因为要理解这首诗，确实不容易，需要成长到足够成熟，但又不被成见遮蔽的心智。

但新教育研讨往往选择通过某种挑战，来让教育中纠结着的问题曝光出来，为此，经常会做一些“不合时宜”的选择。当时选择此课，就是因为前面一位老师在教学中选择了《七律·长征》，大家就该不该引进律诗知识有不同的意见，引发了激烈的讨论。据一般老师的观点，理解这首诗本就难了，引进律诗知识，岂不更难？而干国祥老师等人则认为，知识就是工具，就是武器，诗词知识教好了，反而能够帮助我们更好地理解诗意；反过来，若不通过这条道路，悬空讲内容，倒可能会走不到想到的地方。

争议不下，就以课说话。于是干国祥老师索性选择了这首对贵州凤冈的孩子们来说理解难度特别大的诗。定下课题，考虑到学生预习的需要，确定隔一天上课。

预习题·巩固和延伸

课前，干老师先在黑板上板书了从《长征》诗中转化过来的“金沙江水拍云崖”一句，让同学们先讨论一下这个对子到底该怎么对。因为趁刚才上数学课的时候，干老师检查了全班同学的预习作业，发现这个对对子的练习，五（4）班的同学全军覆没，60 多个孩子居然没有一个能写出正确的答案。

在一天之前，干老师已经布置了《长征》的巩固作业和《山居秋暝》的预习题，每个学生手里都拿到了以下的预习：

《七律·长征》巩固题和延伸题

一、思考“作用”一框中的几个问题。

	诗句	作用
第一联	红军不怕远征难，万水千山只等闲。	总写全诗主旨。(请问是什么?)
第二联	五岭逶迤腾细浪，乌蒙磅礴走泥丸。	细写“千山”的艰难以及什么?
第三联	金沙水拍云崖暖，大渡桥横铁索寒。	细写“万水”的艰难以及什么?
第四联	更喜岷山千里雪，三军过后尽开颜。	用“尽开颜”照应开头。

二、“律诗”的第二联和第三联要求用“对偶”的形式（就像对联一样），试着按提示练习一下“对对子”。

腾对走，拍对横，五岭对乌蒙，金沙对大渡，腾细浪对走泥丸。

暖对寒，水对桥，______对千山，细浪对______，

金沙江水拍云崖，________________________。

三、“五岭逶迤腾细浪”中，是谁在“腾”?

四、用《山居秋暝》这首诗中的二三两联，也一样玩玩“对对子”的游戏：

明对清，月对泉，明月对清泉。

松对石，照对流，松间对石上。

明月松间照，清泉石上流。

竹对______，______对动，竹喧对______；

浣对______；归对______；浣女对______；归浣女，浣女归；下渔舟，______。

竹喧乃浣女归来，莲动是__________________。

山居秋暝

〔唐〕王维

空山新雨后，天气晚来秋。 明月松间照，清泉石上流。 竹喧归浣女，莲动下渔舟。 随意春芳歇，王孙自可留。	用铅笔逐句翻译：

字词解释：

暝 míng：日落，天黑，黄昏。

喧 xuān：大声说话，声音杂乱（~哗，~闹，~嚣，~宾夺主）。

浣 huàn：洗，如浣衣，浣纱。浣女：浣衣或浣纱的女子。

春芳：春天的花草。芳，用花的香来指花。

王孙：泛指贵族子孙，古时也用来尊称一般青年男子。

预习题：

一、反复朗读诗歌，看看自己达到了第几重境界：

第一重：能正确朗读诗歌。

第二重：能读出停顿和节奏。

第三重：能够根据诗意读出感情。

二、在上面右边框里一句句准确地用现代文翻译这首诗，翻译时要理解每个字的意思。把不懂的字、词、句抄在下面。

三、思考题。

1. 和《七律·长征》一样，这首律诗的第一联是总写全诗的。请问哪个词可以概括全诗？

2. 王维的诗被苏东坡誉为“诗中有画”，请根据诗句分析：这幅画里有哪些景物，这是一幅怎样的画？（景物要写全，在第二、三联中）

3. “明月松间照，清泉石上流”，诗人开头就说“空山”，可是我们刚刚发现，这画中充满了景物，甚至是人的活动（包括女孩的笑声），为何却称为“空山”，这没道理啊？说说你的意见。

4. 根据末两句，诗人认为春景好还是秋景好？留在此处好还是归去好？

四、补充资料。

王维（701~761），字摩诘，盛唐时期的著名诗人，官至尚书右丞，崇信佛教。其诗、画成就都很高，苏轼赞他“味摩诘之诗，诗中有画；观摩诘之画，画中有诗”。晚年无心仕途，半隐居于蓝田辋川别墅，专诚奉佛，故后世人称其为“诗佛”。

从预习《七律·长征》开始

铃声响了，干老师示意大家安静下来。与此同时，悠扬的古筝曲也静静地流淌在教室里，大屏幕上，一幅水墨山水画的旁边，“山居秋暝”四个大字引人注目。“这是我们今天要学的诗，大家都拿在手头了，学之前，我们先温习一下学过的课。”屏幕上出现了前天刚刚学过的《七律·长征》，“大家再齐读一遍这首诗，要把理解读进去。”

七律·长征

毛泽东

红军不怕远征难，万水千山只等闲。
五岭逶迤腾细浪，乌蒙磅礴走泥丸。
金沙水拍云崖暖，大渡桥横铁索寒。
更喜岷山千里雪，三军过后尽开颜。

学生读得很熟练。“这是律诗，律诗有8句，每两句便成一个小的对联，所以一共有几联啊？”干老师开始用《长征》诗来给学生讲解律诗的特点了，他并没有直接使用“首联、颔联、颈联、尾联”这些专用术语，而是用通俗的说法“对联”讲给这些阅读薄弱的孩子们，这样，连班里最弱的孩子都能一眼看出这首诗一共有四联。

此时，大屏幕上显示的《长征》诗句每一联前，也都用“第一联”“第二联”……清晰地标了出来。干老师继续讲解：“第一联，总写全诗的主旨。就是说第一联在前两句中写出这首诗大致要写出什么东西。读一下第一联。”

“红军不怕远征难，万水千山只等闲。”学生又读。

“那么全诗的主旨是什么呢？”干老师马上问，看学生对刚刚讲的这个主旨理解了没有。

“难，不怕。”有学生迟疑着小声回答了。

“他说得很好。”干老师马上做出肯定，并且继续启发，“大家觉得哪个词语最重要？”

“远征！”“等闲！”马上就有学生叫起来。

“一个是‘远征’，一个是‘等闲’，我给它归纳了一下，我觉得是这两个词语，一个是‘远征难’，一个是‘只等闲’。两句话意思、语气正好相反，对不对？”屏幕上，诗句中的这两个词也被用黄、绿两种颜色重点标示出来。

“那么为什么‘远征难’？”

“要经过万水千山。”因为学过，所以学生对于诗的内容还是很理解的。

“为什么‘只等闲’？”

“因为他们不怕。”学生同样对答如流。

“好，我们再把第一联读一遍。”

这样再次理解了第一联的意思后，学生又读了一遍首联，朗读效果也比刚才更好了。

“‘万水’，这里写了几道水？”干老师又问大家，这也是开始让学生理解首联与第二、三联内容上总分的结构关系了。

“万水。”学生先不假思索地脱口而出，干老师强调了一下是诗里明确写出来的“几道水”？很多学生不吭声了，中队长叶文卓犹疑着回答：“一道。”

看学生这样的状况，干老师点得更清楚了：“第一联中总写全诗的主旨，然后在第二、第三两联中就详细地、细致地写。那么这个‘万水’是很多很多水，在第二、第三联中写了几处水？”

“一处。”“两处。”再回到诗句，学生有这两种意见。

“一处还是两处？”干老师让大家确认。

“两处。”这次全班统一了。

“哪两处？”

“金沙水拍云崖暖……”学生读出诗句，但是干老师打断他们，要求只说出水的名字。

“金沙水、大渡桥。”

“金沙是什么？”“大渡是什么？”干老师又紧紧追问，这样，学生就得到了准确的答案：“万水”在此诗中写了两处，一是“金沙江”，一是“大渡河”。

“好，写了几处山?”干老师继续追问，也是让学生迁移刚刚学到的知识。

“两处，‘五岭’和‘乌蒙’。”学生这次都不犹豫了，意见也很一致。

“还有岷山!”一个同学在齐答后，忽然发现了什么，又赶紧补了一句。

“对，还有岷山，写了三处。”这时，大屏幕上，诗句中的这五处“山水”也都用黄色字体醒目地标示出来。

“哪些词语看出‘难’?”干老师又带领学生继续深入。因为学生对于诗歌内容都很熟悉，所以这段教学很流畅，干老师抓住了重点词语，和孩子们一起回顾了五岭的“逶迤”，连绵起伏走也走不完，难；乌蒙的“磅礴”，都是大石头，要想翻越，难；金沙江水拍“云崖”，山崖高耸入云，浪花拍打着云崖，又高又急，难；大渡河桥横“铁索”，山高水急，只几根铁索横贯桥上，站上去都胆战心惊，难；岷山“千里雪”，山高雪寒，难!这些统统都在写远征“难”!

接着，干老师又同样抓住重点词语，和孩子们一起回顾了“只等闲”：任你“五岭逶迤”，可是在我们红军眼里咋样?“腾细浪”。“乌蒙磅礴”又咋样?“走泥丸”。而“金沙水拍云崖，大渡桥横铁索”，我们冲过了之后，心情咋样?是“暖”。“岷山千里雪”也一样，过了之后是“尽开颜”。

接着，干老师又对第二、三联和第四联在全诗结构上的作用，做了精准的概括，用文字标注在相应诗句的旁边，播放在大屏幕上：第二、三联细写远征之难，和红军视艰难为等闲的豪迈气概。第四联既顺应着写万水千山的结尾一处，更照应开头，写出红军的气概。

随后，又用思维结构图的方式，把整首诗的主要内容再一次清晰地结构化了，通过 PPT 呈现给学生，然后让学生把整首诗再读一遍。

“对对子”游戏

接下来，干老师带学生做“对对子”的游戏，这也是预习作业二。

师生一句对一句，空格部分由学生填上。

师：腾对走。

生：拍对横。

师：五岭对乌蒙。

生：金沙对大渡。

师：腾细浪。

生：走泥丸。

师：暖对寒。

生：水对桥。

生：（万水）对千山，细浪对（泥丸）。

金沙江水拍云崖……

前面这些都是整齐划一，可是在对最后一句，也就是预习题中全军覆没的“金沙江水拍云崖，（　　　）”时，出现了一个小小的戏剧性场面：有一些同学还在按照惯性“金沙江水拍云崖，大渡桥横……”但是，有十几个同学突然惊喜地大叫起来：“是大渡河桥横铁索！”干老师请真正懂了这句怎么对的同学站起来，再说一遍。一个穿黄衣服的女生站起来，非常清楚地说：“大渡河桥横铁索。”

“为什么这样说呢？”呵呵，干老师一定是要学生“知其所以然”的。

“因为那里是金沙江水……”学生脱口而出。

看到多半学生都能理解，于是干老师又利用课前写在黑板上的板书，带全班学生逐字又对一遍，“金沙”对“大渡”，“拍”对“横”，“云崖”对“铁索”，“水”对“桥”，这样，学生就发现，这个“江”，只有用“河”来对才行，再次加深了学生对对句知识的理解。

然后，干老师再让学生把这两句对对子读一遍，最后总结说：表名称的词对表名称的词，表动作的词对表动作的词……同类的词相对。

这时，有个男孩子又好像发现了新大陆一样，说：“原来都在上面啊。”

接着，干老师又对上次课堂中的一个知识点的错误进行了纠正，这也是预习作业中的第三题：“五岭逶迤腾细浪”中，是谁在“腾”？

“细浪！”学生脱口而出。

“嗯，细浪在腾。那么‘乌蒙磅礴走泥丸’中，是谁在‘走’？”

“红军！”这个学生很好理解。

“你看，乌蒙磅礴，但是红军就好像在走泥丸，那么上面，‘五岭逶迤腾细浪’，谁在腾？”

“红军。”

此时一共用去了12分钟。

朗读中的理解

这时候，屏幕上出现了这节课要学的新诗《山居秋暝》。

山居秋暝

〔唐〕王维

空山新雨后，天气晚来秋。
明月松间照，清泉石上流。
竹喧归浣女，莲动下渔舟。
随意春芳歇，王孙自可留。

“先检查朗读。”干老师的教学仍然从检查预习开始。老师先请一个同学为大家读一遍，除了把“浣女”读成了“完女”外，这个学生读得都很好，非常流畅。干老师做了纠正，并顺便带领大家理解了词意。学生通过预习，都已经知道“浣女”就是“洗衣服的女子”，干老师又用美女西施的例子，来丰富孩子的已有经验。随后，全班又一起齐读全诗。

“读得很好。”干老师肯定了大家的朗读后又提出新的问题：“和《七律·长征》一样，这首律诗的第一联是总写全诗的。请问哪个词可以概括全诗?”这也是预习作业中《山居秋暝》部分思考题的第一题。

“空山。”很多同学都说。虽然也夹杂着几个同学“秋”“天气”的声音，但是最后一致认为是“空山”。

“那为什么不是天气呢?”干老师先带着学生辨析了为什么不是“天气”，因为“天气”的意思是“时候、时节”，诗中写的时候是“晚来秋”，就是题目“秋暝”的意思，而“暝”字就是“日落、黄昏”的意思。因为学生都做了预习，理解词语，逐句翻译，所以老师很轻松地一带而过。

“好，现在我们知道这首诗整个是写空山的，那么第一联写出了这是一座怎样的空山?”

“是充满景物的。”对于这个男生的回答，干老师仍然要他回到具体问题：“我们只讲第一句。”

“是下过雨的空山，空气清新。”

“难道草木不清新吗？下过雨的空山，肯定都是清新的。我给它一个词——洁净。”这时，屏幕上出现了“洁净”二字。干老师又要求学生拿起笔来，把“新雨”画出来，再在旁边写上“洁净”二字。

“时间是秋天的黄昏，秋天的黄昏是怎样的？”干老师联系孩子们身边的环境来帮助学生理解，“现在就是秋天，如果到了黄昏，你坐到山上去，有种怎样的感觉？”

“凉爽。”

还有呢？

“冷。”

“冷与凉爽差不多，”他说道，“还有就是，它会给人一种寂寞的、幽静的感觉。所以你在‘晚来秋’下面也画一下，旁边注上‘清凉’。”

这样理解过后，干老师让大家把第一联再读一遍，然后找同学翻译。

“一场新雨过后，青山特别清朗。秋天的傍晚，天气格外的凉爽。”因为充分地预习了，所以这个学生在课堂上显得越发轻松。

“很好。”干老师再次表扬了她，然后转向其他同学，教给大家直译诗歌的方法，“同学们，你只要看着它翻译就可以了。空空的山上，雨下过之后，秋天的傍晚，幽静清凉。”接着他又说：“然后，你还可以像这个学生一样，再把句子组织一下，秋天，空空的山上，经过一场雨之后，变得非常洁净，到了傍晚，山上显得幽静、清凉。就这样说就行了，是不是很简单啊？”

因为时间关系（本次上课研讨的目的重点在于语文知识的问题，而培训时间极为紧张和有限），所以干老师在此没有让学生对自己的翻译进行校对后，再把正确的翻译写下来。但是如果是老师的日常教学，这个环节则是必不可少的，这也是对学生“训练有素”的具体体现。

“好，我们继续，第一联是总写的，那么接下来的二、三两联就是怎样的？”

“分写。”有了《长征》的铺垫，学生都知道了首联和后两联之间的关系。

“对，就是详细地写，写什么？”

“景物。”学生说。

“具体写空山里的景物。这个空山里有哪些景物？我们先把二、三两联读一下。”

学生读后，老师让学生再拿起笔来，重新在诗上把所写景物圈出来。这是预习作业中《山居秋暝》部分思考题的第2题：

2. 王维的诗被苏东坡誉为“诗中有画”，请根据诗句分析：这幅画里有哪些景物，这是一幅怎样的画？（景物要写全，在第二、三联中）

但是预习作业显示，学生错误百出。因此，对这一难点，干老师又要求每个学生课堂上再经历一次思考。“明月、松、泉、石、竹、浣女、莲、渔舟。”这一次，有些同学就找得完全正确，干老师表扬了大家，然后让大家在自己刚才圈画的旁边，画上一颗星星，作为对自己的奖励。

“还有一个问题，这是一幅怎样的画呢？”

“美丽的画。”“山水画。”“风景优美的画。”“迷人的画。”七嘴八舌，一个男生的发言：“这是一幅幽静的画。”

“清新、幽静的画。了不得！”果然，干老师把“了不得”这个词送给了这个男生。受这个男生的启发，马上一个女生又说：“景物万千的画。”

“景物万千，就是说景物很多很多，是吧？你看，这空山上有很多景物，我们已经列出来了，有明月、清泉、松、石、竹、莲，有浣女，有渔舟，景物万千啊。”同《长征》一样，干老师用一个大括号，大括号前是（空）山，大括号后分列这些景物，表达出第一联和第二、三联之间的总分关系。

详细翻译

“好，我们再玩一个对对子的游戏。”同样，这个对对子游戏，也是昨天《山居秋暝》预习作业中出现过的，学生也都思考填写过。仍然跟刚才一样，老师说一句学生对一句，教室里的气氛很是轻松愉悦。

师：明对清。

生：月对泉。

师：明月对清泉。

生：松对石。

师：照对流。

生：松间对石上。

师：明月照松间。

生：清泉……

同样，这里也有一个小小的陷阱，最后的一句“明月照松间，清泉（　　）”，跟学生做的预习作业“明月松间照，清泉（　　）”是不一样的，这一字之差，当很多学生又按惯性流出“清泉石上流”的时候，一些聪明敏感的孩子马上觉察到了。“不是！不是！”他们叫了起来。

马上就反应过来，应该是“明月照松间，清泉流石上”。

对对子的游戏又继续了。这次由学生全部读完。

生：竹对莲，喧对动，竹喧对莲动；

浣对渔，归对下，浣女对渔舟；

归浣女，浣女归；

下渔舟，渔舟下；

竹喧乃浣女归来，

莲动是渔舟（　　）。

哈哈，仍然在最后一句掉进了陷阱——“竹喧乃浣女归来，莲动是渔舟下……”整齐的声音又乱了。教室里又是一阵笑声，孩子们也开心不已。

到底该对什么呢？孩子们又七嘴八舌“乱对”着，干老师仍然要大家用刚才的方法，一个词一个词地去对：“莲动”对“渔舟”，“归”对“下”，学生发现，“莲动是渔舟下（　　）”，可是还少一个字呢！有个聪明的孩子又叫起来：“莲动是渔舟下来。”但是干老师却说，对对子不能重复啊，上面是“来”下面就不能用“来”了，怎么办？一时间，学生头脑紧张，但却好像被激住了似的，找不到一个合适的词。

同样，因为时间关系，干老师给了一个动词“流”，“竹喧乃浣女归来，莲动是渔舟下流”。“向下流”与（举动）“下流”，这个词的歧义，让这个对子有些像“无情对”了，每个词都对得很工整，但是意思却风马牛不相及，有一种别样的趣味。因此，教室里又是笑声一片。

“竹喧乃浣女归来，莲动是渔舟下流。”笑声中，干老师让同学们把这最后一个对子读了一遍。

在轻松愉悦的气氛中，干老师又带着学生继续前行：“现在谁能把第二、三联这四句解释一下。”

那个回答说“这首诗是一幅幽静的画”的男生又积极地要求发言：“明月高挂，照着松林，清泉悄悄地在大石头上流淌。竹林里传出回家洗衣女的谈笑声，莲叶动了，那是渔夫正收网，也准备回家了。”

干老师没有再继续找同学发言，他带着学生用逐字翻译的方法，一起把这四句翻译了一遍：“前面两句很简单，明月在松树的空隙间照着，或者明月照耀在松树的空隙间，清泉在石子的上面流淌着，或者清泉流淌在石头之上。关键是后面两句，后面两句要这样解释，竹林中传来欢笑之声，哦，那是浣女洗衣归来了，莲叶在晃动，是渔舟顺流而下，回家去了。”

这样，到这时，学生已经基本明白了这首诗的主要内容。

思考：空山空在哪

干老师问：“现在知道这首诗的意思了吧，我们来看思考题。”这就是预习作业中《山居秋暝》部分的思考题3：

> 诗人开头就说“空山”，可是我们刚刚发现，这画中充满了景物，甚至是人的活动（包括女孩的笑声），为何却称为“空山”，这没道理啊？

有个学生说：“因为林中树木繁茂，掩盖了人们活动的痕迹。所以是空山。”

“那也就是说，如果我现在把窗帘拉上，那么我们这个教室就是空的？”干老师幽默地用她的说法举了个反例，大家都笑了，这个女生也笑了，说：“不空。”干老师又表扬她说：“这个同学很聪明，表扬她，是因为她会思考，也会利用网络搜索答案。其他同学一定要学会这样预习。但是窗帘拉上，我们的教室还不会空。”

这时又冒出了一个很可爱的回答：“空山是个地方。”原来是最后排的一个男生，他在下面小声地说，结果被声音更亮的同学扩音了。

“哦，就像是一个人长得非常威武高大，但是他的名字却叫作‘小小’，或者一个女孩子名字叫作‘小花’，她成了老太婆了，我们仍然叫她‘小花’。”干老师又打比方来说明这个孩子想说的意思，他接着又说，“这个答案实在妙，让我吃一惊啊。这个孩子很聪明。但是不是这样呢？不是这样的。继续寻找另外的答案。”

又一个女生发表意见：“我觉得这里是很幽静的山。”

“哦，空，不是说没有。空是幽静。她给了我们一种新解释。”干老师提醒大家注意这个发言。

没有学生再发言，提出新见解了。干老师开始集中讲解，来解答这个问题："好，我们来看一看，到底这个空山，是一座怎样的山？"

这时候，在大屏幕上这个问题的下方，再一次出现了刚才已经学习过的全诗内容结构图。

"这是一座怎样的山？首先它有很多景物，而且它还有好多动词呢。照耀着，流淌着水声哗哗哗，还能形成瀑布呢。女孩子在那边嘻嘻哈哈地笑着，喧动着，渔舟是顺流而下的。这些从表面上看都不是空的，为什么叫它空山呢？"没想到干老师非但没有继续讲解，反而卖了个关子，说，"这个道理，可难啦。我要先请大家欣赏一些图画，再来说。"

悠悠的古筝曲，又如月光般流淌了。大屏幕上，一张水墨山水画又引起学生一片惊呼："哇！"

看到山水，学生惊呼过后，便情不自禁辨认起里面有哪些景物了。

"你不忙回答，我要你观察，这山'空'不'空'？"干老师发问了。

"不空。"同学们回答。

"我要你观察，这图画中有没有空的地方？"干老师再问。

"有。"学生再看着这幅图，老老实实地说。

干老师又指着《秋山图》上面空白的地方问："这里空，对吧？"学生都点头。

"好，那这里有什么？"干老师又问。

"云！"学生又齐齐回答。

"那你刚才说空，现在又说有云，你到底在说什么呢？"

同样，干老师又让学生看图画下面，那里也是"空"，可是却也"不空"，因为是水在流淌啊！

"那你刚才说空，现在又说有水，你到底在说什么呢？"

画又换了一幅，很多孩子像发现新大陆似的，又叫起来："看，那里还有人在洗衣服呢！"

"你觉得这山能叫空山吗？"干老师再问。

"不能。"

"为什么？这不明明就是'空山新雨后，天气晚来秋'吗？"

"有人！"

"有人就不空了？'竹喧归浣女'还一群人呢！"

画面又继续转换着，依然是水墨山水，依然是同样的问题："这山能叫'空山'吗?"

学生的意见倒跟刚才不大一样了，从刚才只找景物变为评论此山能不能叫"空山"了。

最后，水墨的山水画又转换到齐白石的一张虾趣图上了。在这张图的旁边，大大写着一个"空"字，干老师开始揭开为什么让大家看画的谜底了。

"为什么说那个山还叫空山？我们来看这个，画中有空白且没有景物的地方吗?"

"没有。""有。"学生意见不一。

干老师指着画面上虾下面的空白处问："这里是不是空的?"

"是。"

"这里是什么?"

相比有些同学傻傻地回答"白纸"，第一排的一个同学很聪明，说"水"。

干老师马上表扬了他，说："这个同学很聪明，这是水。你看，如果没有这水，这虾还能游得这么活泼灵动吗？因此，这是'空'还是'不空'?"

"不空。"学生这次齐齐地说。

"这是'空'，也是'不空'。'空'就是'不空'，'不空'就是'空'。"没想到干老师绕口令似的说了这么一串，学生都笑了。听课的老师们也都开怀而笑。

干老师继续说道："'空'是'空'，可以倒进去很多很多的东西。但是'空'不是'没有'，'空'是'空杯'，是这样一种状态。

"同学们，今天你不太懂，我先告诉你，'空'不是'没有'。'空'是什么？'空'是一种'满盈'。

"我们已经知道了，'新雨'就说明这空山是——（学生：洁净的。）这'晚来秋'说明这空山是什么样的?"

"清凉、幽静的。"

"'明月松间照'，这'空山'是什么样的?"

这一句学生概括起来困难了。干老师告诉大家："是不是很茂密的？不是，它恰恰是疏朗，它是明亮与疏朗，所以它是'高朗'的。"他又让学生拿起笔来，在诗句旁边相应的位置注上"高朗"二字。接着，干老师又做了一个有趣的"循环解释"："疏朗、高朗啥意思？就是'明月松间照'的意思。'明月松间照’什么感觉？就是‘高朗’的感觉。”

干老师又问：“‘清泉石上流’给人一种什么感觉？”

“一种很舒服的感觉。”学生说。

“这是一种怎样的舒服？”干老师让孩子们更细微地去揣摩。孩子们就用“清澈”“活泼”“灵动”这些词来形容这种“舒服”了。

“然后还有‘竹喧归浣女’，如果传来的是几个大男人在划拳，那声音好不好听？”

学生都笑了，摇头连说：“不好听不好听。”

“那声音不好听，但现在在竹林里面远远传来的是什么声音？”

“笑声。”

“谁的笑声？”

“浣女的。”

干老师又联系古代第一美女西施，让学生感受这“浣女”的笑声，是美妙、活泼、灵动的，是生机勃勃，充满生气的。“莲动下渔舟”也同样给人灵动的感觉。干老师让学生同样把“生机”“灵动”这两个概括词，写在这两句诗句边。

这时候，大屏幕上出现了这样的画面：

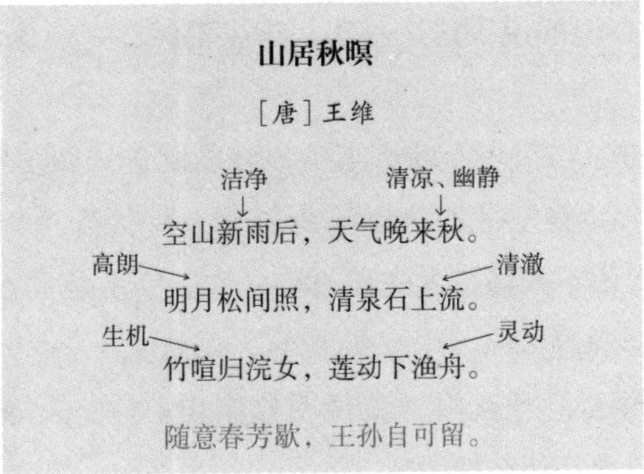

指着屏幕上的板书，干老师再问学生：“好，现在我们知道这座空山，到底是怎样的意思了吧？‘空’就是这样的一种特别感觉啊：心里的环境，洁净、清凉幽静、高朗清澈、生机勃勃、灵动。我们现在把这种种感觉，都读出来。”学生的声音里，开始在有意识地追寻一种空灵……

干老师又让同学们看预习题补充资料，问：“王维晚年情况怎样？”

孩子们很快答道："无心仕途，半隐居于……"

干老师马上说："王维本来在朝做大官的，此时却不想做官了，就来到这山里半隐居起来。由此可见这'空山'是相对官场而言的，'空'就是没有官场那些烦心的事。其实就是王维认为'空'，心里'空'。"

去留随意的美景，已入佳境的课堂

只剩下最后一句"随意春芳歇，王孙自可留"，还一直没有触及。

此刻，学生对于秋天的"空山"，内心里的感觉已经完全不同了。干老师的最后一个问题，也是预习作业中的最后一道题也出现了。

根据末两句，诗人认为春景好还是秋景好？留在此处好还是归去好？

"秋景好。"学生异口同声，干老师不禁笑了："你们预习作业中，都写的是春景好，怎么这会儿又都是秋景好了呢？到底哪个好呢？我们再来看一下。"

干老师先梳理字义，"歇"是"止歇、休息"的意思，"春芳"就是"春天的花朵"，"春芳歇"就是说春天过去了。而"随意"的意思就是"随便你（春天）过去"，这些因为预习过，所以很顺畅地过了。

梳理完诗句意思后，干老师再问学生："诗人是不是说春天不好？"

"不是。"

"那他有没有反过来说春景比秋景好？"

"也没有。"

干老师又具体讲道："现在我们知道了，春景好，秋景也好。这就是说，'我'心里有没有对春秋分一个'好'一个'不好'啊？没有。'我'的心是怎样的？'我'的心是'空'的，春天花开了，好；秋天，空山新雨后，天气晚来秋，怎样呢？也好，我的心是空的。心空，春花好，秋山亦好。"

"'王孙自可留'，你认为他是留在这里好，还是不留在这里好？"

"留在这里好。"学生回答。

"千万要留住！千万要留住！"干老师模仿着挽留的样子反问道，"你的心怎么不空了呢？"他又说："你的心若是空的会怎样？"

"留不留都行。"

"嗯，留不留是你的事情，不管你怎样，'我'都欢迎。因此，你看'自可留'，'自'就是你自己决定，可留，可不留，都由你自己来决定。王孙啊，留不留，你自己来决定吧，'我'呢，'随意春芳歇，王孙自可留'。所以啊，'我'的情是空的，留亦可，不留亦可。"

"同学们，眼空，所以花草山石明月，朗朗在目，看得清清楚楚，你的眼睛里如果塞进去什么东西，你还能看吗？你的眼睛如果戴着墨镜，能看得一样吗？所以眼睛一定要空，就能够看见万物。而耳空，没有耳机堵住的时候你会怎样？溪声，浣女声，声声过耳。我像一面明镜似的，映照着万物。"

悠扬的古筝曲又响起来，带着这样的理解，再读一遍全诗。

铃声响了。"上课好，下课亦好。下课。"

课后反思

这堂课前12分钟都在上《七律·长征》，后面的28分钟，上完《山居秋暝》。

当然这样的高效，是建立在学生充分的、有方向的预习的基础上的。

这堂课有两个争鸣点，一个是课前研讨时所想解决的问题：如何利用律诗知识和律诗形式，来更好地教学律诗。这个争鸣点通过课堂基本落下了帷幕，因为短短的40分钟，学生在两首律诗中自由出入，这很大程度上，就源自通过引进"对对子"，从而完成诗词语句的精确理解，引进律诗四联知识，从而完成对整诗的结构性把握。

另一争鸣点，恰因此课而起，这就是关于本诗主旨"空"的禅意，要不要讲，该不该讲，能不能讲，学生能有多少理解。

一直以来，我不赞同读经运动对死记硬背的推崇，但同样，我也反对那种认为学生不能充分理解就不敢教、不敢学、不敢讲的教学思想。

我认为，最深邃的知识，只要教学得当，学生就会有一定程度的感受（不是那种用语言说出来的理解，而是内在的浪漫的感受、体验）。而这种童年、少年时的感受，就是他们青年期以及之后精确知识和深邃思想的源泉。今天没有这个源，未来就不太可能有那种理解——无论如何，任何人在接触到禅的思想时，开始总是会眩晕的。但持久这样做，加上新教育儿童课程晨诵中的大量相关诗词的品味和积淀，他们就能够很深切地把握住所有类似深邃的诗意。

一句话，好的语文素养和令人惊奇的思想，都是教师教导出来，同时也是自己大量阅读积淀出来的。而一切总会有一个开端，我们认为，既反对死记硬背，又反对一定要用语言清楚地说出理解，而选择一条让学生有所"兴发感动"、有所"愤悱"的道路作为开端，应该是可取的。

枫桥夜泊

时间：2007 年 9 月 13 日（新教育小学开放周）
班级：翔宇宝应实验小学三（2）班
教材：苏教版小学语文第五册

背景描述

2011 年，我在微博中写道：

当年上《枫桥夜泊》，以及最近的《巨人的花园》，都吃亏在学生过度的积极发言上。学生纯粹为发言而发言，却相当部分不存在真正的“思”；小脸通红，小手如林……真是可怕。如果是我自己的教室，这种情况马上就会得到有效的抑止。在宝应时我经常借马继芬班和祁华忠班上课，在相当程度上，就是他们的学生慢慢地训练到了“有素”的境界。当然，上《枫桥夜泊》的这些孩子，经过半年的训练，等我上《一百条裙子》时也大大地成熟起来了。

《枫桥夜泊》在新教育研究中心的研课中具有举足轻重的历史意义，这既是我到宝应后的第一课，更是新教育研究中心聚焦古诗教学的第一课。这一课上得艰难曲折，但约半年之后，研究中心关于古诗的教学，几乎就有前所未有的突破。后来在同一个学校、同一个地点上《望湖楼醉书》《游园不值》，意味着古诗教学问题有了重要的突破。而《长相思》《归园田居》这些荡气回肠的课，在某种意义上倒仅仅是我个人人格在课堂上的显现，普遍性并不大。

《枫桥夜泊》前半节课实际上的是《做一片美的叶子》，这部分相当成功，因为这部分和孩子当前的生命、理解力差不多吻合。

后半部分，孩子们仍然想进入一种特殊的古诗学习状态，这就已经注定了困难，当老师没有办法让孩子真正地沉静下来（内在的沉静，而不是表面纪律的约束），这就意味着诗歌和孩子的生命之间，横亘着巨大的鸿沟。这一鸿沟，在本课中没有顺利填平。

将一堂“失败”的课收录进来（而不选择另外几堂相对较成熟的古诗课），这是因为我相信如果能够对此课进行反思性研究，那么收益会比成功的课更大——至少对于我自己就是这样的。

朗读《做一片美的叶子》

下午第一节课。课前，讲台前的大屏幕上，静静地铺展着一幅画，蔚蓝的大海、金黄的沙滩，还有一只同样静静停泊的小船，明亮纯净的色彩，在这个秋日的午后给人带来一种胸怀开阔的感觉。

干老师首先和孩子们一起来复习《做一片美的叶子》，这是上午陈老师和孩子们刚刚学习过的课文。

“应该用怎样的语气来读呢?”干老师把改动后的课文出示在大屏幕上。

“远远望去，那个班级很美。”孩子们的声音响起来了，一如平常在教室里的朗读，并没有注意到老师的提示——应该用怎样的语气来读?

被修改后的课文的前几段是这样的，其中修改的几个词语（班级，孩子，教室，祖国……）用黄色，其他字体用的白色：

> 远远望去，那个班级很美。
>
> 它像一朵绿色的云，从大地上升起。
>
> 我向教室走去。走进教室的时候，我发现，教室里的每一个孩子都很美。每一个孩子形态各异——你找不到两个相同的孩子。
>
> 无数个不同的孩子做着相同的工作，把阳光变成生命的乳汁奉献给班级。

当孩子们读到“走进教室的时候……”，笑声响起，随着朗读笑声也越来越大，以至于像传染了似的，很多孩子是笑着把这段话读完的。

这段文字的改动其实非常精心而微妙，课文中所描写的叶子和大树的关系直接就和孩子的生活关联起来。接着干老师又做了一些调控，他同样奇妙地把文字置换了一下：“无数个不同的孩子读着相同的课文，把文字的芳香带给老师们。你如果只是一味地笑的话，这文字的芳香还有吗? 所以这笑应该藏在心里。”

孩子们继续读，大部分孩子的表情和刚才不一样了。

很明显地，孩子们在又读到“我发现，教室里的每一个孩子都很美。每一个孩子形态各异——你找不到两个相同的孩子”时，隐隐约约地他们知道说的和自己有关，因此在读“无数个不同的孩子做着相同的工作，把阳光变成生命的乳汁奉献给班级”时表情明显庄重了许多。老师让孩子们的朗读继续。

> 班级把无数的孩子结为一个整体，学校把无数个班级结为一个整体……而无数个孩子在集体中找到了自己的位置。
>
> 我们每个人都像叶子，为班级这棵大树，为学校这片树林，为祖国这片森林输送着营养，让它茁壮、葱翠。大树站在太阳和土地之间。
>
> 绿叶为大树而生。春天的时候，叶子嫩绿；夏天的时候，叶子肥美；秋叶变黄；冬日飘零——回归大树的根。
>
> 我们为祖国，为社会，为人类而生。春天的时候，我们天真；夏天的时候，我们强壮；秋天的时候，我们智慧；而当生命的冬天来临的时候，我们将进入永恒的历史。
>
> 每一棵大树都很美，因为每一片叶子都很美。为了我们的大树，做一片美的叶子吧！

后面长长的这两页，孩子们就读得更投入了。只是在读“人生四季”那段话的时候，依然有轻笑发出，虽然上午学习课文的时候，有孩子已经说出了“我们也像四季，有春夏秋冬”这样的理解，但那只是简单地从“叶子”迁移到“我们”了，这几句话则更进一步阐述了“我们”和“叶子”之间实质性的相似点。变换了一下内容，孩子的朗读就不一样了。看似很神奇，其实秘诀非常简单，和孩子们当下的生命相关联。

“通过一堂课的学习，大家能读流利了，但是要读出文字的芳香，那还是不够的，现在我们就努力把文字的芳香读出来。”接着他请大家起立，调整呼吸，想象自己就是一棵嫩绿的小树，站在天地之间。

接着他引导学生们按 PPT 的提示，用男声女声穿插的方法来朗读课文原文。

“要读好这一句，不能一开始就把它读高了，树像一朵绿色的云，从大地上升起，是慢慢升起的，有一个过程，因此不能一下子就把它读高了，也不能所有的句子都是一个调子。要根据每句表达的意思来读。要让你的心都飞进文字里，这样用心去读。”这样的指导后，孩子们的声音渐渐饱满起来。

“朗读四季的时候是不能用一个声音去读的，那么哪个应该读得最响呢?”孩子们异口同声地选择了“冬天”。

“要根据具体的句子所表达的意思来读，而不能单凭我们的想象，比如冬日落叶飘零，更多的是一片静寂，而夏天阳光热烈，叶子肥美，生机盎然，很明显感觉是不一样的。”

做了示范后，孩子们再练习朗读，但这次声音低下去了，精神也低下去了。干老师又指导说：“读得低不是说读得有气无力，要学会控制自己的声音，越是低越要有力气，因为明年春天它还要冒芽呢！”

复习《向着明亮那方》

干老师又让孩子们读了这一段时间他们的晨诵诗——《向着明亮那方》，这也是三（2）班的学生在三年级的成长方向，陈美丽老师还特别以这首诗的名字为班级主题帖命名。

向着明亮那方

金子美铃

向着明亮那方，
向着明亮那方，
哪怕一片叶子
也要向着日光洒下的方向。
——灌木丛中的小草啊！

向着明亮那方，
向着明亮那方，
哪怕烧焦了翅膀
也要飞向灯火闪烁的方向。
——夜里的飞虫啊！

向着明亮那方，
向着明亮那方，
哪怕只是分寸的宽敞
也要向着阳光照射的方向。

——住在乡村的孩子们啊！
——住在城市的孩子们啊！
——住在地球每一个角落的孩子们啊！

干老师事先选择了一张非常漂亮的图片作为《向着明亮那方》这首诗的配图（图片左上角有明亮的光线射下，照亮幽暗中的树林），让学生们想想，这幅画写的是哪首诗。但是孩子想当然地就说出这幅画画的是《枫桥夜泊》，不中后，又猜《山行》，其实三者相距甚远。

由于诗句内容非常熟悉，所以孩子们的声音又自然高亢起来。"'一片叶子'、'分寸的宽敞'这样的词语不应该大声地读。"老师适时指导。

孩子读完后，老师又引导大家："在学习的时候，要用心来拥抱它。今天，我们就是要学习用你的感觉来读诗。（其实这就是学习《枫桥夜泊》老师设置的教学目标之一了：用恰如其分的感情和声音来演绎诗歌。）"接着，老师让大家用心去寻找刚才晨诵时的感觉："请你用一个词语，来形容你诵读这首诗时的感受。"

孩子们纷纷用"诵读时有很亮的光""特别爽""有很强的光芒""特别愉快""心花怒放"来形容晨诵带给他们的感受，还有一个学生甚至说出"这首诗可以鼓励那些学习不好的孩子们"，这句很简单的话这个孩子却是磕磕巴巴才说完的。干老师注意到了这点，肯定了他的说法，但是又引他往前再走一走："只是那些学习不好的孩子们能从中得到鼓励吗？"这个孩子于是明白了，这首诗具有能让每一个孩子振奋起来的力量。

"现在，请用诗中的一个词语来形容你诵读这首诗时的感受。"孩子们很容易地就说出了"明亮"。

老师评价道："其实刚才那个孩子说得多好啊，心里有了光。读着读着，心里就有了光，充满了明亮的感觉。但并不是每首诗都有这样的感觉的。"

至此，结束了《做一片美的叶子》的复习和《向着明亮那方》的诵读。时间整整用去了20分钟。

关于这首诗，你知道什么

开始了新诗的学习。大屏幕上显示出了诗题和作者姓名。

枫桥夜泊

〔唐〕张继

月落乌啼霜满天，江枫渔火对愁眠。

姑苏城外寒山寺，夜半钟声到客船。

“关于这首诗你知道什么？”干老师开始了解学生对这首诗的掌握情况，有学生说“我知道作者是张继”。

后面一个男孩子不但把手举得高高的，而且身子也几乎离开了座位，干老师一点他便马上站起来兴奋地说：“我会背了。”和这个孩子一样，班里几乎所有的同学都一下子把手举得高高的，顿时出现了一片小手的丛林。

干老师随便点了一个男孩子请他来背，这个男孩的声音很脆，很好听，可是当他背出第一句后就卡壳了，其他孩子都笑了，干老师安慰了他后又提示他：“江枫——”

“江枫——渔火对愁眠。姑苏城外寒山寺，夜半钟声到客船。”整齐划一，全班学生不约而同地大声背了出来。

在干老师幽默的评价中，学生表达了“我还想知道这首诗的意思”的学习愿望。老师又检查学情，请知道这首诗意思的同学把手举起来。刚才那片小手丛林消失了。

这时，第一排的一个学生举起了手。他站起来说道：“月亮在天上，很黑，江上有船，在走。”断续，凌乱。

干老师马上追问：“江上有船，在走吗？从哪个字看出不走的？”

是“泊”字。

“这首诗什么意思？”

“月亮落下的时候，乌鸦在树上啼叫。秋天的晚上，天空布满了霜。天黑的时候，渔船上面有火，好像和江边的枫叶对愁眠。苏州城外有个寒山寺，夜里安静的时候，寒山寺都会敲响钟声。”一个女生说。

很明显，干老师也为班里有这样思维敏捷的女生感到惊喜，他请全班同学为这个女生鼓掌。在女生回答完后，老师又强化了一下这首诗的主要内容，讲的是诗人张继在枫桥停船时的见闻与感受。

朗读的三步：清爽、味道、神韵

干老师从朗读训练入手。他以这样的问题引发学生思考：学一首诗学到哪里算是学到了呢？我们刚才这样是不是学好了呢？那么，还要做什么呢？

接着老师在大屏幕上投出朗读的三步要求：

“第一步是读得清爽。什么叫清清爽爽？就是字要读得准，节奏要读得准，我发现这一步大家已经做到了，但等一会儿我还要抽查几个同学的。觉得自己能读得清爽的同学举手。”几乎有五分之四的同学把手举了起来。

“第二步是读出味道。每首诗的味道一样不一样？刚才我们说《向着明亮那方》那首诗是什么味道？‘明亮’‘爽’‘愉快’，那么这首诗是不是这样的？这首诗的味道又是怎样的？你能读出这首诗的味道吗？认为自己能读出这首诗的味道的举手。”举手的同学比刚才明显少了许多。

“第三步就是要读出这首诗的神韵，这首诗非常奥妙的味在哪里呢？”这时几乎没有学生举手了。

朗读的三步要求明确后，干老师开始有目的进行教学了。先是检查读得是否清爽，他要求同学不准举手，老师观察了一下，选了一个趴在桌面上看起来有些羞怯的男生，没想到这个男生起来后很大方地读了一遍，声音很脆，正确、流利。干老师称赞了他，又点了旁边一个女生。这个女生也读得非常清爽。

老师又问谁还读不清爽。最后一排有个男生把手高高地举起来，大家都笑了，他意识到自己听错了，也笑了。

老师又对刚才两位同学的朗读提出了更高一些的要求，读古诗的时候要讲究节奏，但节奏这个词孩子不够理解，于是干老师在诗上添加了节奏线，让学生在读到这些线的时候把声音拖长一些。

学生根据节奏再读。

自由练读后，干老师又请刚才那个女生来读。节奏有体现，但不是很明显。

又找了一个男生来读，他读时速度明显放慢，节奏出来了，还隐约有些苍凉的味道。“你读得让我都有些想哭泣了，你为什么要这样读？”老师问。可是这个男生表达不出来自己为什么这样读。

“我觉得你有意要读出一种味道来。你现在已经向第二步走了，读出味道来。你准备这首诗读出什么味道？”老师再次引导这个学生。

这个男生还是不能表达，支吾着说不出话来，而班里这会儿其他的同学也没能倾听老师和这个同学的对话，只是为老师模仿把《山行》和《枫桥夜泊》读成一样的语调，来说明诗的节奏本身不具备诗的“味道”而觉得有趣，笑声飘散开来，课堂似乎又回到了最初的时刻。

干老师也发现了孩子情绪上过度兴奋，又开始调控课堂的情绪：“这样一来，你读所有的诗都是一种味道了。而每一首诗是那么的不一样，你笑嘻嘻是读不出味道的。这首诗你准备读出什么味道？”

然后学生各自练读，和刚才那个很明显的夸张的读已经不一样了。有些孩子开始认真去体会了。练读后老师又和大家一起交流，一个男孩子居然说他读出了“咸”的味道，又说是把声音读得重一些，前面几个调皮的男孩子开始“月落——”“月落——”故意压低嗓音在说。

老师又请其他举手的孩子表达自己的意见，一个女孩子说读出了“忧愁”的味道，另一个孩子说要“读得慢”，但是什么味道，他还不能表述清楚。

“学习不是那么容易的事情，很多时候，做些小玩意很容易，但是真要把它学好不容易。我们现在到了第一个关键时刻，后面还有很多很多，这个关键时刻走不过去，后面的美妙就出不来。这首诗到底要读出什么味道，我敢说，在座的没一个同学能读出来，谁能读出什么味道，怎样读出？”老师又一次做了努力，他走到学生间，寻找能够读出味道的孩子。

但是干老师还是遭遇了尴尬，一个虎头虎脑的男孩子很认真地说：“我要读出甜甜的味道。”

“好，就请你读出甜甜的味道。”

“这首诗真的是甜的味道吗？你读出了什么味道？”干老师再次追问。

“美妙的味道。”最后面一个女生说。

干老师再次追问引导：“美妙的味道有很多，它属于哪种美妙的味道呢？也就是说你的感情有很多，它属于哪一种感情？”

面对几乎所有孩子都无法理解这首诗的基本感情色彩的情况，干老师采取了教师范读的策略，听老师读，听老师读出了什么味道。

孩子们听的时候有些被老师的朗读带进去了，这是用心灵和声音构筑的另外一个世界，他们以前没有感受过的世界。

“你认为干老师读出了什么？”

“非常伤心，非常忧愁。”一个穿粉红色衣服的女孩这么说。

“干老师到底读得对不对呢？它到底是不是忧愁的呢？我们继续往下走。”

用眼睛和耳朵品味

虽然刚才“读出味道”的要求没有真正落实，但是老师还是继续往下讲，期待后面在诗句的具体品析中孩子们能够理解这种“忧愁”。“要读出味道，跟读出神韵有关系，在读这首诗时，你在脑海里出现了什么情景（或者画面）？画面里都有些什么？”

老师再读，孩子们有些趴在桌面上，有些闭着眼睛。教室里安静下来。

一个女生说：“一个人在江面上的船上，他好像在想着什么。”

男生说：“晚上，有一个人在海面，在船上，在想着什么。”

老师对于这样的回答评价是太笼统了，于是把问题变得更具体些：“我们用眼睛来品味这首诗——我们究竟看到了什么？”

学生齐读全诗，这一次读老师并没有指导，愁味已经从孩子们的声音中不可抑制地逸了出来，读后，用铅笔在诗句里圈出看到的景物。

老师一直在班上巡视，观察学生的作业情况。一个女同学圈出的词语是“枫桥”“月”“乌”“渔火”“霜”“寒山寺”“客船”。

“认为她说了看不到的东西的同学举手。”

有一个同学提出“渔火”。这时候干老师发现有同学不明白“渔火”是什么意思，于是就简单介绍了一下：是江上打鱼人所用的灯光。这样，那个孩子知道了“渔火”是看得到的。

“江枫。”“夜泊。”也有同学支持他，老师点明：“‘夜泊’不是一样东西，其实是说‘客船夜里停泊’，讲的是客船，因此不是一个景物。”

面对看到什么的问题，从孩子们的回答来看，除了“夜半钟声”没有说以外，其他基本上都被提到了。“我们真的看到这些东西吗？”老师播放课件，屏幕上把“月”“乌”“霜满天”“江枫渔火”“姑苏城”“寒山寺”“客船”用醒目颜色标示出来。让学生再齐读一遍。

学生齐读完后，老师又点击课件，屏幕上显示出一幅彩色的国画山水《枫桥夜泊图》，让学生观察画面上是否把全诗的内容都画出来了。学生先提出“乌鸦”没有，又提出“月亮”没有，老师引导大家得出：“这时候，月亮已经落下去了。正是半夜，画面上的这些东西其实都是看不到的。”

“那么，到底能看到什么呢?”

学生说能看到“霜”，并且还举出理由说在树上，发白的。

“半夜里，树能看得到吗？那又怎么能看到霜?”学生说“渔火照到的”。

“渔火能照到那么远吗？那就不是渔火，而是探照灯了。”

课堂已经过去了30分钟。老师再一次提醒大家，读诗的时候要注意进入到诗里面去，不能只在外面转悠。干老师利用屏幕上的夜半渔火与语言，开始创设情境：“想想啊，苏州城外，半夜，月亮已经落下去了，天地之间一片漆黑，什么也看不到，除了江面上偶尔有一两点渔火。”

老师请大家再一次闭上眼睛，用天地之间一片茫茫什么也看不见的感觉来读这一首诗。“天地之间一片漆黑，只有我在客船上面对着几点渔火。这样的心情能愉悦吗?”

“不能。”学生顺口回答。

“愉悦不起来，这就是我们用眼睛欣赏这首诗的结果。我们欣赏到了寂寞与忧伤。”老师说。

“现在我们来换一换，我们用耳朵来欣赏一下这首诗，在什么都看不到的情况下，作者又听到了什么?”

“他听到了乌鸦的啼叫声。”

老师再告诉同学们：“黑沉沉的夜里，听到乌鸦在江枫上啼叫，这又是怎样的一种忧愁的心情?”老师再让孩子齐读前两行，通过朗读来体会这种“愁”情。“乌鸦呱呱的叫声，使得夜更宁静了，更黑了，这时候，突然响起了什么——”

“钟声!”

“他听到了乌鸦的啼鸣，一个人忧愁地在客船上，这时候，寒山寺的钟声远远地传来，刚才的声音是欢乐的音乐吗?”

“不是。”每当让孩子们回答“是不是”“好不好”之类的问题时，孩子们总是很配合。

“声音让你感到什么?”

“忧伤。”“悲伤。”“痛苦。”

“现在我们把这种忧伤、悲愁读进去，把这首诗再来读一遍。”

孩子们又齐读了一遍。这一遍听起来还比较有效果。

“这首诗到这里就完了吗？我们还可以换一种方法来学，我们现在来用你的皮肤，来感觉一下这首诗，诗里有‘霜满天’，‘霜’给皮肤什么感觉?”

“冷的。”

老师又引导大家寻找到体现“冷”的感觉的“霜满天”，然后通过朗读读出“霜满天”带来的凄寒的感觉。“这还是一首‘愉悦的诗’吗?”有些孩子已经是在思考后说出“不是”了。

老师说：“如果让我来评价的话，告诉你，这首诗大家其实还没读懂，因为要真正读懂这首诗，最后一定要用心灵来品味这首诗。我们在读这首诗的时候感受到了什么?”

“愁。”那些精神饱满的学生脱口而出。

“你读出了愁吗？你这堂课里有忧愁吗？所以，如果你没有忧愁，是进不了这忧愁的诗的。我们最后再努力一把，看你能不能登上张继的这艘客船，进入这份忧愁。”孩子们又读了一遍。

最后，老师总结道：“大家真是天真活泼，因此要读出愁来，真是很难很难。不要紧，今天我们学了这首诗，以后到了某一天，突然在某个时候，这首诗就会涌上来，这时候你再读的时候就会知道什么叫‘姑苏城外寒山寺，夜半钟声到客船’了。”

老师又播放了一位老人用苏州方言吟哦这首古诗的录音，让学生欣赏古诗还可以这样来读。有孩子对这种方言表示听不懂，但也有的说在“忧愁地唱着”。

“这节课的课后作业是端端正正把整首诗抄写下来。你们不仅要抄在本子上，而且能抄在小小的心坎上，一辈子不要忘记。到你三十岁的时候，到你四十岁的时候，你就会知道，今天我们学了一首伟大的诗，这首诗选入了日本的小学课文，因此，每年的除夕之夜，有很多的日本人到寒山寺去听这夜半钟声。我们作为中国人，更应该珍惜前人留给我们的这一份宝贵的财富。”

“大家抄写的时候要注意这几个字的间架结构：‘霜’‘苏’‘城’‘愁’‘泊’‘寺’‘钟’。”

最后，老师说：“我们的生活要快乐，但是只是知道快乐的话，很多另外的东西就品尝不到了。我们也要学会忧愁，学会品尝忧伤。这节课我们就上到这里，大家要记住，如果我们不努力，不做出贡献的话，若干年之后，你就在这个地球上消失了，不会在这个世界上了。但是我们今天学过的这首诗，无论我们还在不在，它将永远地存在着，寒山寺那一晚的钟声将伴随人类，直到永远。”

下课，课件里再一次响起“当——当——当——”的钟声。

归园田居

时间：2007 年 9 月 27 日

班级：苍南灵溪一中八年级

理解诗的意境

上课了干老师首先请女同学把《陋室铭》背出来。女生先是一阵哄笑，随后开始背诵，背得很正确，可是也只能说是在背诵而已。

> 山不在高，有仙则名。水不在深，有龙则灵。斯是陋室，惟吾德馨。苔痕上阶绿，草色入帘青。谈笑有鸿儒，往来无白丁。可以调素琴，阅金经。无丝竹之乱耳，无案牍之劳形。南阳诸葛庐，西蜀子云亭。孔子云："何陋之有？"

"一背就会把诗意失去，请男同学打开书，读《爱莲说》。"看来干老师注重的是学生对于诗的意境的理解表达。

"爱——莲——说，周——敦——颐——"，声音开始有些拖沓，过一会儿声音才整齐而响亮起来，然后更紧凑了，越读越快，但是跟散文本身表达的感情并没有关联。照着书读，男生唯一的变化就是读得更熟练了。

> 水陆草木之花，可爱者甚蕃。晋陶渊明独爱菊；自李唐来，世人盛爱牡丹；予独爱莲之出淤泥而不染，濯清涟而不妖，中通外直，不蔓不枝，香远益清，亭亭净植，可远观而不可亵玩焉。予谓菊，花之隐逸者也；牡丹，花之富贵者也；莲，花之君子者也。噫！菊之爱，陶后鲜有闻；莲之爱，同予者何人；牡丹之爱，宜乎众矣。

"大家有没有发现这两篇散文诗跟今天要学的诗之间的关系？"

学生有些不知所措，没有人举手。干老师随手请他面前的一个男生回答，他站起来说："这两篇散文诗和今天学的这首诗讲的都是植物。"

"讲的都是植物。"老师重复了一下学生的回答。老师又连问了几声"谁来"，却依然没有人举手。

一个女生说："这几篇文章都是以景生情，以物托志。"

"你认为这几篇文章都是以风景来表达自己的内心，表达自己的情感，表面在写风景，其实写的都是自己。一切景语皆情语。你看出了他们写作方法上的相同之处。很好。"

"还有吗?"干老师又面向全班问了几次，回答他的依然是又埋头在书页上黑黑的小脑袋。于是，干老师在这里明确地告诉学生他让学生串联的意图："这种串联的能力就看出你们的思维水平。你们学过了前面两篇，要把三首诗之间联系起来，构成一个关系。就是陶渊明的诗是这两篇文章的祖师爷。他们是追慕陶渊明，仰慕陶渊明，才写出《陋室铭》，才写出《爱莲说》。他们是陶渊明的学生、弟子，也就是说，陶渊明可以称得上是中国一位伟大的隐逸者，隐士，而后面的很多学者受他的影响，写出了和他风格相近的诗文——像《爱莲说》，尤其是《陋室铭》。这就是他们精神上的关系。"

老师还想尝试让学生继续串联："在《爱莲说》中，作者对于陶渊明好像提出了一点点批评，你认为是什么?"

学生依然没有发言。老师提醒道："作者推崇的是什么?"

"莲。"学生回答。

"莲指什么?"老师追问。

"花之君子者也。"学生又一起说了出来。

"君子是怎样的?"老师再追问。

学生声音很响亮地齐答："品德高尚的人。"

"用书中的话来说。"老师依然一追到底。学生翻书，但是只听到"哗哗"翻动书页的声音，并没有人说出来。老师再次提示，他用缓慢的语调说："出淤泥——"

"而不染，濯清涟而不妖。"学生马上齐声跟了上来。

"（花之君子）是这样的人。但诗人认为陶渊明只是一个花中的隐逸者也。我认为，这是诗人周敦颐没有读明白陶渊明，他误读了陶渊明。"说这句话的时候，老师的速度放慢，尤其"没有读明白""误读"这些词老师说得很慢很重，学生很注意地听老师继续说下去。“陶渊明不是那样的人，那么陶渊明到底是一个怎样的人呢？我们今天通过学一首诗，来走近陶渊明。”

题目的两种读法

很多同学现在的眼光一直在盯着老师了。

“今天要学的诗是《归园田居》。”与此同时，大屏幕上“陶渊明”三个大字的背景消失，“归园田居”四个宋体字显现出来。老师指了一下大屏幕，对学生说：“这个题目有两种读法，你觉得是哪两种？”

学生小声在试念。老师请了后面一个男生来读，他的意见是：一种是“归——园田居”，一种是“归园——田居”。

“两种读法的差别在哪呢？”老师又问。

“一种是园田，表示他在……嗯，就是乡村里生活那种……一种是到大自然里去生活。”这个男生这样解释。

“哦，这位同学很聪明，了不起。一种是‘归园——田居’，一种是‘归——园田居’。”老师特地又强调了一下题目的两种读法，他接着说道，“怎么说呢，一种解释是说，回到家园，自己的田地去居住。而一种呢，则是回到自己的故乡，过一种怎样的生活？田园的生活。种田的生活。你们准备学哪一种？”

有男生马上低声回应：“种田。”也有同学说“回到田园”。

老师再一次明确问大家：“是‘归——园田居’，还是‘归园——田居’？我们把题目读一下。”齐读题目。学生选择的是“归园——田居”。

老师站在讲台前，面向着全体学生说：“《归园田居》有五首非常精彩的诗，今天我们学的是第三首。”顿了顿，他又说：“但是同学们，只读第三首是读不懂《归园田居》的，可以说一点都读不懂，为什么，我们来看第一首。”与此同时，大屏幕上出现了《归园田居》的第一首诗。

少无适俗韵，性本爱丘山。
误落尘网中，一去十三年。
羁鸟恋旧林，池鱼思故渊。
……
久在樊笼里，复得返自然。

老师说："大家一起来把第一首的部分诗句读一下。"

学生齐读，声音响亮，语速适中。学生读完后，老师问大家"意思懂吗"，又是齐刷刷地回答"不懂"，只有一个女孩在连连点头，老师又问"哪里不懂"，学生不齐答了，课堂响起了纷乱的回应，听到了一个男生在说"哪儿都不懂"。

老师又询问了一下："哪个不懂？谁来为我们简单解释一下这首诗？"但无人应。"好的，那我简单给大家解释一下。"和学生一起看着大屏幕上的诗句，老师说，"小的时候就没有那种追求世俗的荣华富贵的心情，本性是喜欢大自然，喜欢丘山的，喜欢山林，可是错误地进入了尘世的网络中，进入了牢笼中，这一去啊，就是多少年？"学生回答十三年。

老师回转身，面向大家，又说："十三年啊，天天做着那些我不愿意做的事情。什么事情？"这时没有人举手，神情上看像是在头脑中搜索答案，也在等待老师继续往下说。"——丝竹之乱耳，案牍之劳形。"很自然地，老师提示后便全班跟着一齐说了出来。

"还要去拜见长官，还要和长官一起喝酒，所以我这一只被羁绊起来的鸟，思念我的旧日树林啊，我这一条放在小池塘里的鱼，想念我的故乡的深渊啊。"随着老师的讲述，学生一直盯着大屏幕上的文字，"我在这个樊笼中已经很久了，现在终于能够回到大自然了。"老师以一种喜悦的语气结束了讲述，再问同学们："现在知道意思了吧，我们再来读一遍。"

老师问："这几句诗写了题目中的一个字，哪个字？"

"归。"学生回答得很整齐。

"因为这组诗里有两组词，大家看。"老师请学生看大屏幕，在刚才诗句的下方，分别出现了两组词，一组是"俗韵、尘网、羁鸟、池鱼、樊笼"，一组是"园田、丘山、旧林、故渊、自然"，中间用一个大大地写着"归"的箭头相连。老师接着讲道："'俗韵尘网羁鸟池鱼樊笼'，这些都是作者不喜欢的，不希望的，可是他在这里生活了十三年。而另一组词是'园田丘山旧林故渊自然'（学生跟着一起念出），现在作者终于能够脱离那些不喜欢的，归来了！"

大屏幕上，又换上了陶渊明《归去来兮辞》中的名句："归去来兮，田园将芜，胡不归！"老师以非常愉快的语气读了这句话后，又反问了学生一句："为什么不归呢？所以，刚才的这几句诗仅仅讲了一个字——归。"

大屏幕上又出现了长长的文字，老师说："《归园田居》（其一）这首诗其实很长，中间还有一部分，我们把它黄色字的部分读一下好不好？”

方宅十余亩，草屋八九间。
榆柳荫后檐，桃李罗堂前。
暧暧远人村，依依墟里烟。
狗吠深巷中，鸡鸣桑树颠。
户庭无尘杂，虚室有余闲。

学生依然很整齐地把这些诗句读完了。不过把“暧暧”读成了“暖暖”了。

“有一个地方读错了。是哪里知不知道？”面对学生迷惑的表情，他又提示道：“是‘暖暖远人村’吗？”

“不是，是暧。”学生睁大眼睛，辨别后说。

“暧组什么词啊？”老师又问。

“暧昧。”这个词几乎是同时说了出来。

“什么叫暧昧？”老师的追问马上又过来了。

“不知道。”八年级的孩子也有好玩的一面，一面说“不知道”一面却都在捂着嘴窃笑。老师对“暧”字进行了分析：“暧是什么旁，日字旁，所以暧、昧就表示日光昏暗。因此，暧暧，不是说男女之爱，而是太阳光，或者风景看不清楚的样子。远处人的村落是暧暧的，跟后面的依依是一样的，这就写出了一种朦胧的美啊。”

学生一直听得很专心。“好，这里写出了题目中的哪个字？”老师又问。

“园。”

“这就是诗人想要归去的那个园啊。还剩下哪几个字？”

“田居。”

“田居这里有没有写？”老师问。学生赶紧再睁大眼睛看大屏幕，有人说有，有人说没有。这时候，一个瘦瘦的女生用很清晰响亮的声音说：“有。”

老师请她说，她站起来，看着大屏幕一字一字地念出：“方宅十余亩，草屋八九间。”

“这是园，还是田居？”老师再问。其他学生眼睛都看着屏幕，可能心里也都在思索吧。

“有田。‘方宅十余亩’。”那个女生又强调了一遍。

“哦，‘方宅十余亩’这个宅是田吗？十余亩是他家旁边的地方，古时候人烟稀少，但是土地空旷，所以几间草屋，就有很大的地方做院落。但是这是不是他的田啊？”老师讲解后再问。

“不是。”全班学生一起应答。

“他的田在哪里呢？”老师继续问。

“开荒南野际，守拙归园田。”学生引用诗句回答。

“他在哪里开荒啊？”老师问到底。

“南野际。”学生的回答也达到了最准确。

“所以这里只用了一句诗来写田居，写得不明白。而其三，《归园田居》的第三首就是写出了——”

“田居。”学生一起应和道。

“对了。”老师非常欣慰，接着说道，“现在读诗的步骤就有了。先请大家想怎么读就怎么读。把这首诗读一遍。”

准确领会字义

大屏幕上也已经换上了《归园田居》（其三）全诗诗句，学生自由朗读。

种豆南山下，草盛豆苗稀。
晨兴理荒秽，带月荷锄归。
道狭草木长，夕露沾我衣。
衣沾不足惜，但使愿无违。

“谁愿意来给我们读一读啊？”依然没有人主动举手，倒是有同学在出主意，让老师随便点一个。老师就随便找了个男同学。

男生开始读了，开头还读得比较流畅，第二句时就出了错误，把“荒秽”读成了“荒岁”，“荷锄”读成了“荷（hè）锄”，班里响起了笑声。

“很好，整首诗只错了两个字。”老师把“只”字咬得特别重。大家又发出一阵哄笑。男生自己也笑了。

“谁能够一字不错地读一读？”老师又随意挑了一个坐在前面的女生来读。“你能一个不错地读一读吗？来，试一试。”这个戴眼镜的小姑娘虽然声音比较轻柔，但都读对了。老师再次问刚才读错的男生知道自己哪两个字错了，男生说知道了。老师又说："诗虽然读对了，但是不能这样读。要把诗的味道读出来。刚才大家在读的时候不对，这首诗到底要怎么读？"

学生再次自由练读。"我们在读的时候要注意，如果你的声音不去控制它，让它散散的，那样是读不好的。你要调整好两样东西，第一是你的心，你要静下心，沉浸到陶渊明的诗里去。第二就是你的声音要控制一下。"老师对朗读进行了指导，然后让同学推荐班里读得最好的一个同学，学生嬉笑起来，齐声报出一个名字，好像就是那个瘦瘦的女孩子，老师说："又是她，我们换一个好不好？"

学生又报出一个名字，老师说："我们来注意听，看他读得到底好在哪里，我们向他学习。""归园——田居，陶渊明，种豆……"其他同学又发出了笑声。男生声音比较低沉，读得也平淡。在读"夕露沾我衣"的时候，他读错又改了过来。

"这位同学读得不优美，但是读得很好，为什么？因为他读得有陶渊明那种淡淡的闲散的味道，陶渊明如果坐在我们中间，肯定不会绘声绘色优美地读，而是种豆——南——山下——/草盛——豆苗稀——"老师以一种亲切的语言，但是严肃的态度对刚才学生的朗读做了评价，同时自己进行了范读，他的范读非常朴素，但是却自然有一种穿透在里头，"晨兴——理荒秽——/带月——荷锄归——"

"道狭——草木长——/夕露——沾——我衣……"按照老师要求，他们接着把这首诗读了下去，这一遍读，和前几次有些不一样了。

学生读完后，老师说："真要读好，我们还要再过一会儿。我现在来考考你，现在再看一下，你能把这首诗都掌握住，每句话的大概意思都说出来吗？"学生低头看书，又有一个声音习惯地发出来："不能……"

"现在要每个人自己说，假如要你解释这首诗的，等一会儿就这样说下去，如果你有不明白的，可以举手。开始。"老师再次面向全班申明要求。

学生七嘴八舌，开始说起来。基本上都是一句一句连起来说诗意的。

等学生自然停下后，老师问："有问题的举手。"

一个学生问"夕露"什么意思？另一个女生举手回答说是"傍晚的露水"。

"是傍晚的露水吗？"老师追问。

"不是。"很多学生说，"晚上的。"

“是傍晚的还是晚上的?”老师再次强调。

“晚上的。”学生这次统一了意见。

“为什么是晚上的?哪里看出是晚上的?”老师继续追问。

“带月。”学生也从书上找出了自己的依据。

“带月荷锄归，披星戴月，带月什么意思?”老师继续追问，让学生都清楚地知道，诗人在月光的照耀下，扛着锄头回来了。所以是晚上。

然后，老师又简单讲了“夕”字的字源，他介绍道：“现在我们说夕阳西下，夕在古代其实是月亮的样子。夕其实是月亮的象形字，所以，在陶渊明的时代，夕是晚上的意思。”说着，老师用手指在空中比画了一个象形的“夕”字。“夕露是晚上的露水，沾湿了我的衣裳。”

老师讲的时候，学生听得都很专心。“还有问题吗?”老师又问大家，没有人再问问题了。“如果没有了我要请一位同学来解释一下。”老师挑了后面一个瘦高的男生起来解释。

老师说：“记住，这是所有的同学都要完成的，所以不是说，我叫到一个好学生，他完成就可以了。这是你们必须完成的作业，请开始。”

这位同学说了“在南山下种豆……”后便说不出来什么了。

“不要那么优美，只要准确就行。”他又说：“草很茂盛，豆是稀的。”

“好，行啦，前面一位同学来解释。”

“‘晨兴理荒秽，带月荷锄归’的意思是：每天早上，到田里去锄野草，到晚上才在月光的照耀下扛着锄头回来。‘道狭草木长，夕露沾我衣’的意思是：狭窄的山路草木丛生，露水沾湿了我的衣裳。‘衣沾不足惜，但使愿无违’的意思是衣服沾湿了又有什么可惜，只要不违背自己的意愿就行了。”

“‘晨兴’的‘兴’字什么意思?大家回答。”老师提出了书中的几个字，进行检查。

“起来。”学生说。

“‘理’什么意思?”

“清除。”

“‘荒秽’什么意思?”

“杂草。”

“好，就是‘田园将芜’的‘芜’。‘但使愿无违’的‘但’什么意思?”

“只要。”学生都很准确地应答了。“好，现在每位同学都理解整首诗了，对不对？”老师再次问，学生回应“对”。

“好，现在大家再把诗读一遍，把解释忘掉。好不好？”学生又一起把全诗读了一遍。

诗人态度：亲近自然

“你的解释忘记了吗？”听完后老师问。学生说：“忘记了。”

老师又说：“诗已经懂了吗？诗懂了就把解释忘记，解释是拐杖。你以后再读陶渊明这首诗的时候不要用解释来说，要直接用他的诗句来说。”学生更专心地听老师来解释为什么要“把解释忘掉”。

“但是刚才大家在读的时候，感情还没出来，为什么呢？是不是还不够理解呢？我这里有一组思考题。”老师让学生看大屏幕，出现的第一个题目是：诗人“晨兴夕归”的理想及目的是不是为了“草稀豆苗盛”？

“不是。”几乎所有的学生都做出了这样的选择。

“你认为不是，那么他的‘愿’是什么呢？”老师问。

“他是为了能在大自然里生活，过一种悠闲的生活。”一个学生这样回答。

“好的。第二个问题是：这首诗是否刻画了一个辛勤农夫的形象？”

学生又纷纷摇头说“不是”，“那是什么呢？”老师再追问。

学生又陷入思考，有一个学生把手举起来，老师请她说，她认为“刻画了一个想回到大自然的官员的形象”。

“官员？应该说还是不是官员了？他已经归来了，就不是官员了。”其他学生也应和着，赞同老师的说法，“用我们现在的话来说，他是一个知识分子。在古代的时候叫作‘士’，‘士大夫’的‘士’。有学问的读书人叫作‘士’。”

“好，他刻画的不是一个农夫的形象，因此这首诗能不能理解为辛勤劳动啊？”“不能。”学生回答。

“其实，核心问题就是这一问，‘但使愿无违’中的‘愿’，你认为是什么‘愿’？”老师强调这个问题的重要。

后面一个女生要发言，老师走过去，她说：“不愿在浑浊的世界里失去自我。”“你怎么知道的？”老师追问。

“因为我感觉他想回到大自然，有好好的官可以做，为什么要回到大自然去种田啊，我从这里面来感觉的。”

“这首诗里有没有?”老师又问。

女生又拿起书来看，其他的学生也都在书中的语句中寻找着。

“其实啊，在我们刚才读过的第一首里。对不对?也就是说，如果不和第一首串联起来的话，我们就不能回答这个问题。这个‘愿’就是刚才我们分析过的，脱离‘尘网’‘樊笼’，回归‘园田’（旧林、故渊、丘山、自然），使本性不再受到损害与摧残。”大屏幕上又清晰地显出了对“愿”字的分析理解。

学生拿出笔，在书上做着笔记。老师又说：“哦，原来不是一个农夫，而是一个诗人，一个士大夫，一个知识分子，他已经厌倦了这个世界的喧嚣，想要回到山林，回到大自然中去。同学们，你们可以不做笔记。”老师看到了学生正都埋头在书上记着，于是这样说道。

“其实这堂课大家可以把书都合起来，现在把书合起来。”他索性让学生把书都合上了。

此时，大屏幕上出现了这样的字句：衣沾不足惜，但使愿无违。其中，“愿”字用黄色的字体明显地标出。

“衣沾不足惜，但使愿无违。衣沾犹可，衣服沾也就沾了，但是‘心’可不可‘沾’啊?”学生齐声说：“不可以。”

“‘愿’可不可违啊?”

“不可以。”

“所以这个爱丘山的人，本性不可违，心不可沾，怎么办?”

“归隐田园。”学生纷纷说。

“对啊，归园田居。为了使‘愿’不违，他的方法就是归园‘田居’，远离喧嚣、功利、世俗，亦耕亦读，自食其力，亲近自然与诗歌。”

这些字同样清晰地在大屏幕上显现出来，学生对照着文字，倾听老师的讲解，很专心。“但是同学们，你是否欣赏诗人的这种人生态度?”老师把“你是否欣赏”又重说了一遍，充满征询的味道。

学生陷入思考，没有人说话。“现在我们做个调查。”稍等片刻，老师说，“欣赏这种人生态度的请举手。”统计了一下，班里有十几个学生举了手，表示赞同。

“你不赞同这种人生态度的举手。”也有几个同学举了手。

“没举手的举手。”全班一下子发出了笑声。

“这是比较严肃的，没举手的请举手。”老师重申，这回，刚才没举手的同学有很多把手举了起来，老师走向一位举手的同学，问他："你为什么不举手呢？"这个男生说："我也不知道我该不该欣赏。"

"哦，也就是说，你等待着老师的命令，命令你欣赏或者不欣赏，对吧？"那个男生又不好意思地笑了。"很好，"老师接着说，"我等一会儿命令你，现在你就要——坐下。"其他同学又都会意地笑起来。

"刚才有谁不欣赏的，现在举一下手。"后排一个男生举手了，老师请他介绍为什么做这样的选择，他说："我觉得他如果对当时的所作所为不赞成的话，他应该是整顿他们，而不应该是走开。"

"哦，你如果认为他们是错的，你就应该挺身而出，与他们抗争，而不应该归隐山林，这是不负责任的。"老师把这个男生的意思又清晰地表达了出来。

"说得好。还有呢？"老师又面向全体，继续这个话题。

"大家都知道陶渊明不为五斗米折腰的故事，你会为五斗米折腰吗？"

教室里又安静下来，学生开始思考。"所以这个问题，陶渊明到底在告诉我们什么？我们到底要不要学陶渊明，我们从陶渊明身上到底能学到什么？如果不解决这个问题的话，问题就大了。估计就像这个同学一样，他只能等待，等待着老师告诉我们，欣赏陶渊明吧，或者说，拒绝陶渊明吧。现在我们就从这里开始，继续再往前走一走。"

黑白的哲学思考

这时候，大屏幕上除了刚才那个让学生深思的问题"你是否欣赏诗人的人生态度？你是否愿意这样生活？"外，还出现了一个中国传统的太极图案，所不同的是，在太极图黑鱼里，并列着四个词：自然、本性、隐逸、自由；白鱼里同样也并列着四个词：功名、进取、高官、厚禄。

"功名、进取、高官、厚禄。"老师一个词一个词重重念来。

"自然、本性、隐逸、自由。"学生一个词一个词地读出。

"你会追求哪一种？"老师再一次让大家选择。"而陶渊明是否采取了一种措施，就是排斥了'功名、进取、高官、厚禄'，而追求一种'自然、本性、隐逸、自由'？"

学生的眼光一直追随着老师，"你现在做好选择了吗？"老师走到刚才那个说我不知道的学生身边，问他，其他学生都笑了。

“做好了。”这个学生的话又带来了一阵笑音，他接着说，“我欣赏。”

“欣赏。”老师重复了一遍，又问，“欣赏谁?”

“陶渊明。”接着他又说了什么，听不太清楚，只听老师说：“哦，你欣赏啊，但你不会像他那样做，为什么?”“因为他……”这个学生的话依然听不太清楚。

“你不知道。我告诉你，陶渊明自己会怎么做。陶渊明会像这位同学和那位同学一样做。”说着，老师顺手指了指这节课上听讲和发言最积极认真的那两个女生，接着说，“陶渊明自己也不会在你们这个年纪离开课堂，为什么？因为陶渊明也是勤奋学习然后谋取功名，然后去奋斗去拼搏去努力，对不对？然后在努力了十三年之后他才发现这一切和他的本性是不符的，你现在知道你的本性了吗?”

学生纷纷摇头：“不知道。”

老师说：“你根本还不知道呢！就去学陶渊明了。这问题就不对了。”

大屏幕上又出现了“陶渊明荷锄道行”的背景画面，这个古代智慧的人，好像也在问着屏幕上的问题：你认为陶渊明的这种生活态度、人生哲学对今天的世界、社会是否有益？为什么？

学生再一次陷入了思索。“认为他有益的举手?”老师又让大家做出选择。举手者寥寥。

“认为他无益的举手?”几乎所有的孩子都把手举了起来。

“大家坚定地举起了手，（陶渊明）这种思想有害我们今天的社会今天的生活，绝对有害，为什么教材还要编进这首诗？我们拿起剪刀把这首诗剪掉。”学生都笑了，摇着头说：“不行。”

“为什么不行?”一女生说：“这个社会固然很现实，名利虽然很重要，好好学习，能找到一份工作，也是父母让我们必须履行的——职责。”她把“职责”二字特别强调地说出来，又重又响。其他同学不由跟着点头，表示认可。

“可是常常会……因为中国的应试教育，我们常常会失去自我。然后也会……然后也会被世俗污染，使得心灵不是那么的纯洁。我觉得陶渊明这种淡泊名利的人生态度、生活态度是好的。”

“是好的。同学们，”听了这个女生的发言，老师意味深长地说，“在今天，我们看一下。”大屏幕上的黑白太极图内的字又发生了改变，此时黑色的图案中是“诗意、和谐、柔弱、个体、乡村……”，而白色的图案中则是“科学、发展、强大、集中、城市……”。

老师先带领学生把黑色和白色图案中的这些词语一起读了一遍，然后他问：“你认为这黑与白哪个更重要？”“白！”声音整齐响亮，毫不犹豫。

“是吗？”老师先提醒学生思考，然后他用低沉的声音缓缓地说，“科学带来了原子弹。”一些学生这时候又开始发笑了，但老师继续用低沉的声音缓缓地说：“带来了一、二次世界大战。”学生不笑了，静听下去，老师的声音继续响着，低沉而清晰：“带来了环境污染……”

这时候，他看见一个女生有想说话的意思，就请她说，女生站起来说：“但是科学也给我们带来了很多便利。”

“那怎么办？这个问题谁能解决？怎么解决？”老师的问题随之提出。

学生依然陷入思考中。老师找到了这个学生，他起来腼腆地说：“我也说不很好。”

“你也说不上来。是白引导黑，还是黑引导白？”老师问。

“白引导黑。”学生再次表示出高度一致。

“是白引导黑，怎么个引导法？”老师追问。

学生表达不出来。“我告诉你，恰恰是黑引导白。”学生现出疑惑不解的样子。老师接着解释：“因为黑就是童话，而科学，本该为了实现童话，童话中我们可以通过想象飞上天空，童话在先还是科学飞机在先？”

“童话。”学生没有异议。“童话在先，结果我们就有了飞机。对不对？是黑引导白还是白引导黑？”老师举完“飞翔的梦想”和“飞机”的例子后再问学生“黑”与“白”的关系。

“黑引导白。”学生被说服了。

“现在的问题在于，我们的生活已经失去了诗意，已经失去了和谐，我们忘记了童话，我们忘记了大地，我们只想着——”老师的这番话得到了学生的共鸣，他们连连点头，跟着老师的话在后面接道：“学习。”

“不，我们是只想着——发展！发展发展发展！富强富强富强！快捷快捷快捷！一味快捷的结果是高速公路与交通事故。”

“要不要快？”老师问学生。

“要！”学生回答。

“但是，快捷不能妨碍什么？”老师又追问。学生七嘴八舌地应对。

“妨碍诗意，妨碍我们生命本真的样子。对不对？所以像陶渊明这样的诗有没有价值啊?”“有!”这一次学生的语气是坚定而有力的。

“它在提醒你，你还回得去吗？你是不是彻底地忘了你的家园呢？不能忘记你的家园，你的家园就是那大地，而不是那个霓虹灯下的城市。当然我们要发展，不是说不要发展，而是说这诗意要引导着科学。”

这时候，大屏幕上出现了梭罗的照片和他的两本著作的封面——《瓦尔登湖》和《种子的信仰》。

老师问学生：“这个人你知道吗?”

“不知道。”学生说。

“近两千年前，中国出现了一个陶渊明。近两百年前，美国出现了一个梭罗。梭罗在瓦尔登湖，自己伐木，造房子，开垦土地，也就是说，什么东西都是自己来生产，有些和别人交换，因为他要做一个实验。什么实验？能不能简单地在世界上活下来，到底一个人诗意地在这个世界上能不能生活？结果他发现——”有学生接道：“需要很多。”

老师说：“很少很少。”学生都笑了。

老师接着说：“三美元就够了，就够你一辈子好好地生活了。”学生表现出非常惊讶的表情来，他们继续听老师往下讲。“因此梭罗名闻世界，可惜啊，两千年前的陶渊明就提醒大家，就告诉大家了，现在又有多少人知道呢?”

“他们共同地表达了：过一种简朴生活，拥有一种清贫思想。”

此时，大屏幕上又静静地浮出了八个大字：简朴生活、清贫思想。

“你把这八个字记到你心里去。这一辈子你要去发展，你要去做官，你要去获得人生的成功，越成功我越为你祝福，你要坚定不移地向前走，记住了吗？你要把老师对你的期望，父母对你的期望一一实现，记住了吗？但是在实现的过程中，永远不要忘记这节课陶渊明带给我们的八个字。读一遍。”

学生看着这八个字，重重地念了出来：“简朴生活，清贫思想。”

“这也就是老子的思想：‘知其雄，守其雌；知其白，守其黑；知其荣，守其辱。’我们知道了刚才所说的一切，但是你可以选择。这位同学，你是不是一定要守其黑，守其荣啊，你可不可以‘守其白，守其荣’啊?”老师又问刚才那个开始不知道如何欣赏的男生。

“可以。”他这么说。

“这是你的选择。现在再把这首诗读一遍。”

这一遍读，和刚上课时读《陋室铭》《爱莲说》不一样了，和刚开始学

《归园田居》时也不一样了。“在你人生的道路上，衣沾不足惜，但使愿无违，你的本性要守着啊。陶渊明，《归园田居》，对今天的现代文明与现代生活而言，是最为珍贵的清醒剂。这几间数千年前的南山下的草屋和几亩荒田，是我们灵魂获得清新空气的永恒的氧吧。当现代人被羁绊的时候，就打开《归去来兮辞》，就打开《饮酒》诗，就打开《归园田居》，就打开《桃花源记》，回到我们永恒的家乡，呼吸那清新的氧气。”老师让学生把这首诗再读一遍。

传授一种读书方法

“最后，我教给大家一种以己证诗的方法，也是一种读书方法。什么叫以己证诗呢？就是用你的生命来验证这首诗。这首诗现在跟你的生命发生关联了吗？”“没有。”学生答。

“它和我的生命发生了关联。”老师也很真诚地介绍。

“教育的理想主义，这句诗就表达了我的情感。”老师说，“衣沾不足惜，但使愿无违。我是很认真的啊，对自己喜爱的事情是孜孜不倦，哪句是呢？”

“晨兴理荒秽，带月荷锄归。”学生一起念了出来。

“新教育是我耕种的土地，每天早上，每天晚上，带月荷锄归。努力不息。”

“然而，这条路很艰难，很艰难，哪句诗？”

学生说：“道狭草木长，夕露沾我衣。”

“我遭遇到的种种困难我可以用‘道狭草木长，夕露沾我衣’来表达，大家想想，面对这种处境，我会怎么想？——归园田居，我逃跑了，去种田了，会这样吗？”

“不会。”学生都笑了，他们纷纷说。

“哪句话表达？”

“种豆南山下，草盛豆苗稀。”只剩下这句诗了，学生虽然念了出来，但是有些犹疑。

“种豆南山下，草盛豆苗稀。为什么斤斤计较于你的得失呢？为什么这堂课我一定要每个学生都踊跃发言呢？我是种豆的，管他‘草盛豆苗稀’，我只要不停息地播种啊，播种啊，播种啊，就行了。播种，是我的事，开花，那是小豆子的事。”学生又发出了会心的微笑。

“我是这样来印证着读这首诗的。你可以印证吗？”面对老师的提问，学生开始了思考。“归园田居——读。”老师请大家这时把这首诗再读一遍。

“当你找到了自己印证的时候，你读这首诗那才叫读出味道来，这时候不是那种纯粹声音和技巧上的优美动听，而是灵魂深处跟这首诗的共鸣。”

“种豆南山下，草盛豆苗稀。”老师已经不是在范读了。

这节课结束了。老师说下课了，学生却静静地坐在座位上，不愿离去。

陈金铭随笔

九月，南方这个叫苍南的小县城，听完干国祥的《归园田居》（其三），我独自走出了上课的教室，眼里含着泪光，心灵一片澄澈。

午后的阳光与我此时的心情一样湿润而湍急。我必须离开会场，我要把这种感觉写下来，否则，这个生命中重要的一个下午将白白流淌。

这首诗，干国祥备课用了三个半小时，上课用了四十分钟，却勾连起了我整个人生。我不知道课堂上有多少学生，有多少老师理解了这堂课，理解了干国祥，我——理解了。

经由这首诗，我听到了历史的呼唤。历史从来存在，对有准备的人来说只是缺少历史深处的一声呼唤而已。这堂课，我听到了历史的呼唤，呼唤我向着历史的深处穿越：陶渊明荷锄微笑着站在南山之下，目光深邃，笑容淡然；梭罗坐在瓦尔登湖的窗前，握笔沉思，书卷舒展。陶渊明的笑容，梭罗的沉思，在告诉我，应该怎样活着。在苍茫的宇宙间似乎独为我擦燃一点亮光，那亮光聚集在一首诗上，一首叫《归园田居》的诗。

经由这首诗，我见到了两个人。最先走近我的是陶渊明，一个生活在东晋那样一个闲散时代的人，一个替历史发出呼唤吸引了后世无数诗人向历史深处的他眺望的人。后来走近我的是干国祥，一个用他的全部理想，全部追求，全部力量，全部生命奉献了一堂叫《归园田居》的人，一个生活在普遍矮化时代独立人群中不胜落寞的人。

经由这首诗，我见到了一种课堂。这是不可复制的课堂，无论是别人还是干国祥自己。原因很简单，这是一堂用生命演绎的课。生命作为一段存在，是不可倒退的旅程，一堂用生命演绎的课自然无法用复制品来再现。

干国祥用自己的生命走进了课堂，用伟大诗歌本身的魅力，唤醒每一个做好了迎接诗歌魅力准备的人。这甚至不是因为干国祥有着深厚的理论修养，广博的文化知识，只是因为他把生命奉献给了这堂课。如果陶渊明即是这首诗，这首诗即是陶渊明；那么，干国祥就是这堂课，这堂课就是干国祥。这样的干国祥不是王荣生为语文教师搭好的理论框架所能笼罩的干国祥，这样的干国祥，经由一首诗，为自己的劳累、艰辛、疲惫、孤独、落寞、心酸、无奈、坚守、妥协发出了一声长长的叹息。

经由这首诗，我回到了我的大地。大地上隐藏着宇宙中创造者的声音，只是在等待能喊出它名字的人，而干国祥在这个午后用一堂课轻轻地喊出了它的名字。我听到我的大地在呼唤我，其实大地一直在呼唤我，只是我在沉睡着。那呼唤，声音轻轻，每一声都在拂拭我已被世俗蒙蔽的心尘。我想到了自己上午上给四年级孩子的《送元二使安西》。当古老的《阳关》曲在那样一个已经安静下来的课堂上缓缓响起的时候，今天已经习惯浮躁的学生走进了一千多年前那个飘着朝雨的渭城，看到了那个“劝君更尽一杯酒，西出阳关无故人”的和朋友依依不舍的王维——孩子被经典的魅力所唤醒，唱着那曲千百年来送别心曲的《阳关三叠》，孩子们静下来，静下来。可是，我知道这不是我的功劳，这是伟大诗篇本身的魅力借我之口带给了孩子而已，我只是带给孩子，却没有用自己的生命来诠释。

用生命来诠释的经典不在于启发诱导还是强势灌输，不在于目标和策略的有效还是无效。因为教师就是诗歌本身。只要学习的人做好了准备，你就可以经由教师穿越这伟大诗篇，回归自己的精神家园。

我看到了课背后的干国祥，看到了艰难跋涉行走在使教育充满理想的路上的干国祥。远远的，只留给我一个他落寞的背影。

“种豆南山下，草盛豆苗稀”——我何尝不是在一条荆棘丛生前人未曾走过的路上，缓慢而执着地行走着？

跟干国祥们比，行走的路途才刚刚开始，但我行走着，目标坚定地行走着。这条路是向着前方的路，哪怕歧路再多，我都不需旁顾。

第三章 散文篇

我曾讲过"文本（内容与形式）—体裁—阅读法—学习活动"这个可供选择的教学内容系列中，"鱼骨图"就是我引进的"阅读法"。阅读法有好多种，比如说"文眼法""批注法"等。越是经典的文本，越要用"批注法"进行批注。所以这堂课我的一个目的就是——引进"鱼骨图"这种阅读方法。老师们比较疑惑，这种方法到底有多大作用呢？现在，老师们通过我的三次使用（《生命，生命》《小狮子爱尔莎》《珍珠鸟》），能不能感觉到，阅读法是很有用的，也是很有必要适当地引入语文教学中的。

生命，生命

时间：2009 年 5 月 13 日
班级：北川擂鼓镇小学 401 班
教材：人教版小学语文第八册

背景描述

2009 年 5 月 12 日，汶川大地震一周年纪念日，新教育研究中心一行和北川部分师生在即将成为北川新县城的安昌镇的一所小学里，举行了仪式，对一年前的“绿色方舟——新教育北川教育重建行动”做了回顾和纪念。

13 日，“灵山——新教育北川行”为期三天的田野研究便在擂鼓镇小学拉开了帷幕。一间较大的简易板房当成了教室，撑起投影幕布，在学生桌椅的四周摆满方凳后，便成了大家聚会、研讨、追寻教育真谛的殿堂。来自北川县新教育实验区各校的 40 多位骨干教师，和新教育研究中心团队的 4 名成员，将在这里聚焦于新教育的“儿童课程”和“有效课堂”两个重点项目，观摩晨诵、读写绘，感受儿童课程的浪漫美好；同题异构，观点碰撞，探究学习活动的精确有效。而就在同一时刻，离板房小学不到 500 米的地方，新落成的豪华漂亮的新擂鼓小学也正在举行盛大的庆祝典礼。

就是为这特殊的时刻，新教育研究中心的干国祥老师特别为北川的师生们选上了一课——《生命，生命》。

预习作业是下午第一节课时干老师到上课班级 401 班发下的，并用一节课时间“监督”孩子们把它完成的，当然这个过程中不做指导，因为新教育“有效课堂框架”非常强调学生独立完成预习作业。

检查预习：生命是什么

“上课先要检查预习，先检查什么？先检查朗读。”从“检查预习”开始课堂学习，这已经是干老师上课的常规了。

第一个被挑到的是个男生，他读的是第一段，只有一句话10个字。

> 我常常想，生命是什么呢？

这个男生一字一句，如同一个刚刚学认字的蒙童。

“刚才这个同学读得怎么样？”面对干老师的询问，可能是初次见面还有些害羞胆怯吧，同学们都只端坐着，想听老师如何评价。

“我觉得当他在问，在这样读的时候，生命是什么呢？跟今天这个练习本价格是多少呢？两者有差别吗？”干老师用这样一个类比引发学生思考“朗读”问题。他又说：“他读出了这个问句，但是有没有把杏林子问这句话时的感情读出来？”大家都摇头了。

“好，这个同学为我们开了一个好头。让我们思考该怎样读好课文。”干老师一边鼓励这个男生，一边又找了一个女孩，请她重读第一自然段。

这个女孩子很认真地朗读着，不过因为对这句话体会不到，所以仍然是为“读”而“读”了，“生命”于她，还是一个抽象的概念啊。

“谁能把这第一段读好？”老师又鼓励大家，这一次又起来一个男生，声音中开始有了思考，有了探寻——“我常常想，生命是什么呢？”

只这简短的一句话，干老师却在上课之初着力较多，一来因为这句话就是文本主旨，通过朗读指导暗示学生注意；二来则是强调预习的重要了，哪怕只是借班上课，也要体现出对于“预习作业”的重视程度。因此，在三个孩子读后，干老师说：“这句话确实难读，因为它很难懂，我们要在整篇课文读完了，再回过来读。”然后，他用低沉的嗓音，凝重的语调，做了朗读示范：“我常常想，生命是什么呢？”

准确朗读

接下来有具体内容的段落就进展顺利了。

> 夜晚，我在灯下写稿，一只飞蛾不停地在我头顶上飞来飞去，骚扰着我。趁它停下的时候，我一伸手捉住了它。只要我的手指稍一用力，它就不能动弹了。但它挣扎着，极力鼓动双翅，我感到一股生命

> 的力量在我手中跃动，那样强烈！那样鲜明！飞蛾那种求生的欲望令我震惊，我忍不住放了它！

第二段先是一个男生来读，干老师评价说：“读错了两个字，但基本能够读通了。那么更高的标准是流利，再往上的标准就是感情要贴切，把它的意思读出来。”然后又找了一个女生重读第二自然段。读得很好。干老师颇为赞许：“预习就应该读到这位同学的水平，大家进课堂，一开始就要有这样的基本水平。记住了吗？”

又一个男生读第三自然段。

> 墙角的砖缝中掉进一粒香瓜子，过了几天，竟然冒出一截小瓜苗。那小小的种子里，包含着一种多么强的生命力啊！竟使它可以冲破坚硬的外壳，在没有阳光、没有泥土的砖缝中，不屈向上，茁壮生长，即使它仅仅只活了几天。

“你能够把自己的感觉读进去，非常好。我再告诉你一个小小的技巧，有时候为了表达感情，不是全部读响，反而要降下去。比如说最后一句：‘……在没有阳光、没有泥土的砖缝中，不屈向上，茁壮生长，即使它仅仅只活了几天。’”果然，最后一句，听老师把声音降低，缓缓地读出来，感觉是完全不一样的。

检查继续，又一个男生读第四段。

> 有一次，我用医生的听诊器，静听自己的心跳，那一声声沉稳而有规律的跳动，给我极大的震撼，这就是我的生命，单单属于我的。我可以好好地使用它，也可以白白地糟蹋它。一切全由自己决定，我必须对自己负责。

“嗯，这一段有些难，这位同学还是很努力去读了，这样好吧，我们一起来努力一下，尝试一下。”全体学生一起来读，但还是很难到位。干老师说：“大家读得很有感情，如何读好它，我们等会儿还要细读课文，再来加深。”

而课文的最后一段也是一个男生读的，他读完后干老师幽默地说：“你的声音很好，比我的声音好多了，要珍惜你的声音，好好地练朗读。”

虽然生命短暂，但是，我们却可以让有限的生命体现出无限的价值。于是，我下定决心，一定要珍惜生命，决不让它白白流失，使自己活得更加光彩有力。

鱼骨图梳理脉络

“好，检查了朗读，大家整体做得非常棒。看来刚才预习做得还是不错的。”干老师开始进行下一个内容的教学，大屏幕上也出现了一个很大很大的“鱼骨图”。

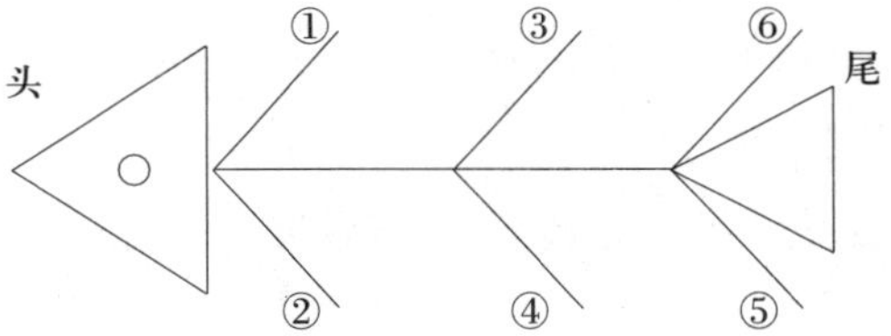

“预习的时候，我们已经知道了有这样一道题目，要大家画一条‘鱼’。这条‘鱼’的好处就是把课文给理清楚。好，现在我要问了，这个‘鱼头’讲啥?”

“讲‘生命是什么呢’。”很多同学举手，老师选了一个男生。

“有几根鱼骨头呢?”

“有三根。”这个男生回答得干净利落。

“好，请坐，哪个同学来说说第一根鱼骨头?”

“第一根鱼骨头写的是飞蛾。”

“这个飞蛾怎么样呢?”

“飞蛾的生命力很强。”

“飞蛾的生命力很强，比老乌龟还强吗?”干老师又问大家，大家也都困惑了。

“这个问题，不要你回答，我只是问一下。”然后又找人继续说第二根“鱼骨头”了。

“写香瓜子不屈向上的精神。”这个漂亮的女孩子回答得同样完整漂亮。

“是香瓜子吗？香瓜子都在店里，成了炒瓜子呢！到底是什么？”呵呵，干老师抓住了她一字之误。

大家都笑了，她也笑了，说：“是香瓜子苗。”

干老师也笑了，先表扬肯定她回答问题很完整，不但说了“是什么”，还说了“怎么样”。这也是概括段意很重要的基本方法。

第三个同学说出了第三根鱼骨头是“听诊器”。干老师却接着问：“你想想啊，第一个是飞蛾，飞蛾是生命对不对？第二个嘛是香瓜子苗，香瓜子苗也是生命，第三个突然变成啥了？”

“听诊器。”学生一下子明白了这里面的奥妙，都笑了。

“听诊器是生命吗？”

大家都摇头笑着说：“不是。”

“看样子是什么找错了。归纳的时候应该是同类的，应该是啥呀？”

“是自己，自己的生命。”

“哦，那它是通过什么来表示的？”干老师继续追问。

“听诊器。”

“听到了什么？”

“听到了自己的心的跳动。”

“听到了心跳，心跳代表着我们的生命，心跳停止，就意味着——”

“死亡。”

“所以是听诊器里的心跳。那么我再追问一句，听诊器里的心跳怎样呢？”干老师再次让学生去进入文本，感受细微之处。

“那是一声声沉稳而有规律的跳动。”一个男生读出课文中的句子。

“沉稳有规律，那么又是比老乌龟强喽？”学生又笑了。干老师又说：“照大家的说法，课文说来说去都是生命很厉害很厉害，真的是这样吗？大家的回答正确，但只是一半正确，另一半到底是什么？待会儿再学课文。”

接着，就在刚才的那个空白的“鱼骨图”上，干老师把刚才孩子们的发言集中呈现了出来，清晰地显示出本文的结构。

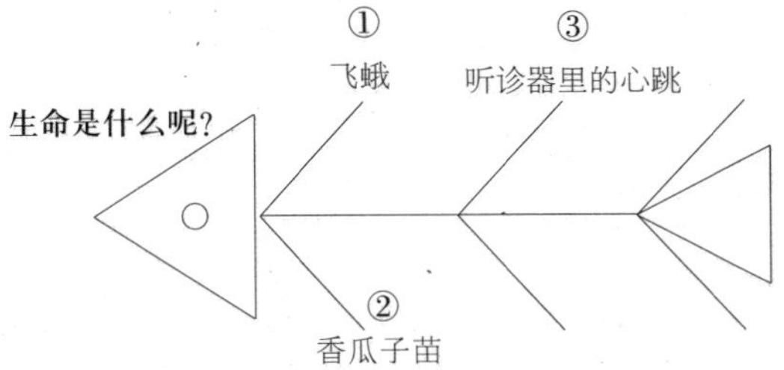

他总结道："'头'，是提出一个问题：'生命是什么呢?'接下来作者又从三个方面来回答，我们刚才已经归纳了，飞蛾，香瓜子苗，听诊器里的心跳。那么尾巴呢?"

"生命短暂。"一个有些腼腆的女生说。

"生命的价值。"另一个男生说。

"生命的价值是什么?"可是当干老师追问的时候，这个男孩子也说不上什么来了。而其他的同学也没有要补充的。

"好，那么这个尾巴到底是什么？我们先放放。下面，我们再次从头细读课文。"

了解背景资料

再回到文章开头。干老师请大家把第一段再读一遍。

"生命是什么呢？你们常常想过这个问题吗?"学生都摇头了。

"你们想过没有?"干老师再问。

"想过。"三四个同学把手举了起来，因为老师要求他们实话实说，"想过"的同学后面不定要回答老师什么问题呢，所以孩子们很真实地选择着。果然，"你的答案是什么呢?"干老师让这些举手的同学说一说。

"生命，就是一个人能活得多久。"

"哦，生命就是一个人能活得多久。我觉得这个同学说得很好，生命就是我到底能活得多久，但是我有一个困惑问问你，那么是不是生命活得越长越好？像人的寿命比起公鸡来要长多了，但是比起乌龟来，要短多了，所以乌龟最好。是不是?"

学生又笑了，摇头说："不是。"

"晕了吧，糊涂了吧?"这男孩子点头坐下了，干老师又说："这问题，不要说你糊涂，天下的大哲学家、文学家都被这问题问倒了，犯糊涂了。你看，预习题上有个故事，三毛的，三毛是大作家，非常非常有名的作家，她就糊涂了吧。来，我们把这个糊涂问题再读一遍。”

学生再次齐读这个问题。这次读，真的是充满疑问的了。

（注：关于三毛，在预习作业中，干老师补充了这样的两则资料，以方便学生了解作者，理解作者。）

一、请默读以下的两则材料，了解《生命，生命》一文的作者。

作者杏林子简介：

杏林子，原名刘侠。出生在陕西省扶风县杏林镇，为了纪念她的出生地，她取笔名杏林子。她12岁就得了一种怪病，经医师诊断为幼年型类风湿关节炎，这是一种慢性疾病，无药可治，等于被宣判了漫长的死刑，在死亡之前是无尽的疼痛、更疼痛和更加疼痛的凌迟。当时她告诉自己，如果三年还不康复的话，就不要活了。结果，好不容易熬了三年，还是没有好！她想：好吧，再延长三年好了，如果再不好，就绝对不要活了！

但还不到第二个三年，也就是她16岁的那年，她领悟了人生，对生命有了新的理解，上帝和魔鬼最大的不同就是：魔鬼千方百计只想叫人死，上帝却千方百计只想叫人活，而且活得更好、更起劲、更快乐。所以他给了人信心、希望、勇气，还有爱；教导我们如何在痛苦中保持信心，在灰心中保持希望，在危难中保持勇气，他也不断用爱来滋润我们饱受创痛的心灵，好叫我们的生命重新充满生气，勇敢地活下去。

有位作家描述了看到的刘侠的写作过程。她在腿上架着一块木板，颤巍巍地用两个指头夹着笔写字，每写一笔就像举重一样，要忍受巨大的痛苦，那位作家都不忍心再看下去了。但就这样，刘侠写出了几百万字，20多本的励志书。她的作品也许称不上精致文学，却是一字一痛，一字一爱，所迸发的力量比那些精致文学还要伟大珍贵，这是她以“无用之躯”送给弱势者、身心残障者，以及无数跌倒过、在长夜里痛哭过的人的礼物。

她这样说：那时候活不下去的原因是不知道病何时会好，生命有什么意义、有什么价值？但我有了信仰以后，便对生命有一个新的诠释：就是每一个生命，不管是老弱伤残或贫富贵贱，都是珍贵的！每一个生命都有它特定的价值。人看人是看外表——看容貌、看财富、看地位。但上帝是看内心，看我们有没有对自己的生命尽了本分。他不要求每一个人都拿一百分，因为他知道人的才智有高低，能力有大小之分，他只要求我们尽本分、尽了心，就够了。

一个12岁就被病魔缠身的女孩，却凭着自己乐观的生活态度和顽强的毅力，成了风靡港台和东南亚的著名作家，她的文章被收录在中学的课本中，她的散文《杏林小记》《生之歌》《生之颂》几十年来都是台湾中学生假期指定读物，更以《另一种爱情》获文艺大奖，在当代的华人作家中，没有人比得上杏林子励志，除了她，没有人可以顶着一个毁坏的身体以文字见证生命的强韧、热情和美丽，历经二三十年而不辍。同时她还创办了台湾最大、最有影响的残疾人组织——伊甸园。她自己在遭受不幸，她却总在想法帮助别人。她在一个盲人按摩院，发现两位盲人按摩师有音乐天分，她就鼓励他们唱歌，并为他们请音乐教师，最后这两位盲人按摩师成了台湾有名的音乐组合——双福之音。

杏林子创造了奇迹。不，不要说她创造了奇迹，她本身就是一种奇迹。但奇迹是怎么产生的呢？她的力量源自何处呢？

水流经管道的时候，它的形状是管道的形状；生命的泉水流经你的时候，它的形状就是你思想的形状。杏林子的改变，杏林子创造奇迹的力量，源自她思想的改变，她对生与死有了重新的认识，她懂得了爱和快乐才是生命的真谛。

一次，杏林子病情恶化，她的朋友台湾另一位著名女作家三毛来探望她。杏林子在病床上被病痛折磨的样子，在三毛看来都觉得不堪忍受。以至于三毛探完杏林子后，在门外忍不住祈祷说："神啊，杏林子太惨了，求您大发慈悲，早些接她到您那里安息吧！"

杏林子听到后大吃一惊，连忙作了修正祷告："神呀，关于这件事您千万不要听三毛说，您还是听我的吧。我还没活够，我还有好多事还没做呢。"

后来，她用她的坚韧走完了她63岁的人生。而她的这位好友，四肢健全才华横溢的三毛，后来却选择了用自杀的方式结束了自己年仅48岁的生命。

生命体验：脆弱或顽强

“杏林子用她的生命体验来告诉我们，她的生命是什么？她为我们做出了回答。我们再来看一下第二段，我们已经知道这一段讲什么了，那么，她是怎么回答的呢？”

夜晚，我在灯下写稿，一只飞蛾不停地在我头顶上飞来飞去，骚扰着我。趁它停下的时候，我一伸手捉住了它。只要我的手指稍一用力，它就不能动弹了。但它挣扎着，极力鼓动双翅，我感到一股生命的力量在我手中跃动，那样强烈！那样鲜明！飞蛾那种求生的欲望令我震惊，我忍不住放了它！

干老师先为大家示范朗读了这一段，这段话中描写的场景一下子就通过声音呈现出来，宁静的夜晚，纷乱飞舞的蛾，以及被搅扰了思路愤而怒之的作者，还有那被置于掌控的飞蛾……在读到“只要我的手指稍一用力，它就不能动弹了”一句的时候，干老师停下，问学生道：“我用力了吗？”

“没有。”

“为什么不用力？”

“因为它也是生命啊。”学生纷纷说道。

“哦，原来这个杏林子是信佛的：只要是生命，哪怕是蚊子，我也不打。”学生都笑了，摇头了，老师又说，“课文是这样讲的吗？课文没这样讲，这是你想的。课文到底是怎么说的？”

一个男生发言：“因为它顽强挣扎和极力鼓动双翅，它的顽强把杏林子感动了。所以就没有用力了。”

“嗯，顽强。真是这样吗？我们想想，打动杏林子的，到底是什么？”干老师再问大家，并让孩子们朗读本段最后一句，促其再深入一些。

但它挣扎着，极力鼓动双翅，我感到一股生命的力量在我手中跃动，那样强烈！那样鲜明！飞蛾那种求生的欲望令我震惊，我忍不住放了它！

学到此时，虽然并没有更明确的朗读指导，但是学生却开始读得有味道了。

“你看，这有矛盾。有同学说它顽强，多么厉害，可是我只要手一按，它就怎样了?”干老师开始为学生理解铺架桥梁了。

“死了。”

“它就没有了，它很顽强吗?”干老师反问道，“所以这个生命，到底首先的是什么？生命第一个特点，是顽强吗?”

学生都摇头了。“很脆弱。”有学生轻轻地吐出了这三个字，正是刚才那个发言说顽强的男生。

“拿起笔来，在第一段的旁边写上‘脆弱’这个词。”同学们赶紧拿出笔来，在课文纸上写起来。在他们写下“脆弱”的时候，干老师说：“塑料花会不会凋谢？鲜花能开放多久？几天就谢了，因为鲜花是什么，是生命。山上的石头能够活几年，我们的生命呢?”

“所以生命的第一个奥秘，杏林子告诉我们是什么?”

“脆弱。”

“但是，只是脆弱就够了吗?”干老师又在此基础上让学生把“珍惜生命，生命的顽强”与之联系起来，“飞蛾啊飞蛾，你的生命如此脆弱，一场猪流感就能把你夺去。可是，你就投降了吗?”

“没有。”学生被“猪流感”的形象比喻逗乐了。

“因为飞蛾有那种求生的欲望，令我震惊。”第一排一个男孩子忍不住起来说。

“哦，求生的欲望。生命有一种向上的求生的朝向光明的把这生命保存下来的欲望。我们给它一个词，叫‘顽强’。生命，它既脆弱又顽强。所以请同学们再在这段话旁边写一个词，顽强。你也可以写到鱼骨图里去。生命，生命，它脆弱而又顽强。”

大家写完后，老师让全体同学再一起把本段朗读一遍，要求不但要读出生命的脆弱，一碰就碎，还要读出它的顽强。这一遍，读得就很不错了。

生命——偶然，执着

“杏林子给了我们第一个答案。生命，是什么呢？我不知道它是什么，但是我知道它怎么样？它是既脆弱又顽强的。接下来是第二个故事——香瓜子苗。”因为孩子不容易读到位，于是干老师仍然先为大家朗读了一遍本段课文。

> 墙角的砖缝中掉进一粒香瓜子，过了几天，竟然冒出一截小瓜苗。那小小的种子里，包含着一种多么强的生命力啊！竟使它可以冲破坚硬的外壳，在没有阳光、没有泥土的砖缝中，不屈向上，茁壮生长，即使它仅仅只活了几天。

“杏林子要告诉我们什么？”读完后，他问大家。

同学们已经不像刚才那样积极着要举手发言了，到底“香瓜子苗”在说什么呢？班里这会儿很安静。

看到这样的情况，干老师不再问学生了，他好像给学生讲起了故事——

“种子随风飞扬，有些飞到池塘里，掉下去，怎么样啦？”

“湿了。”

“淹死了——”学生一下子被干老师给出的这个答案逗乐了。

“有些随风飞扬，飞到沙漠上，怎么样啦？”

“干死了。”学生很有灵性。

“有些落到了湿润的砖缝里，有水分，有一点点光线，它萌芽了，但是，它能活下来吗？”

“不能。”

“有些落在田野上落在旷野上，落在肥沃的土地上，它又会怎样呢？”

“长得很好。”

“小种子啊小种子，你如果是落在墙角砖缝里的小种子，你知不知道外面到底怎么样？（学生答：不知道）你会不会萌芽？（学生答：会）可是你最终决定萌芽了，你知道外面有危险吗？（学生答：不知道）谁保证过你一定是长在肥沃的地方呢？没有。那么你准不准备萌芽？”

“萌芽！我要萌芽！”

“为什么?”

“因为它是生命。”

“因为是生命，是生命就得萌芽啊。”老师感叹着，又问，“有没有同学不想萌芽的?”

所有的孩子都摇头不已。

“如果你不想萌芽你就不会来到这里。为什么？因为我们出生之前谁知道我们将要到一个怎样的人家？我们是到一个富贵的人家呢，还是到一个贫穷的人家？我们会出生在一个美国的大城市呢，还是会出现在北川擂鼓镇呢？谁知道呢？但是我们来了，我们来到了这世界上，这个叫什么？老师告诉你——”说到这里，干老师拿起粉笔，在黑板上要写下“偶然”二字，他刚刚写出“偶”字，全班孩子就一下子叫起来——偶然!

“把这个词也抄在第二段旁边。”

等孩子们抄写完后，干老师又说：“我写出第一个字，同学就已经知道后面的了。但是偶然是不是意味着我就不选择了?”

“不是。”

“还得选择。所以生命是偶然的，但它同时也是坚定的，是执着的。是坚定而执着的。”与此同时，大屏幕上此段旁边也相应出现了“生命——偶然，执着”的字样。

“生命，生命，它虽然偶然，但是执着，坚定。再没有比一棵香瓜子苗还小的了，但是它却如此的坚决，每一棵小草，都是生命幸存下来的草。好，我们把这种偶然与坚决，读出来。”

同样，这段关于“生命是什么”的学习在学生有感情的朗读声中结束了。

第三个生命故事

接着学习杏林子讲述的第三个生命故事:

有一次，我用医生的听诊器，静听自己的心跳，那一声声沉稳而有规律的跳动，给我极大的震撼，这就是我的生命，单单属于我的。我可以好好地使用它，也可以白白地糟蹋它。一切全由自己决定，我必须对自己负责。

干老师从这一句开始引发学生思考："那一声声沉稳而有规律的跳动，为什么给你极大的震撼？你为什么听到心跳就震撼了呢？"

"因为那就是我的生命。"学生能轻松地找到文中的句子来回答。

"因为那就是我的生命，刚才是瓜苗的生命，是飞蛾的生命，现在她听到的是谁的生命？"

"自己。"

"你有几个？"

"只有一个。"

"别人可以代替你吗？"

"不可以。"

"别人的欢笑别人的哭泣可以代替你的吗？"

"不可以。"

"没人可以替代你，是不是？"

"是！"

"这就是我的生命，单单属于我的。"通过这样的对话，学生明白了"生命是独一无二的"。

"对于这独一无二的生命，你还可以怎样？"

"我可以好好地使用它，也可以白白地糟蹋它。一切全由自己决定。"学生仍然找出了课文中的句子来回答。

"是啊，你听着自己的心跳，你这个声音是独一无二的。有没有第二个？"

"没有。"

"有没有第二个你？"

"没有。"

"这世界上你打着灯笼去找，能不能找到第二个你？"

"不能。"

"所以同学们，请在这段话旁边写下：独一无二。生命是独一无二的。还有，是不是你糟蹋掉后，下次还有一次机会？这次流感你死了之后，还可以再活一次？"

孩子们都笑了，老师又让大家在"独一无二"的旁边再写下：只此一次。

这时，大屏幕上又出示了那张"鱼骨图"，所不同的是，此时它已经被填满了，老师带领学生一起总结道："在课文开头，杏林子问，我常常想，生命是什么呢？接下来她自问自答。告诉我们，我不知道生命是什么，但是知道生命它是怎样的。生命生命，它脆弱而顽强！生命生命，它偶然而执着！生命生命，它独特而追求意义！”

然后老师再让大家看看鱼尾巴在讲什么。

“珍惜生命。”这个刚才还很笼统说出来的问题，现在已经被全班同学齐声道出。干老师让大家再次把课文最后一段齐读一遍。

> 虽然生命短暂，但是，我们却可以让有限的生命体现出无限的价值。于是，我下定决心，一定要珍惜生命，决不让它白白流失，使自己活得更加光彩有力。

“什么叫有限的生命？”干老师问。

七八个孩子举起了手，一个男生说：“有限的生命就是生命跳动了一段时间，它也会停的。”

“就是它是有一定长度的，是吧？它不是无边无限的，限就是边际，所以说它是短暂的。你哪怕活一百年也不过是一百年。这个同学回答得很好，但是我又要问了，什么是无限的价值呢？”

学生又开始思考，少顷，几个男生又把手举起来了。

“要发挥无止境的价值。”孩子们的理解仍然限于找出课文的句子。

“那什么叫无止境的价值呢？你能够举个例子吗？”

“活的时候要活得光彩，不要让生命白白流失。”干老师开始举例子了，“我举个例子吧，杏林子——这篇文章的作者，现在还在吗？”

“不在了。”

“所以她的生命是有限的，那什么东西是无限的？”

“她写的文章。”孩子们还是很有灵性的。

“对，它告诉我们要珍惜生命，你读到了吧？你读到了，你儿子以后会读到吗？（有孩子偷笑了。）也会读到。你孙子会不会读到？也一样会读到。你孙子的孙子还会读到，告诉自己，要让自己有限的生命，创造无限的价值。杏林子这篇文章，是有限的还是无限的价值？”老师用一个通俗的比喻，告诉孩子们生命有限，但是却能创造出无限的精神价值。孩子们果然一下子就明白了。

但这还不够，干老师接着又拿他们光荣的先祖做比：“我们北川是大禹的故乡，是不是？大禹是不是早已经去世了？大禹的精神，那种与灾难抗争的精神，消失没有？今天仍然鼓舞着我们。这是不是无限的价值？”

他又沉思着说：“我们造的路，造路的人可能不在了，但是这条路我们今天依然有人在走，这可能不是永恒的价值，但至少也可以让我们的生命得以延长。是不是？这就是无限的价值。”

孩子们和听课的老师们静静地听着。

到这里，用了36分钟，整个鱼骨图的全貌，从鱼头到三根鱼骨再到鱼尾巴，整篇课文的结构全清晰了。老师让同学们不足的下课后再去订正。

完成故事添加

学到这里，干老师还要利用“鱼骨图”对课文做结构和语言文字上的训练。他指着屏幕上的鱼骨图说：“我们知道这故事有个特点，它里面的故事是可以无限地添加的。现在谁来为我们添一段？”

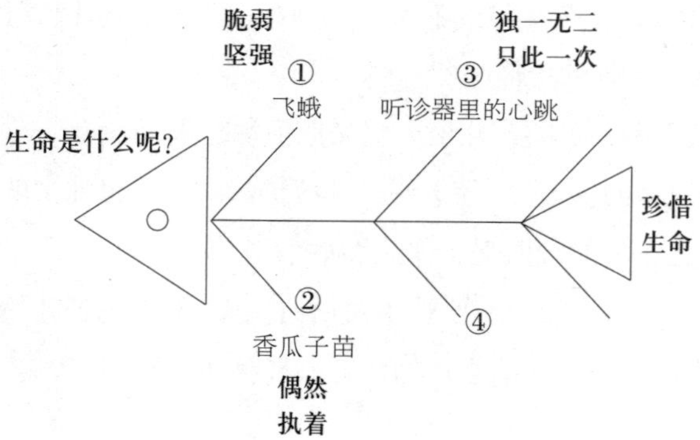

这也是预习作业4的内容：

> 请模仿作者的口吻，用你的亲身经历或感受，为课文插入一段文字，即补充第四个故事。这个故事同样是要回答“生命是什么”这样问题的，同样是作者（现在是你）亲身经历过的。请写在右边的空白处。

所以题目虽难度很大，但是举手的同学仍然很多，干老师先让第一排一个男生发言，他的故事是小鸟的故事，他说："一只小鸟它没有长满羽毛，它飞不起来，但是过了几天，它长满了羽毛，飞了起来。"

"这是你的亲身经历吗?"听完故事后干老师问他。

"不是。"

"嗯，我们有一个要求，这个故事一定是要作者亲身经历的。"老师把这个要求又重申了一遍。

这时又一个男生要求讲他的故事，他讲道："一次，我在田地里，突然从土里钻出来一只蚯蚓，我趁它还没有进入泥土里时，把它拉了起来，这时它浑身开始扭动，虽然它不能动弹，但是它千方百计想从我手里逃脱，我这才感觉到生命的顽强。这种求生欲望的强烈让人震惊。我就把它给放了。"这个孩子在讲述这个故事时，声音里的确流露出一种因心灵震惊而带来的惊奇。

"你看蚯蚓，我们一般说这是丑陋的虫子，但这个同学从小蚯蚓身上就看到了，那也是生命。"干老师对这个同学的故事也给予很高的肯定，由于时间关系，他请大家课后继续把这个故事完成（写作），就不在这里再讲了。

第三重境界

这时，大屏幕上再次出现了杏林子的照片，那娴静的面容，美丽的微笑，仿佛也正在告诉孩子们，生命，生命，到底是什么呢？还有许多的生命真谛，需要用更长的时间，去慢慢经历，慢慢感悟啊。干老师请一个女同学读出显示在大屏幕上的一段杏林子对自己生命的感言——

> 从那一刻起，我应许自己，绝不辜负生命，绝不让它从我手中白白流失。不论未来的命运如何，遇福遇祸，或喜或忧，我都愿意为它奋斗，勇敢地活下去。

转换人称，干老师再问所有的孩子们："不论未来的命运如何，遇福遇祸，或喜或忧，你都愿意为它奋斗，勇敢地活下去吗?"

"愿意。"

这是孩子们的回答。在汶川大地震一周年后的第一天。随着低沉的歌声，大屏幕上出现了一张张图片，呈现出一个个"怒放的生命"，也是在为杏林子的三个故事，添补着一个又一个生命的故事——

这是一组发生在2008年北京残奥会上的故事，肢体的残缺并不意味着精神的残缺，生命的残缺，失去了左臂却同样能用球拍挥舞出青春与活力；没有了腿脚却一样能奔跑在环形赛道上……

在场所有的人都静静地看着，听着，很多孩子和老师还情不自禁地也跟着哼起这雄浑激越的旋律来，一个文本，一首歌，一些图片，一个又一个令人感动震撼的生命故事，都在反反复复回答着一个问题：生命，到底是什么呢？我的生命，又是什么呢？

画面转换，孩子们的眼睛一下子亮了起来，啊，他们看到了自己的故事！

一个脸上、身上被蚊子叮得满身红包的小小的羌族女孩儿，却正像白雪公主一样翩翩起舞；怎能忘记板房小学开学那天的欢愉啊，怎能忘记那段最黯淡的日子，一个故事，一本书，却依然能够让生命飞翔……

课后反思

《生命，生命》这一课没有上出“理想课堂的三重境界”，这应该是个遗憾。本来，这样的教材恰恰是在第二、第三重境界上，最能够出彩的——何况这是在汶川大地震一周年的纪念活动上。从这个意义上讲，这并不是一堂十分成功的课。

究其原因，是教者和学生的现实之间发生了脱节：对一年前的大地震，这些幸存的孩子大多数已经淡忘，反倒是我们这些曾经前来进行灾后教育重建的志愿者，却还保留着深刻的记忆。所以，这个文本的教学事实上成了“一头热”。在课堂上明显可以看到，孩子们丝毫没有把“生命”与“大地震”联系在一起的倾向，而我特意设置的文本补充的环节，本来也是为此而特意留下伏笔的，但没有一个孩子想到这一点。

一年前的大地震，其实最淋漓尽致地体现了生命的脆弱、顽强、偶然、抉择与担当、独一无二且只此一次……

然而我眼前的天真的孩子们，并没有领会到。事实上，地震之后的救灾工作中，大家所做的一切，都是努力让孩子们遗忘、淡忘，然后是对幸存者做巨额的补偿——在极端的时候，它甚至像一个偶然从天而降的节庆日。

但既然孩子们已经淡忘，我又怎么可以凭一己之情，而坚持要言说这件事呢？

正如在汶川大地震当年的苍南年会上，我把《斑羚飞渡》《诺曼底号遇难记》等文本结合在一起，和台上台下的师生共同探讨灾难中生命的尊严，以及抉择的自由和职责的担当，却引发了大家不同方向的反对一样（或批评不是语文课，或认为这是鼓励推卸责任，或认为这是提倡专制而反对个体的自由……）。关于大地震，我的这两次努力，都并不成功。我于是知道，大地震确实早已经过去，我也不应该一再提及了。

但无论如何，它们是我个人的珍贵记忆，是我生命中的珍贵经历。

珍　珠　鸟

时间：2009 年 5 月 14 日
地点：北川县擂鼓镇小学 401 班
教材：苏教版小学语文第八册

背景描述

2009 年 5 月 13 日至 15 日，在北川县擂鼓镇小学的板房教室里，新教育研究中心团队和来自北川各个新教育实验校的骨干教师们共 50 余人，围绕着新教育实验“有效课堂”项目进行了连续三天朴素而热烈的田野研究。

在 5 月 13 日下午，新教育研究中心干国祥老师为擂鼓镇小学 401 班的孩子们上了一节《生命，生命》语文课，这是人教版小学语文第八册上的一篇课文，也是干老师特别挑选的，为纪念汶川大地震一周年而上，为北川师生而上。为了纪念，干老师把学习重点放在了对文本主题的体会感悟上。通过引入“鱼骨图”的阅读方法，教学生学习梳理文章内在脉络；通过朗读、讨论，使学生感悟到了生命“是极其脆弱的，又极其顽强；是偶然的存在，又是执着的存在；每个生命都是独特的，都是应追求永恒来实现其生命意义的”。课后研讨中，老师们对“鱼骨图”的使用范围，以及经典文本中学生个体的体悟，提出了一些问题。为了解答这些问题，干老师决定继续用课堂实践来为一些教学核心理念作印证。

5 月 14 日，干老师又为 401 班的孩子们上了一课《珍珠鸟》。选择这一课的研讨目的有两个：一个是通过《生命，生命》《小狮子爱尔莎》和《珍珠鸟》这三篇课文中“鱼骨图”的不同运用，呈现此种方法的灵活性及其操作方法，进而更明确地印证：阅读法在语文教学中是非常重要的，尤其越到高段越体现其重要，“鱼骨图”重在帮助学生梳理文章的内在脉络，它和“文眼法”、“批注法”等，都是培养学生文本细读能力的好方法。另外一个目的，也是通过此课再次强调文本的内容与形式之间的关系。干老师认为：“文本（内容与形式）—体裁—阅读法—学习活动”，这是语文教学（学习）的整体，而课堂则要根据具体的情况来确定聚焦于哪一部分。如果说《生命，生命》的教学价值应该重在文本内容，即体悟生命的真谛的话，那么《珍珠鸟》一文则应该内容与形式兼重，而且《珍珠鸟》一文的文本内容是有一些值得商榷的地方的，尤其是当学生在学习了《小狮子爱尔莎》这篇课文后，事实上，它们在一定意义上成了同一主题下的不同文本，其主题与主旨，都既相似又相对。所以，散文的形神关系，文本的优美语言，以及为显现主题的互文参读法，自然也就成了本文的教学内容。

也正是看出“信赖，可以创造出一种美好的境界”与“笼中鸟”二者之间的矛盾，很多前卫的老师在教学中重心直指对文本内容和作者的批判。但这样做，会不会是把孩子和洗澡水一道泼出去呢？毕竟，无论就语言的优美，主题的健全，《珍珠鸟》都算得上一篇上乘的佳作。但如果像传统的课堂那样，一味沉浸在对优美语言的品味，沉浸在人鸟关系的和谐中，而无视文本中确实存在的“扭曲关系中的信赖”，这种掩耳盗铃的教学，显然也难以再继续下去。

干老师此课，就是试图对这些矛盾，进行一种高位的整合。

整个学习过程，事实上经历这样几个阶段：

1. 学生在事先刚刚学习过《小狮子爱尔莎》（选择《珍珠鸟》便是由此而起）。

2. 当天干老师为学生用十五分钟做了一堂新教育晨诵课，晨诵的内容就是课文中的《画眉鸟》一诗。

3. 上午，利用课余时间，学生独立完成全面地确定了方向的预习作业。

4. 下午，用一课时上完《珍珠鸟》。

前奏：晨诵《画眉鸟》

早晨，在擂鼓镇小学的板房教室，又响起了孩子们清脆的晨诵声：

画眉鸟

〔宋〕欧阳修

百啭千声随意移，
山花红紫树高低。
始知锁向金笼听，
不及林间自在啼。

看到大家都能读得正确、流利了，也基本上都知道这首诗是写画眉鸟向往自由自在的生活的了，干老师便带领孩子们咬文嚼字、细品诗歌了。

“百啭千声随意移”。你听，百啭千声，这画眉鸟的叫声是多么美妙动听；“百啭千声随意移”，这歌声随着它的心意而自由变化，高兴时，它唱出自己的高兴，悲伤时，它唱出自己的悲伤。

“山花红紫树高低”。你再看啊，这画眉鸟生活的环境又是多么美好：山花烂漫，万紫千红，青翠的树木高高低低，画眉鸟就在这样的树丛间飞来飞去，穿梭歌唱，“百啭千声随意移”，生活得真自在啊！

“始知锁向金笼听，不及林间自在啼。”可是这画眉鸟啊，却突然有一天改换了心思，它想：要是有人能养着我多好啊，给我好吃的，我想要什么他都给我，那多好啊。很多孩子就是这样想的，很多大人也是这样想的，尤其很多漂亮的女孩子都爱这样想。可是，当它真的被关在笼子里的时候，“始知锁向金笼听，不及林间自在啼”，它这才知道啊，在笼子里，再也不能“百啭千声随意移”了啊，它再也不能随着自己的心意而自由歌唱了啊。

随后，干老师把《珍珠鸟》的预习作业发给了大家，让大家课余时间完成，为下午上课做充分的准备。

预习：《小狮子爱尔莎》

课堂，就从检查预习作业开始。

预习题：

一、把《小狮子爱尔莎》这篇课文的“鱼骨图”补充完整，其中“鱼尾”是“返回大自然”。想一想，头尾总是需要照应、相关联，“鱼头”应该是什么呢？中间经历了几部分变化？这篇课文不应该每一段成为一根“鱼骨”，而应该每一部分成为一根“鱼骨”。

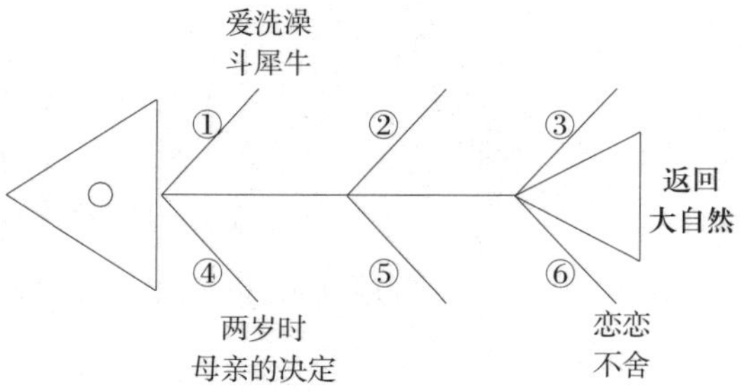

一个女孩子起来回答说："鱼头是：我收养了爱尔莎。"其他同学都没有表示异议。

干老师点拨道："这个答案有问题的。你看，鱼尾巴讲的是小狮子爱尔莎'返回大自然'，而你的开头讲的是谁啊？"

"'我'。"

"所以同学们，以后你注意，归纳段落大意什么的，要尽可能讲求对象的一致性，你从'我'的角度，就要全部以'我'为主，如果按照你的方式，那么结尾就应该是'我把小狮子爱尔莎送还给了大自然'，对不对？但是我现在已经规定了它的对象是'小狮子爱尔莎'，因此你这个开头不能用，你改一下吧。"

这个女生还没转过来，其他的孩子都已经纷纷在举手了。

干老师又点了她一下："'我收养了爱尔莎'，你不会转过来吗？'爱尔莎被……'"

"被我收养了。"

干老师直接出示大屏幕上他画的课文结构"鱼骨图"，让学生进行校对。

"所以这个鱼头，可以这样写：失去母亲的幼狮爱尔莎被人类收养。我为什么这么啰唆呢？因为这里面很复杂，人家要问你，爱尔莎是谁呢？是个可爱的小姑娘吗？（学生笑。）他不知道，你就要写出来它是一头幼狮；人家还不知道，它失去了母亲后是不是给其他的母狮收养了呢？不是，它是被人类收养的；所以我要用一句话把这些问题都写进去，是不是？好，如果发现你的答案中有要修改的，你马上就开始修改。但如果意思差不多的就不用改了。"

学生对照着自己的预习作业，埋头修改起来。

接着，干老师又带领大家快速对《小狮子爱尔莎》"鱼骨图"的其他部分也进行了校对。

《小狮子爱尔莎》课文“鱼骨图”

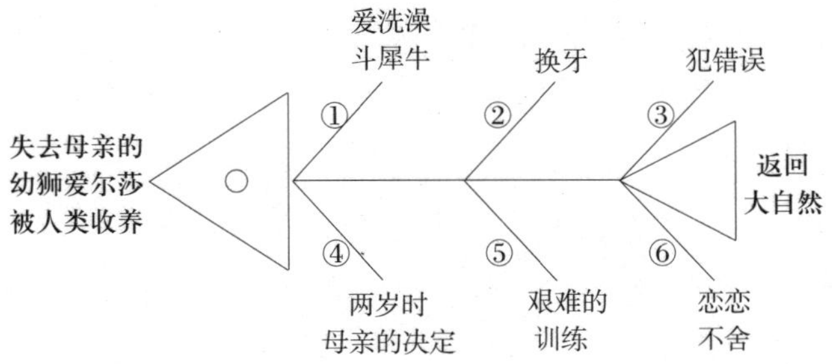

第一部分，讲小狮子爱尔莎既喜欢洗澡，又很勇敢。

第二部分，讲小狮子换牙。

第三部分，讲小狮子犯错误（学生写的是小狮子与人发生的冲突，老师再次点出注意主语是“小狮子”，然后是“怎么样”）。

第四部分，讲小狮子两岁了，人类母亲做了一个决定——把它送回到大自然里去。但是却不能直接把它送回去，因为它的生活已经“人化”了。

第五部分，就讲小狮子受到了艰难的训练，要把它“野化”，像真正的野兽一样。

第六部分，讲小狮子和人类母亲恋恋不舍，分别了。

这样，干老师用“鱼骨图”的方式带领着孩子们一起梳理完了《小狮子爱尔莎》的文本结构，同时也再一次回顾了文本的主要内容。

找出核心观点

“下面我们来看《珍珠鸟》。《珍珠鸟》我们已经知道了，核心的观点只有一句话，哪句话？”

“信赖。”学生连课文都没有再看，张口就答，看来预习作业都认真完成了的。

“信赖。信赖是一句话吗？”干老师强调。

学生都笑了，赶紧翻开课文读出来：“信赖，不就能创造出美好的境界吗？”

“你看，这堂课就告诉我们这个道理，这堂课大家可以下课回去了。为什么？因为我们学习一篇课文就是为了掌握一个道理的，现在这个道理大家知道了吗?”没想到干老师来此一说，学生有些困惑地说：“知道了。”

“那我还有一个小小的问题，所有的道理都知道了，那么它的鱼头是什么呢?”这才是干老师要抛出的第一个重要问题。也是预习作业二中的问题。

预习题：

二、画出《珍珠鸟》一文的鱼骨图，提醒：课文第一段，是第一根“鱼骨”，那么“鱼头”应该是什么？整篇课文围绕着一个词语来开展，这个词语在尾巴部分，这是什么？为什么说课文是围绕着它来展开的?

《珍珠鸟》课文“鱼骨图”

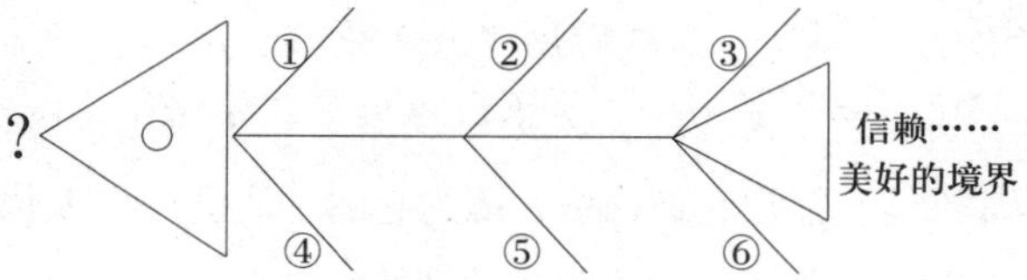

学生纷纷举手，干老师请一个女生回答。她站起来说：“朋友送我一对珍珠鸟。”“哦，最后鱼尾是‘信赖’，鱼头是‘朋友送我一对珍珠鸟’，这样好不好?”干老师问大家。

同学们都沉吟起来，一个女同学起来改为：“我养了一对珍珠鸟。”

老师说：“差别也不大，那么这个头到底在哪里呢？这个‘鱼骨图’看上去非常简单，但是有时候不容易，为什么？其实这课文原来是有头的，但是编辑老师在编的过程中，一不小心把头给砍去了。（学生笑。）那么今天这堂课我们就要重新把头给找回来。”

这个“鱼头”就先悬着空在这里。

“我们不妨先来看一下，第一根鱼骨应该是什么?”

“朋友送我一对珍珠鸟。”一个男生脱口而出。他话音落后，很多举手的同学也都把手放下了，看来跟他的意见是一样的。

“我总觉得还不够。第一段的文字写得最多的东西是什么呢?”老师又叫他后面一个还举着手的男生回答。

“我给小珍珠鸟尽量模仿森林环境。”这个男生说。其他几个同学又把手放下了。

“嗯，准确地说，是给珍珠鸟做了一个什么？”老师提示。

“巢！”大家脱口而出。

“真聪明！我们学过归纳段意的时候，要说是什么，怎么样？是鸟巢，怎么样呢？”

“很好！”学生又是脱口而出。

“很好？”老师反问。

大家赶紧看课文，马上不约而同地叫起来，是“舒适而温暖的”。

“嗯，真聪明！”干老师既是表扬大家找得准，又是在表扬大家会学习，知道要联系文本内容来说。接着他又说：“我们来看一下这个‘巢’字，‘巢’字怎么写？”

学生叽里呱啦不知道怎么叫字上半部分的部首的时候，干老师已经在黑板上边写边说了：“一棵树（木）上有个窝（果），这个窝上有三只仰着头，哇哇叫的小鸟，等着鸟妈妈回来喂它虫子吃，这就是‘巢’。”孩子们都笑了。是啊，这比那个一笔一笔笔顺要好记多了。

“那么第二根鱼骨是什么呢？”干老师又问。

“小珍珠鸟出生了。”一个男生说。

“哦，小珍珠鸟出生了，那第二段到哪里去了呢？”原来这个男生跳过了第二段直接往下说了。别的同学开始发笑，但是干老师马上为他解释说：“他很聪明，因为第二自然段讲的也是什么？”“巢。”

读出情感来

“我们先选一个同学，把课文读一遍。”

孩子们都很积极，纷纷举起小手。干老师选了一个女生读。

真好！朋友送我一对珍珠鸟。我把这对鸟儿放在用竹条编成的笼子里，笼子里还有一卷干草，那是小鸟舒适又温暖的巢。

我把它挂在窗前。一盆吊兰的垂蔓蒙盖在鸟笼上，珍珠鸟就像躲进幽深的丛林一样安全。

“读得还流利。但是这个‘流利’中还稍稍少一些东西，少点什么呢？”这个女孩子读完一、二段写“鸟巢”的段落后，干老师评价道。

“感情。”

“什么感情？”

“高兴。”大家又迟疑着，有同学试探着说。

“哦，朋友送给我一对珍珠鸟，我就高兴。是吧？”老师说出他们心里的话，然后又说，“然后我就傻乎乎地高兴地来读了？”

学生又都笑了，有的还又小声地读起来：“真好！朋友送我一对珍珠鸟……”琢磨读出怎样的感情来。

“读的时候呢，这里要有一种感叹，一种赞美。‘真好！’读一下。”干老师一边讲解一边示范。

“真好！”学生模仿着读。

“为什么要这样感叹？”干老师又让孩子来揣摩句意。

“因为珍珠鸟很可爱。”

干老师又做了示范朗读，孩子们再次读这段的时候，他们也能读出贴切的感情了。

“预习作业有一个问题：为了大珍珠鸟，作者做了哪些？用横线画出来。他为什么要这样做？”在对这两段有了更形象的感受后，干老师带领学生开始细细分析了，仍然是从预习作业入手。

此时，大屏幕上也出现了老师提供的答案，学生迅速对照着在自己的课文上校对：

> 真好！朋友送我一对珍珠鸟。<u>我把这对鸟儿放在用竹条编成的笼子里，笼子里还有一卷干草，</u>那是小鸟舒适又温暖的巢。
>
> <u>我把它挂在窗前。一盆吊兰的垂蔓蒙盖在鸟笼上，</u>珍珠鸟就像躲进幽深的丛林一样安全。

老师提醒大家：“不要多画，也不要少画。”他又根据课前看学生预习作业的反馈提醒道：“有同学就多画了，像‘珍珠鸟就像躲进幽深的丛林一样安全’，他就把它画上了。”

校对完后，老师和大家就这段话开始讨论：他为什么要这么做？

一个男孩子率先发言："因为他想给大珍珠鸟建造一个美好的生活环境。"

"那么，我为什么不把它放在阳光明亮的地方呢?"于老师这样反问。

"你看，你的回答是从作者的角度来说的，因为他爱惜这珍珠鸟，所以他这样做，我要问的是他为什么要这样做呢?"于老师又给大家提示，他把"为什么"突出来。

"因为珍珠鸟平时都是在很寂静的山林里，所以作者尽量模仿它以前的生活环境。"又有几个孩子举手了，被于老师选中的男生这样说。

"你看，回答得多棒啊!"于老师先称赞了这个男生，又说，"也就是说，它喜欢不喜欢热闹?"

"不喜欢。"

"它是不是胆子很大，喜欢在人前炫耀?"

学生都笑了，纷纷摇头说："不是。"

"它胆子比较小，所以又要舒适、温暖，又要幽深、安全。好，把这四个词圈起来，这四个词是关键词，这既是说鸟巢是怎样的，它是舒适的，温暖的，是幽深的，是安全的，它既体现了'我'对鸟的爱，还说明了这是一种怎样的鸟?"

"胆小的鸟。"学生一起说道。

这时，大屏幕上又出现了课文"鱼骨图"，于老师带领大家一起，把刚才学的一、二段内容填进图里去。

"我们再看'鱼骨图'，现在就知道了，一、二两个自然段，讲的都是什么?"

"鸟巢。"

"第一自然段讲鸟巢舒适、温暖，第二自然段讲了鸟巢什么?"

"幽深、安全。"

《珍珠鸟》课文"鱼骨图"

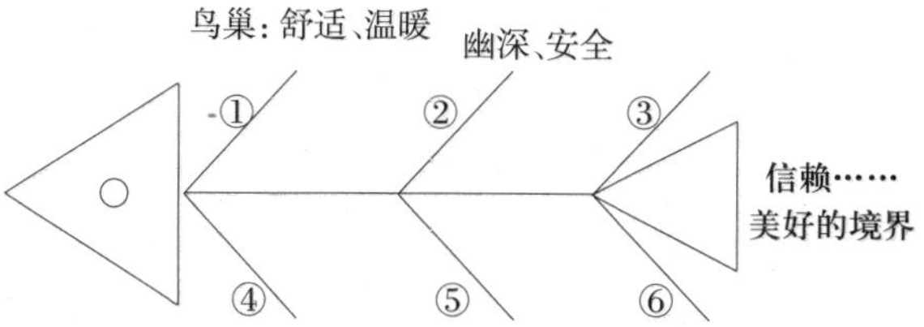

“好，我们继续向下学。”

关键字：嘴、肥

干老师先让同学们先轻轻地把第三自然段读一下。孩子们的朗读比较干巴。

三个月后，那愈发繁茂的绿蔓里边，发出一种尖细又娇嫩的鸣叫。我猜到，是它们有了雏儿。过不多久，忽然有一个脑袋从叶间探出来。拨开绿蔓一看，正是这个小家伙！瞧，多么像它的母亲，红嘴红脚、灰蓝色的毛，只是后背还没有生出珍珠似的白点；它好肥，整个身子好像一个蓬松的球儿。

“如果说，读一、二两段要读出它‘真好！’，然后读出它在巢里的那种温暖、舒适、安全来，这里要读出它怎样呢？”干老师指导朗读。

“可爱。”学生都说出来了。

“好。那我要再问你，这鱼骨图里要写的是什么？”

“小鸟。”

“怎么样？”

“可爱。”

“为什么说它可爱？从哪些方面看出它可爱的？”干老师又带领大家从具体内容上分析，“先讲了它的什么？”

“嘴。”学生脱口而出。

“错了。”老师夸张地说，孩子们一愣神，又回视屏幕上的这段话，自己也笑了，马上改口说：“叫声。”

“对了，先讲它的叫声，未见其人——先闻其声——”这八个字干老师说书一样道来，学生又开心地笑了，他又问：“怎样的叫声？”

“尖细又娇嫩的鸣叫。”学生答。

“多可爱，就像同学们的读书声一样可爱。接下来讲它的什么？”

“外形。”根据课文，这会儿学生都找得准确了。

“嗯，先说了脑袋，又说整个身体像它的母亲一样，红嘴红脚、灰蓝色的毛，只是后背还没有生出珍珠似的白点。然后，它还有一个特点，是什么？”

“肥!”全班学生一起叫出来。

“找得真准!”干老师一边表扬一边让大家把这个“肥”字在书上圈出来,“如果没这个肥字，这小鸟还可爱吗？就减去了很多的可爱了。它好肥，整个身子好像一个蓬松的球儿。”

这样逐句读下来后，教室里的空气也更加轻松活泼了。

“这是一只可爱的小珍珠鸟。我忍不住想去捧捧它，摸摸它，整天把它捧在手里，好不好?”干老师问。

“不好?”

“为什么不好?”

“因为它是一种怕人的鸟。它的胆子很小。”

“那咋办呢?”

“慢慢接近它。”

“鱼骨图”再次出现，干老师向学生呈现出第三根“鱼骨”的内容：“好，我们已经知道第三段写了小鸟的可爱，那么慢慢地来，我们接着看第四第五自然段。”

《珍珠鸟》课文“鱼骨图”

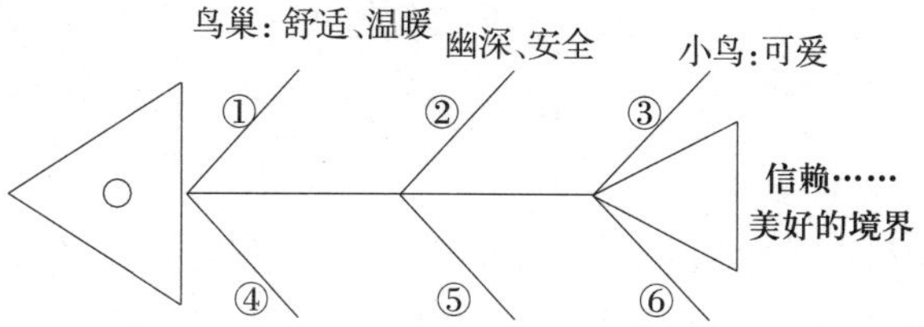

如何建立友谊

屏幕上出现了第四、五两段的内容，还有一个重要问题，这也是学生预习作业中出现过的：

预习题：

四、作者是怎样和小珍珠鸟建立起信赖的关系的，他又做了哪些?用横线画出作者对待大珍珠鸟和小珍珠鸟的句子。

它先是离我较远，见我不去伤害它，便一点点挨近，然后蹦到我的杯子上，俯下头来喝茶，再偏过脸瞧瞧我的反应。后来，它完全放心了，索性用那小红嘴，“嗒嗒”啄着我颤动的笔尖。我用手抚摸它细腻的绒毛，它也不怕，反而友好地啄两下我的手指。

白天，它淘气地陪伴我；傍晚，它就在父母的再三呼唤声中，飞到笼子边，扭动滚圆的身子，挤开那绿叶钻进去。

干老师问哪个同学来说说怎样建立起信赖的关系时，班上三分之二的同学都把手举起来了，老师请后面一个没有发过言的男同学回答。

“我用手抚摸它细腻的绒毛，它也不怕，反而友好地啄两下我的手指。”他从书中找到的是这一句。

“哦，也就是说，我和它的信赖关系是我去摸摸它的头就建立起来的?”干老师反问道，“我们刚才已经说了，这样的话能不能建立起信赖关系?”

“不能。”

“所以，你恰恰是找到了不能建立信赖关系的做法。”干老师又找了一个男生发言，他的回答更近一层了：“因为作者不去伤害它。”

“不仅不去伤害它，还不怎么样?”其他的同学也都思考起来。大家又看了课文，可是仍显得茫然，于是干老师提示道：“还不故意地靠近它，还不去逗它，是不是?”

“是。”学生一下子明白了。

“所以同学们注意，在这里你仅仅找作者的动词是找不到怎样建立信赖关系的。你要换一换，找时间的词语，你找一找时间上的词语，有哪些?”了解了学生预习的底，干老师直接点出学习的关键来。

学生还是聪明的，“先是……然后……再……后来……”这段话中表示时间先后顺序的词，就都被他们找出来了。

然后，干老师又和大家一起分析，在这个时间过程中，作者的动作是什么?

它先是离我较远。(作者这里是没有动作的，什么动作都不做，一点动作都不做，但是越不做，越是爱它。)

然后小鸟才一点点挨近他了。才能蹦到他的杯子上。(这时候我仍然不去动它。)

这样，小鸟就放心了；所以到了后来，它不但用小红嘴来啄我的笔尖，甚至我去抚摸它细腻的绒毛，它也不怕了。

分析完后，老师再让大家齐读一遍，体会“我”和小珍珠鸟建立友谊的完整的过程。

那么，建立了友谊之后又怎么样了呢？大家又齐读课文的第五段。

白天，它淘气地陪伴我；傍晚，它就在父母的再三呼唤声中，飞到笼子边，扭动滚圆的身子，挤开那绿叶钻进去。

《珍珠鸟》课文“鱼骨图”

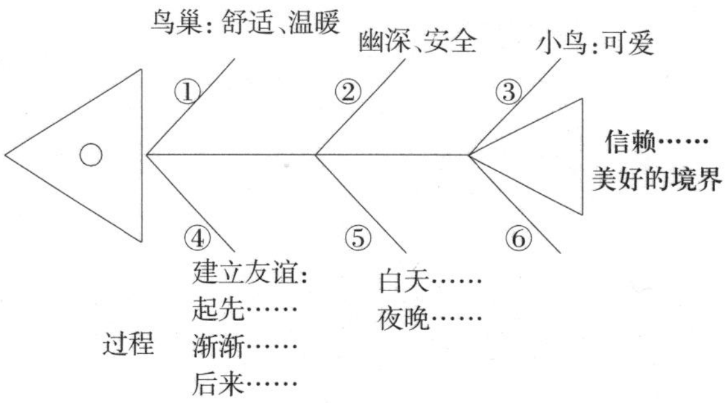

“这样，我和小鸟就建立了‘信赖’的关系，整天在一起都没关系。不过我奇怪的是，它父母为什么要‘再三呼唤’呢？”干老师在“鱼骨图”上添加完第四、五两段内容后，插了这么一问。

“因为它父母担心小珍珠鸟，担心作者伤害它。”学生回答道。

老师表示肯定之后，继续推进教学：“你看，这是他们建立了友谊之后的生活，他们之间的信赖关系越来越深了，最后出现了非常神奇的一幕，我们把这神奇的一幕来读一下。”

有一天，我伏案写作时，它居然落到我的肩上。我手中的笔不觉停了，生怕惊跑它。呆一会儿，扭头看，这小家伙竟趴在我的肩头睡着了，它睡得好熟哇！大概在做梦？

干老师抓住“居然”一词的词义（意想不到），让学生再次体会到小珍珠鸟和人之间建立的这种神奇的关系后，他非常感叹地说：“怎么也想不到啊，它落在‘我’的肩上，而且居然睡着了，睡熟了。一只鸟在人的肩上，睡着了，你想要这样的一只小鸟吗?”

“想!”全班学生异口同声，无限向往的样子。

“是啊，有这么一只小鸟在你的肩头睡觉，或者在你的手心睡觉，这多好啊!”干老师再次描述这种美妙的感觉。

在这样的感觉中，老师让孩子们把最后一段也朗读了一遍。

> 看着这可爱的小家伙，我不由自主地发出了一声呼唤：信赖，不就能创造出美好的境界吗？

读后，老师总结说：“全文的关键词就是一个——（学生一起说：‘信赖。’）你看它最初是一种怎样的鸟?”

“胆小。”

“大家找到‘鱼头’了吗?”呵呵，照应开头，干老师来了这么一问。学生一顿马上醒悟过来，说：“找到了。”

“是什么?”

“珍珠鸟是一种很胆小的鸟。”

“是‘胆小’或者‘怕人’。”干老师在大屏幕上又打出了全文的“鱼骨图”，总结说，“然后通过这么一系列过程，他们建立起友谊，最后相互信赖。”他又让大家把“胆小”或者“怕人”这两个关键词写在“鱼头”上。

《珍珠鸟》课文“鱼骨图”：变化的过程

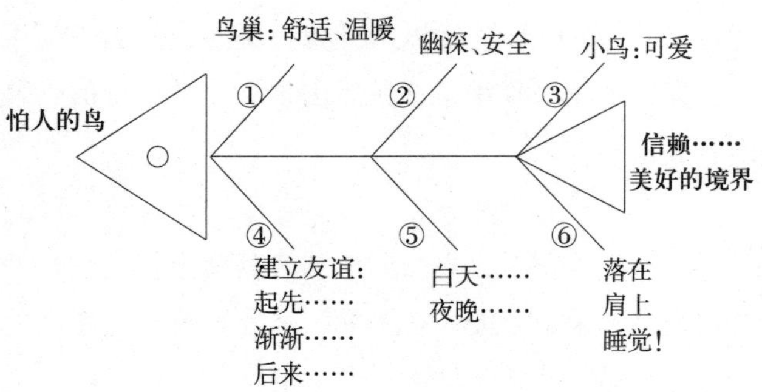

分角色朗读

“好，同学们，刚才大家读的时候，已经隐隐有一些美好的境界了。但是我觉得还不够浓，大家还没有读出来。所以我要跟你分角色朗读，我们把这美好的过程读出来。好不好?”分析完后，干老师又要学生带着刚才的理解，再次回到课文，并通过朗读表达出来。

“你们读小鸟呢还是读作者?”干老师让大家选择，孩子们当然脱口而出：“小鸟!”

还真是这样，这些粗心的小鸟啊，大屏幕上的文字都出来一会儿了，还没有一只小鸟开始歌唱。干老师幽默地点了一下，然后大家开始朗读：

> 我先是离你较远，见你不来伤害我，便一点点挨近，然后蹦到你的杯子上，俯下头来喝茶，再偏过脸瞧瞧你的反应。后来，我完全放心了，索性用那小红嘴，“嗒嗒”啄着你颤动的笔尖。

瞧，干老师修改了此处的文字，人称换了，叙述者成了小鸟，孩子们直接进入了小鸟的角色。

而在孩子们读那几句后，写作者的那一句话，干老师就用了很高超的技术来读，听上去不像在朗读，就好像真的在对小鸟说话——

> （而我呢）我用手抚摸你细腻的绒毛。

老师读得很好，学生都笑了。

> 我也不怕，反而友好地啄两下你的手指。
>
> 白天，我淘气地陪伴你；傍晚，我就在父母的再三呼唤声中，飞到笼子边，扭动滚圆的身子，挤开那绿叶钻进去。
>
> 有一天，我伏案写作时……
>
> 我居然落到你的肩上。
>
> 我手中的笔不觉停了，生怕惊跑你。呆一会儿，扭头看，这小家

伙竟趴在我的肩头睡着了，你睡得好熟哇！大概在做梦？

我睡着了，睡得好熟，我在做一个美美的梦。

看着这可爱的小家伙，我不由自主地发出了一声呼唤：信赖，不就能创造出美好的境界吗？

余音袅袅中，老师问大家："我们建立了美好的关系吗？"

"建立了。"孩子们的眼睛都亮亮的，嘴角挂着微笑。

"作者和小鸟是怎样建立美好的关系的？你能不能说说呢？"

"我开始是慢慢地接近，然后慢慢地大胆了，放心了，就开始跟作者建立信赖的关系了。"这个男生真有趣，他还沉浸在"小鸟"的角色中呢。

老师提醒说要从作者角度来说，大家都笑了。然后，老师带着大家从全文角度归纳作者为建立关系所做的努力，可分为两大部分：第一部分是为大鸟做一个好的巢，第二部分是对小鸟的，他不去碰它，不去伤害它，不去骚扰它，让它慢慢地靠近，建立起关系。

到此，关于课文主要内容（语言文字、结构、主旨）的学习全部结束，共用时 32 分钟。

放回大自然

此时，学生对于"信赖，不就能创造出美好的境界吗？"一句话的理解，已经跟最初上课的时候不一样了，如果说最初上课只是读完课文后的浪漫的感受，那么，通过文本细读，通过朗读讨论，他们已经精确地知道了文章是怎样一步步写出这种美好境界建立的过程的。这个时候，干老师抛出了这样的一个问题：作者说："信赖，不就能创造出美好的境界吗？"请问，大鸟有可能站在作者的肩上吗？为什么？

学生开始议论起来。

一个男生说："可能。因为只要天长日久，这样信赖下去，大鸟也有一天会站到作者的肩上。"

干老师没有继续就这个话题阐发下去，他又出示了一个问题：如果你是养这只珍珠鸟的人，你还会怎么做？为什么？

又一个男生说："把这几只珍珠鸟养好了，然后有一天，把它们都放了，让它们重归大自然。”看到其他的同学纷纷点头，干老师又问：“你为什么这么做？”

“因为它们是属于大自然的。”

“那么如果打开笼子，这个大珍珠鸟它会怎么做？”干老师又问。

“它会飞。”

“哦，它会停到作者的肩上去吗？”

“没有建立信赖关系，它不会。”男孩想了想，说。

“它可能建立信赖关系吗？”这次男孩犹豫了。

“如果真正信赖，只能做一件事情，什么事情？”干老师又问他。

“把它放回大自然。”男孩子干脆地说。

转过身，干老师面对一直在听这段对答的所有同学说：“大家都听到了吧？如果真正信赖珍珠鸟，只能有一个办法，怎么做？”

“把它放回大自然。”孩子们一起说。

这时，屏幕上又出现了跟刚学过的课文《小狮子爱尔莎》有关的一个问题：小狮子爱尔莎的人类母亲是怎么做的？你觉得她做得对不对？

孩子们纷纷举手想要回答，老师说：“答案就不用说了，因为大家都知道，是通过艰苦的训练，好不容易才把它送回了大自然。”

然后干老师一串的问题，让大家判断：“她做得对吗？做得好吗？大家都赞同吗？”孩子们很认真地应着，赞同着这样的做法，干老师却又一转——“那你还想养只小鸟放在你肩上吗？”

呵呵，同刚才齐刷刷地说“想”一样，这会儿大家也齐刷刷地说，不过是“不想”。

“这么可爱的小鸟，你不想养在你肩上了？”干老师故作惊奇地问大家。

“不想，因为它属于大自然。”孩子们都笑了，但却又都很认真地说。

大屏幕上又出现了一个问题：如果你是这只小珍珠鸟，你会愿意怎样生活？这也是预习作业中的最后一个问题：

预习题：

五、爱尔莎、画眉鸟、珍珠鸟这三个我们最近学习的动物中，你喜欢哪一个，为什么？

“我还是愿意回到大自然。”这是同学们一致的选择。

“都愿意回去吗？有没有不愿意回去的，我觉得大自然太可怕了。有暴风，有雷电，有寒冷，经常找不到食物，不好，这鸟笼里多好啊。每天给我吃的，要水有水，要衣服有衣服。”干老师再次问学生，学生都笑了，但仍然不愿意进入到这鸟笼中。

大屏幕上又出现了一道问题：如果你是小狮子爱尔莎，或者画眉鸟，你愿意怎样生活？

“在大自然生活！”仍然是这样有力的回答。

老师没有再告诉学生要做什么或者不做什么。屏幕上，早上晨诵了的那首《画眉鸟》又出现了，那只在烂漫山花高低树丛中自由鸣唱的小小画眉鸟，也再次与同学们见面了，只是经过了这堂课的学习，孩子们再次读起这首诗时，又有了别样的味道。

同样清脆的由孩子唱出的《画眉鸟》的歌声中，干老师告诉大家：“信赖，往往能创造出美好的境界。但什么是真正的信赖呢，这个问题可不好回答——始知锁向金笼听，不及林间自在啼。”

干老师宣布下课，并留了一个作业，让每个同学把三篇课文的“鱼骨图”继续梳理完成。

课后反思

今天选这一课，有两个目的。

一个是为了让大家更明晰与掌握“鱼骨图”。昨天评《生命，生命》一课时，我曾讲了“文本（内容与形式）—体裁—阅读法—学习活动”这个可供选择的教学内容系列中，“鱼骨图”就是我引进的“阅读法”。阅读法有好多种，比如说“文眼法”“批注法”等，我们新教育小学特别强调“批注法”，当然，“批注法”特别要在名著中使用。就是对文本“咬文嚼字”，进行细部的分析。比如像《珍珠鸟》中对于“居然”，就可以用这样的方法进行批注。越是经典的文本，越要用“批注法”进行批注。这些都是阅读方法，所以这堂课我的一个目的就是——引进“鱼骨图”这种阅读方法。昨天，老师们比较疑惑，这种方法到底有多大作用呢？现在，老师们通过我的三次使用（《生命，生命》《小狮子爱尔莎》《珍珠鸟》），能不能感觉到，阅读法是很有用的，也是很有必要适当地引入语文教学中的？

因此这堂课，我的目标之一就是想更清晰地把“鱼骨图”的使用向大家呈现出来，而且这进一步指明：它的使用不是机械的，而是有机的。也就是说，任何文章，它内在一定是有一个脉络，因此，鱼骨图是表明文章内在结构、内在脉络的。

今天课堂的第二个目的是——这个特定文本，它的内容和形式。老师们注意，今天我对这个文本的内容及主题还是比较关注，而且为了这个内容我引进了学生已经学过的两个文本——《小狮子爱尔莎》和古诗《画眉鸟》，为什么这么做呢？因为这个文本的核心只有一句话：信赖，可以创造出美好的境界。就是这个道理，这是文本的主旨。但问题是，这个主题思想是有点问题的。为什么？因为它不是寓言，它是真实的散文，真实的事情，他是在笼中养鸟，文中的“我”和“鸟”，不是在平等的层面上来说的。因此，郭初阳在中学上此文时，对文本内容和作者进行了彻底的批判与鞭挞，课上得很好，全国轰动。而有些小学老师学郭初阳，把他的方法也移到了小学来上。所以，我在对郭初阳那课进行了高度评价的同时，也提出了自己的忧虑，尤其看到小学老师也模仿着这样上的时候，就好像把“洗澡水和小孩子”一起都泼出去了。因为小学教材中像《珍珠鸟》这样的好文章已经很少了。因此我这堂课就相对地在文字和结构上下了很多功夫，既要让内容上的价值体现出来，尤其是语言文字上的价值，包括“信赖，可以创造出美好的境界”的主旨，你看，人与人之间，人与动物之间，人与万物之间，建立关系是这么慢的。

其实说到“建立关系”，还有一个更好的文本是一本书——《小王子》。但是《珍珠鸟》的问题在于，这种信赖的关系建立在一种不平等的关系之上，这种关系就像老板和美女秘书之间的关系。而在这一点上，正巧学生刚刚上的那篇课文是《小狮子爱尔莎》，后面紧跟着是还没学的《画眉鸟》，所以我就把这两篇课文引进，这就叫互文观照，或者叫异质文本组建为一个单元，让它们之间构成一种张力，这个说这样好，那个说那样好，那么到底哪个才好呢？所以不用说教，课堂上随着课文的学习自然而然就出现了，学生很想要一只这样的小鸟，但是想想《画眉鸟》，想想《小狮子爱尔莎》，他们就不想要了，也就是说，这里面不是说教，而是让学生自己通过几个文本，自己就做出了合适的选择。而这些，都属于文本的内容、主题。

然后，老师们再看形式，散文的最大特点是形散神不散。这篇文章的“神”就是“信赖能创造出美好的境界”，《珍珠鸟》是一篇记叙性散文，和抒情性散文的区别在哪里？这是非常重要的一点，昨天学的《生命，生命》就不是记叙性散文，而是抒情性散文，它所举的三个例子，也是可以调换的。这三个例子，从本质上来说是没有谁必须在先必须在后的，我把香瓜子苗放在前面，也一样可以的，因此它的结构是并列的。而叙事性散文是层进的，是一步一步过去，所以这一课必须把大鸟到小鸟，而小鸟又与作者之间一点点建立信赖，最后达到的这个最美好的境界，清晰地呈现出来。

这都是由文本形式决定的。它决定了你在分析课文在确定教学的时候，有一种特定的明晰性。你不能够以抒情散文的方式来教叙事散文。但又因为这只是一篇普通的叙事散文，所以我没有大做文章，因为散文这一形式体裁是最常见的，但凡假如说今天学的是戏剧，或者是小说，或者说是诗歌，那么我将会在体裁和形式上下更多的功夫。

再说学习过程，这堂课本来是两课时，我用了一课时，课堂上学生的反映也比较好。怎么达到的？还是一句话，从预习开始，让学生扎扎实实地经历独立的学习。所以如果仔细看一下我的预习题的话，就会发现，我的预习题已经把所有的教学目标都蕴含到了，这就是我们所说的全面定向的预习。然后上课前我又抽时间把学生的预习作业都看看，做到上课教学时心中有数。

我们也可以说，学习《珍珠鸟》这一课，学生事实上是从我没来之前的《小狮子爱尔莎》的学习就开始，然后是《画眉鸟》，再然后是大约一节课时间的独立预习，再加上这堂课上的听说读写。这才是一个完整的学习过程。

天　窗

时间：2008 年 9 月 22 日

班级：绵阳火炬实验小学五（3）班

背景描述

2008 年 5 月，汶川大地震，新教育研究中心部分成员赴受灾最严重的北川，进行灾后教育重建工作。和北川的师生共同度过了两个月的时光，直到暑假来临。9 月，研究中心成员又应邀前往绵阳，为北川老师做新教育通识培训（当时北川本地已经没有可以供更多人员参加研讨的地方）。有了绵阳火炬实验小学陈梅校长的大力支持，培训才得以顺利展开。

通识培训照例有现场定课、研课的环节。这次由绵阳实小的老师定下《天窗》一课，并率先上课，然后便是干国祥老师同题上课。

《天窗》这个文本大家都比较陌生，而且是情感相对较淡，思力要求相对较高的课文，不太容易上“出彩”，所以名师的公开课，一般不会选这样的课文。

而让课堂自始至终充溢着“思”的光彩，这正是干老师一以贯之的课堂追求。

你看到了什么

一开始，孩子们自由朗读，干老师说他们读书好是好，够准确，也够流畅，可是感情，却还差那么一大截！接着“啊唷唷！这小小一方的空白是神奇的!”一句被干老师读来，倒真让人觉得眼前像开了一扇天窗，“神奇”涌现而来。

“小时候我是一个著名的画家，我画了一幅画，结果，没人看得懂！为什么？因为大人都长大了。”干老师绘声绘色地向学生描述，“看，这就是我第一幅杰作!”同时，屏幕上显出一幅画面来。

“嘻嘻。”学生发出轻笑。

这是经典童话《小王子》开篇的情节，作者圣埃克苏佩里借这幅图告诉读者“大人”和“小孩子”的区别，“大人”缺乏想象力，再也看不懂小孩子的画了。我们且看看干老师葫芦里卖的什么药，引用这个故事和《天窗》有什么关系。“你，看到了什么，请你告诉我。不要让我失望哦！”干老师继续扮演着他的角色。

一个女孩子端详着说：“我看到了，好像是一个帽子一样。”

又有一个男生说：“好像一个黄土坡。”

“就像一条蛇把一个大象给吃了一样。”一个男孩子说。

干老师无比激动无比大声地说：“我就是画了一条蛇把一头大象给吃了！可是这几十年来，没人看到。今天，我谢谢你！你终于看见我画的是什么了！太谢谢你了！”呵呵，学生也被感染了，掌声，自发地为他们的同伴响起来。

“但是大人们只有画成这样，他们才能看得到。”干老师又用遗憾的语气说，同时，屏幕上图画的下面出现了这样的对比图：

“哈哈！”学生爆发出一阵哄笑。

“可是这样还有味道吗，这样半点味道都没有了。我第一幅作品多好啊，可惜没人赏识，我就不做画了。所以我就不是著名的画家了。”学生笑呵呵地听着，觉得很好玩。

“我后来成了一位诗人，写了一首诗。”干老师又指向大屏幕说。

学生睁大眼睛，可是屏幕上只有一个白色的长方形。

“看到了吗？我的诗！”干老师这边还在兴奋地介绍。

“没有！”学生纷纷摇头。

“没看到，那我读出来啊——”

我们看见透明的男孩
正玩耍在他透明的小屋，
他把一块透明的奶酪
喂给一只透明的老鼠。
哦，多么漂亮的图！
你愿不愿意给我也画上一幅？

与此同时，这些诗句也出现在刚才的白色长方形上。

“嗯，真是一首诗！”学生恍然大悟，又乐了。

呵呵，这首《透明男孩》的小诗是美国天才诗人谢尔·希尔弗斯坦的作品，干老师用这样的形式呈现，倒真符合了这首诗的趣味——想象奇特。

老师请全班同学把这首诗再齐读一遍。孩子的声音读这首小诗，更显纯真童趣。“所以，这是一幅美妙的画，这是一首美妙的诗。可是你要看到它，就要依赖——我们的想象。所以，今天我们就来检测一下大家的想象力以及阅读力，我们来学茅盾的《天窗》。”

读出别样味道

屏幕上出现了关于题目、作者、阅读者和教师的信息。

“好，上课第一件事是做什么，就是读课文，刚才大家都读了，我觉得还不够，还要再读，读之前我要先问你一下，你预习的时候读了几遍？”干老师开始了解学生学习情况了。

“三遍。”女孩说。

“好，大家把手伸出来，用手指表示出你读的遍数，不要说假话。”干老师在全班范围迅速进行了检查。同学们伸出的手指，三四五个不等，“好，两遍三遍四遍五遍，还好没有伸两只手的。”学生乐了。

老师表示满意，并提出了更高的要求：“读得太多了。所以我们要加一点分量，要加上一点难度，只有这样，我们才能读出新的味道来。我们怎么来读呢？”这时，大屏幕上出现了新的读书要求。老师和学生一起明确了读书要求后，师生共读便开始了。

齐读　天窗。茅盾。

女生　乡下的房子只有前面一排板窗，暖和的晴天，木板窗扇扇打开，光线和空气都有了。

女生读得真是不错，字词准确，停顿适当，声音也读出了这句话要表达的意思。但是，干老师仍然打断了大家，指出不足并给以指导：“读得很好，但是，有一句没读好。哪一句？最后一句。为什么说大家读得很好呢，因为大家把阳光的和暖读出来了，但是最后一句，不仅有和暖，还要读出一种特别的味道——这阳光啊，这暖风啊，既有涌进小屋的一种温暖的味道，也有一种‘光线和空气都有了’的敞亮与新鲜，所以，女同学再重读第一段。而男同学就要琢磨了，我在读第二段的时候该怎么读，我能不能带着愉快的温暖的心情来读呢？”

“……光线和空气都有了。”女生再读，除了保留原有的优点外，最后这一句所传达的欣喜与愉悦也通过声音被表现出来了。

男生　碰着大风大雨，或者北风呼呼叫的冬天，木板窗只好关起来，屋子就黑得像地洞里似的。

男生接着读，可是几个同学明显的错误一下子使整句零乱起来。干老师马上又停下来指导道：“我觉得男生没有女生读得好，因为有几个字，这‘北风呼呼叫的冬天’男生当然不怕，可是能读得那么高兴吗？你读的时候有那种‘北风呼呼叫’的味道吗？更重要的是，这一段有两个字要读好，‘只好关起来’。”干老师把“只好”读得相对语速慢，语气重，让学生体会，“‘只好’说明心情怎么样啊？”

“很沉重。”

“是啊，没办法只好关起来，那么关起来后结果是怎么样的？”

“黑洞洞的。”“屋子里黑得像地洞里似的。”学生纷纷响应。

“因此要读出哪个词啊？”

“黑！”

“是，因此要读出‘黑得像地洞里似的’。”

“嗯。”学生点头。

“好，男生再重新读一下。”

这一遍再读，很多男生就不仅在用声音，而且也用表情表现着，他们皱着眉，好像正处于“北风呼呼叫的冬天，不得不把木板窗关上”的心情郁闷无奈之中，非常投入地读着。

老师　于是乡下人在屋顶上面开一个小方洞，装一块玻璃，叫作天窗。

女生　夏天阵雨来了时，孩子们顶喜欢在雨里跑跳，仰着脸看闪电，然而大人们偏就不许，“到屋里来呀！”孩子们跟着木板窗的关闭，也就被关在地洞似的屋里了；

老师　这时候，小小的天窗是唯一的慰藉。

接下来朗读时，学生显得更加入境入情了，整句从“雨里跑跳，仰着脸看闪电”到“被关在地洞似的屋里”，孩子们的生命从“欢喜、惊奇”到“被拘禁、无奈”，都表现了出来。女生读得相当不错。

而这里，干老师也顺带着教了一个新词——“慰藉”。“这里有个生词，是什么?”

“慰藉。”有同学把“jiè”读成“jì”了。

“有个字读错了，再读一遍。慰藉（jiè）。”老师让学生再读。

“慰藉是啥意思呢?”

“安慰。”大部分学生都这样说。“寄托。”一个男生又补充。

“慰藉是寄托吗?‘藉’可能是‘寄托’，‘慰藉’是‘安慰’不是‘寄托’。为什么呢？大家先看这个字。”干老师先在黑板上写下一个“尉”字，然后告诉学生：“这个‘尉’字啥意思呢？我告诉你一些秘密，它的‘尸’是一件衣服，‘二’是一张桌子，‘小’是什么，是‘火’，‘炭火’，右边的‘寸’是什么呢？在汉字中，‘寸’就是‘手’，那么这个字是说什么呢?”

“拿衣服放在桌子上烫平。”学生很机灵。

“嗳，聪明！这就是‘尉’字本来的意思，‘烫衣服’。但是现在我们把烫衣服叫作什么?”干老师又在“尉”字旁边写了一个“熨”字，说：“加了一个‘火’变成了‘熨’字，这是后来人专门造的字，表示‘熨烫’的意思。至于为什么要这样做，同学们下去后可以读读一些专门讲汉字故事的书，不是我们这节课要解决的问题。你只要记住，‘尉’就是烫衣服的意思，为什么要烫衣服呢?”

“因为衣服湿了。”“皱了。”学生纷纷说道。

“嗯，因为衣服起伏不平，皱了。那你的心里有没有起伏不平啊?”干老师再问面前的学生。

“嗯，有。”学生寻思着说。

“刚才课文里的孩子心里有起伏不平吗？为什么?”干老师继续问道。

“因为他们想到雨地里又跑又跳，可是不被大人允许，心里就起伏不平了。”一个男生说。

“所以他们这样起伏的心情需要什么？需要像烫衣服一样烫一烫，把它弄平了。这就叫作‘安慰’。”干老师在黑板上“尉”字的旁边又写下“慰”字说，“现在知道‘慰’字什么意思了吧?”

“再来看这个‘藉’字，‘藉’上面是什么？是草，你知道这一个是什么吗?”干老师写下“耒”问。

大部分学生都摇头不知道，有一个学生猜测说“是耕吧”，老师表扬了他又纠正说：“它不是耕，但是它跟耕地有关，耕耘都跟它有关，这是什么字？我告诉你吧，这就是‘耒’（lěi）字，‘耒’就是古代的锄头，所以在这里是讲，用锄头锄草。”老师又把右下角“昔”字补上成为完整的“藉”字问：“但是课文中的孩子心头有草吗?”

“没有。”学生回答。

“有!”没想到干老师却一口断定，他又让大家看着书找：“我们再跳开去，跳到后面第5自然段，晚上，当你被逼着上床去‘休息’的时候，也许你还忘不了月光下的草地河滩，你看，你心头还有什么?”

“草地河滩。”

“其实还不只草地河滩，有的东西还多着呢！很多很多，但是你只能到哪里去?”

“屋子里去。”

“所以你心头的那个愿望啊，就像你想吃肯德基的那个愿望啊，就在心头勃勃地滋生。那怎么办呢？所以就需要这样，用一把锄头，把你心头的这些愿望，轻轻地像锄草一样锄掉，锄得好就叫‘慰藉’，‘锄不好’就是‘一片狼藉’，一片狼藉怎么写，刚才有同学是不是读成‘慰藉（jí）’了，就是这个‘藉

(jiè)’字。现在大家知道‘慰藉’是什么意思了吧？就是安慰、抚慰的意思，心里的不快乐，轻轻地把它弄好，弄掉。这就是抚慰。好，我们继续读课文。从那小小的玻璃——”

男生　从那小小的玻璃，你会看见雨脚在那里卜落卜落跳，你会看见带子似的闪电一划；

齐读　你想象到这雨，这风，这雷，这电，怎样猛厉地扫荡了这世界，你想象它们的威力比你在露天真实感到的要大十倍百倍。

老师　小小的天窗会使你的想象活跃起来！

这样，后面男生读得就顺利些了。

男生　晚上，当你被逼着上床去“休息”的时候，也许你还忘不了月光下的草地河滩，

女生　你偷偷地从帐子里伸出头来，你仰起了脸，

老师　这时候，小小的天窗又是你唯一的慰藉。

男生　你会从那小玻璃上面的一粒星，一朵云，

女生　想象到无数闪闪烁烁可爱的星，无数像山似的、马似的、巨人似的奇幻的云彩；

男生　你会从那小玻璃上面掠过的一条黑影，

女生　想象到这也许是灰色的蝙蝠，也许是会唱歌的夜莺，也许是恶霸似的猫头鹰——

老师　总之，美丽的神奇的夜的世界的一切，立刻会在你的想象中展开。

“蝙蝠”和“恶霸”也是本课的生字，PPT中用黄色的字体特别标出。

“咦，我就奇怪了，为什么‘蝙蝠’不用鸟字旁呢?”老师装作奇怪地问。

“因为它是兽类。”这点看来学生都知道了。

“嗯，蝙蝠其实不是鸟的，但是以前的人不知道，把它归到‘虫’类了，所以都是‘虫’旁了。那猫头鹰为什么要用‘恶霸’去形容它呢?”干老师又问身边的一个学生。“因为猫头鹰……”这个男生吞吞吐吐，说不下去了。

“你看，你会‘从那小玻璃上面掠过的一条黑影’看到什么？你又会想到什么？”干老师引课文原句来让学生理解。

“蝙蝠。”“唱歌的夜莺。”“恶霸似的猫头鹰。”学生也纷纷用书中的想象来回答。“你还能想到什么？”

“怪物。”

“轰炸机。”

“还有炸弹。”

“呵呵，同学们战争片看多了。如果我想象一下，乌鸦可不可以？”干老师调整同学们的思路。

“可以。”大家点头。

“百灵鸟可不可以？”

“可以。”学生又点头。

“不可以。”老师却说，“因为这是晚上，晚上会有百灵鸟吗？”

“不会。”学生明白了。

“所以晚上只能出现蝙蝠、夜莺，还有猫头鹰。但是说猫头鹰是恶霸，那又说明什么？”老师再把问题问回来。

“说明它晚上出现，比较可怕。”

“那么会唱歌的夜莺又为什么唱歌呢？会唱什么歌呢？你呀，晚上看着天窗，就这样想着奇奇怪怪的事情，就这样想开去，想开去，直到你睡着了，继续读下去——”

老师　啊唷唷！这小小一方的空白是神奇的。

女生　它会使你看见了，若不是有了它你就想不起来的宇宙的秘密。

男生　它会使你想到了，若不是有了它你就永远不会联想到的种种事件！

齐读　发明这“天窗”的大人们，是应该感谢的。因为活泼会想的孩子会知道怎样从“无”中看出“有”，从“虚”中看出“实”，比任何他看到的更真切，更阔达，更复杂，更确实！

“好，这是我们完成的第一遍朗读。”干老师又问，“课文一共有几段？”

"9 段。"学生在预习时都已经在每段前标了序号。接着老师引导学生把这 9 段进行概括，将讲一个内容的分在一起，得出 9 段可分三部分，再分别为它们拟出小标题：

1、2、3 自然段讲天窗的由来。4、5、6、7 自然段分别讲在暴风雨天和夜晚，天窗给孩子们带来的慰藉。8、9 自然段讲天窗的意义。干老师告诉孩子们，这样一溜而过，把全文的意思进行概括，是我们第二遍读课文，接下来我们就要第三遍细读课文了。

对比法分析课文

"有时候，一篇文章可以有许多种阅读的方法。今天我们用分析'文章中所用的对比'来阅读课文。"这句话被干老师清楚地显示在屏幕上，并且清楚地告诉学生，因为这是这篇课文的核心语文知识目标。

"现在请以小组为单位（以同桌两个同学为一小组）找出课文中的对比，你觉得课文中哪里跟哪里是相反的？有多少这样的情况？有多少就找多少，同桌可以轻声讨论。边找边用笔在书上画出来。"听完老师的要求学生便开始小组学习了，老师则在行间观察着学生的学情。

三分钟后，老师要大家停下来，说："我们来试着找一处。"屏幕上出现了这样的样例：

样例	木板窗优点与缺点对比 优点：打开时，光线和空气都有了 缺点：挡住了风雨时也挡住了光线

这时，一个女生举手发言说："木板窗的优点是，木板窗打开时，光线和空气都有了。木板窗的缺点是：只要窗子关起来，屋子就黑得像地洞似的。"

"好，我们把木板窗在晴暖天气和风雨天气中的对比再来看一下。"屏幕上又出现了这一段完整的课文，老师带领学生又回顾了一下。"接下来是什么和什么的对比呢？"屏幕上又出现了后面的课文。

"是天窗和木板窗的对比。"有一个男生说，他接着说："木板窗在晴天的时候打开，光线和空气可以透进来，如果下雨天气，木板窗关了，就要用天窗了，把光线给透进来。”

“那它俩的区别主要在哪里呢?”老师引导学生概括得再精练些，准确些。

“木板窗只能在晴暖天气打开，而天窗在晴暖天气和风雨天气都能打开。”又一个女生发言。

“对，天窗是一直打开着的，白天和晚上都打开着的，晴暖天气和风雨天气也打开着的，所以它始终把空气隔在外面而把光线透过来。而木板窗则有时打开有时关闭。”老师肯定了这个女生的意见并把更准确的概括投影显示在屏幕上：

> 对比：木板窗和天窗
> 木板窗：空气和光线一道进来或一道阻挡
> 天窗：挡住风雨，采一点点光

“木板窗打开的时候是‘天堂’，而关闭的时候是——”老师形容归纳。

“地狱。”学生接口道。

“而天窗它一直在那里，你需要它的时候你就去找它。好，我们就用这个方法一点一点把对比都挖掘出来，再看这一段。”老师先让男生把这段话读了一遍。

> 夏天阵雨来了时，孩子们顶喜欢在雨里跑跳，仰着脸看闪电。然而大人们偏就不许，“到屋里来呀!”孩子们跟着木板窗的关闭，也就被关在地洞似的屋里了；这时候，小小的天窗是唯一的慰藉。

“这里有什么对比?”

“这里是孩子们想在外面玩和大人们不许孩子们在外面玩的对比。”在众多感到有难度的学生中，后面一个男生发言了。

“哦，不许在外面玩，那我在屋里玩好了。”干老师打趣道，他接着启发说，“他找到了但是归纳得不够准确。孩子们想在外面雨天中雨地里玩，是吧?但是他们是跟什么做对比呢?”

“关进屋子来，是乌黑，没有亮光，就像被关在地洞里。”一个女生反应过来了。

“是啊，所以是什么跟什么对比？”干老师继续鼓励她。

“黑暗与明亮。”

“嗯，你这样说也可以，但是还可以更准确些，是‘屋外的快乐、自由’和‘屋内的黑暗、沉闷、不快乐’对比。多想到屋外去呀，可是不让去，这时候心里会很不高兴，但是幸亏——”干老师问身边的一个男生。

“幸亏有天窗。”男生答得很快。

“那么现在又有了，所以首先是‘风雨中的快乐’与‘屋里的黑暗无味’来对比，风雨中我是多么快活，大家把这两句快活再读一下。”

“夏天阵雨来了时，孩子们顶喜欢在雨里跑跳，仰着脸看闪电。”

干老师接着用略带夸张的语气再读后面的句子：“然而大人们偏就不许，‘到屋里来呀！’孩子们跟着木板窗的关闭，也就被关在地洞似的屋里了。”

“孩子们高兴吗？”

“不高兴。”

“幸亏——”

“有天窗。”

“所以，这时候，小小的天窗是你唯一的慰藉。”

这样的情境朗读，也就把对比的写法更直观形象地显现出来。“所以，这里又有一处对比：屋里的黑暗无味与天窗带来的慰藉形成对比。”

夏天阵雨来了时，孩子们顶喜欢在雨里跑跳，仰着脸看闪电。然而大人们偏就不许，“到屋里来呀！”孩子们跟着木板窗的关闭，也就被关在地洞似的屋里了；这时候，小小的天窗是唯一的慰藉。

对比：风雨中的快乐与屋里的黑暗无味

对比：屋里的黑暗无味与天窗带来的慰藉

“好，我们继续向前！”

从那小小的玻璃，你会看见雨脚在那里卜落卜落跳，你会看见带子似的闪电一划；我想象到这雨，这风，这雷，这电，怎样猛厉地扫荡了这世界，我想象它们的威力比我在露天真实感到的要大十倍百倍。

小小的天窗会使我的想象活跃起来！

这一段课文，仍然是老师和学生先后按颜色分读，读得很好。

“找到对比了吗？”老师充满期待地问。

但是这一段对于学生实在挑战太大了，他们再看看，还是摇着头。

“作者看到了很多很多东西吗？”老师引导。

“没有。”学生虽然这样回答，但是很明显，是猜测老师语气来的，而不是通过细读课文，因此干老师又追问：“到底看到了多少东西？”

“看到了雨、风、雷、电。”一个男生说。

“雷能看到吗？”

“不能，只能听到。”其他同学说。

“作者到底看到了什么？真实地看到了什么？再看课文，从里面找出来。”老师让学生再细读。

“你会看见雨脚在那里卜落卜落跳，你会看见带子似的闪电一划。”一个女生准确地说了出来。

“对，作者看到的多吗？”老师又问。

“不多。”

“大不大？”

“不大。”学生应对着老师的问题，但是很明显，他们对这个“多不多，大不大”的问题还不是很理解，干老师看出来了，幽默地来了一句：“哪怕最大也只有天窗那么一块大，对不对？”

“对。”学生都笑了，也明白了。

“但是这天窗大的一块，看到的那不多的东西，却让你感受到的是什么呢？你想到的又是什么呢？”老师继续挑战学生的思维。

“想到的是这雨，这风，这雷，这电，怎样猛厉地扫荡了这世界。”一个男生说出了大家的看法。

“我要问你了，你是不是想象的是风、雨、雷、电？”干老师又追问他。

这个孩子点头称是。

“不对，想象的是它们怎样扫荡了这全世界。”干老师把“扫荡全世界”说得很重，他又形象地一边比画一边描述，“这风啊到哪里去了，把山啊刮啊，把大川啊刮啊，整个成都平原都笼罩在这暴风雨之下，是不是？”

学生点头，理解了这“扫荡全世界”。

“大不大?”

“大!”这次才是真的理解了。

“天窗小不小?”

“小。”

“所以这里就有对比。你看到的天窗的小，和想象中的又大又猛厉形成了对比。我们再来读一读，我读上面透过天窗看到的，你们读下面想象的。”

在这里，老师把课文做了小小的改动：把“你”改为“我”，学生朗读的时候就更能发挥自主作用了。

> (老师)从那小小的玻璃，你会看见雨脚在那里卜落卜落跳，你会看见带子似的闪电一划；(学生)我想象到这雨，这风，这雷，这电，怎样猛厉地扫荡了这世界，我想象它们的威力比我在露天真实感到的要大十倍百倍。小小的天窗会使我的想象活跃起来!

“所以在这里，天窗的‘小’和你想象的‘大’，天窗能够看到的暴风雨的一角，但是你想象它怎样扫荡整个世界，这里形成了对比。好，我们继续!”再点了点后，老师带领学生继续向前。

仍然是师生分别朗读，仍然是老师读“你”学生读“我”。

> (老师)晚上，当你被逼着上床去“休息”的时候，也许你还忘不了月光下的草地河滩，(学生)我偷偷地从帐子里伸出头来，我仰起了脸，这时候，小小的天窗又是我唯一的慰藉。

这段和上段语气又明显不同了，因此干老师又指导了一下怎么把关键词“偷偷地”读好，因为是“被逼上床”，所以如果稍微一动的话就要被发现了，所以只能是“偷偷地”。学生于是带着这种趣味又读了一遍。

“又有对比，外面的广阔的世界、神奇的世界跟什么形成对比了啊?”

“地洞似的屋子里。”学生说。

同样方法继续往下学。

（老师）你会从那小玻璃上面的一粒星，一朵云，（学生）想象到无数闪闪烁烁可爱的星，无数像山似的、马似的、巨人似的奇幻的云彩；你会从那小玻璃上面掠过的一条黑影，（学生）想象到这也许是灰色的蝙蝠，也许是会唱歌的夜莺，也许是恶霸似的猫头鹰——总之，美丽的神奇的夜的世界的一切，立刻会在我的想象中展开。

“这段话里有对比吗？”

“有。从天窗上看到的一粒星，一朵云和想象的无数星，无数云对比。”学生这会儿找得就又快又准确了。

“那你能说出是从什么方面来对比的吗？”干老师再让他们更向上走一走。

“从‘我看到的少的风景’和‘想象到的多’进行对比。”小姑娘说。

“好，这是从看到的少和想象到的多进行对比。还有吗？”

“看到的从天窗上掠过的黑影同想象的夜莺、蝙蝠、猫头鹰进行对比。”一个一直没有发过言的男生说。

“嗯，这就对了。你看到的是一条黑影，但是你想到的却是夜莺、蝙蝠、猫头鹰。也许……也许……很多很多，你看到的只是一条黑影，但是你想到的东西却无边无际。所以这又构成了对比。”这时，屏幕上的这段话中，干老师又用横线和虚线分别把看到的和想象的标示出来，他告诉学生说：“横线标出的是看到的东西，虚线标出的就是想到的东西，你看，看到的东西少，而想到的东西多。所以这又是一个对比。”这时，屏幕上这段文字的下方又出现了老师总结出的对比：

对比：天窗的风景与你心里的风景

单调、枯燥、乏味 VS 可爱、奇幻、有故事、神奇

老师带学生一起回顾。

“天窗的风景与你心里的风景形成对比，天窗的风景怎么样？”

“单调、枯燥、乏味。”学生看着屏幕板书说。

“是啊，从天窗看去，最美的风景也不过是那一粒星，一朵云，有时也只是那一条掠过的黑影，可是你想象的风景是怎样的？”

“是可爱、奇幻、有故事、神奇的。”

“如果没有故事，你怎么会把猫头鹰想象成恶霸似的猫头鹰呢？你的脑袋里肯定想象过猫头鹰和老鼠打仗，就像动画片《猫和老鼠》一样。所以你的想象是有故事的，是奇幻的。”老师又简单解释了然后问，“所以在这里美的不是天窗，美的是什么？”

“是想象。”学生都清楚了。这时，大屏幕上出现了一幅图：黑洞洞的背景中，一方窄窄的天窗，光线透进，在墙上打出明亮的光影一片。学生也都惊喜地叫：“天窗。”一个问题也随之显示在黑暗的背景之上。

“既然美妙的只是你的想象，那么我们要天窗做什么？”老师问。

“必须要看到，才会有想象力。”一个女生说。

“哦，作者是怎么告诉我们的，我们读一下。”

> 啊唷唷！这小小一方的空白是神奇的。它会使你看见了，若不是有了它你就想不起来宇宙的秘密；它会使你想到了，若不是有了它你就永远不会联想到种种事件！

“这里呀，也有对比，对比的就是‘天窗的小’和‘天窗的神奇’。天窗其实很小，可是天窗的作用却又非常大，非常神奇，正是这天窗的小才给了你这神奇。所以作者说，若不是有了它——我们再来玩玩刚才那个游戏，你们把‘你’换成‘我’接着往下读。”

> 老师　它会使你看见了，若不是有了它——
> 学生　我就想不起来宇宙的秘密；
> 老师　它会使你想到了，若不是有了它——
> 学生　我就永远不会联想到种种事件！

“天窗很重要啊，没有它，就什么也想不起来了。所以它是小的，但是它是神奇的。”老师总结道。

学到这里，老师又带着孩子们把学过的课文中的种种对比又通过屏幕显示了出来，做一回顾：

> 木板窗的优劣对比

木板窗和天窗的对比
下雨天屋内外对比
下雨天，晚上，天窗上风景与你想象世界的对比
天窗的小与神奇对比

“你们知道吗？课文里还有一个最大的对比呢！”老师一一列举完后说。

“啊？”学生吃惊了。“从无中看出有，虚中看出实。”一个男孩子马上从课文最后一段找出句子来回答。

“从无中看出有，虚中看出实，写的是哪一自然段？”老师问大家。

“最后一个自然段。”学生不假思索地回答。

“错了，你早就从无中看出有，从虚中看出实了。”

“哦，是4、5、6、7 自然段。”学生反应很快。

“好，我们来看一下，还有什么大对比我们没有发现。”老师开始讲解课文的最后一个自然段：“发明这‘天窗’的大人们，是应该感谢的。大人们为什么要发明这天窗？”

“因为在遇到大风大雨的时候，木板窗关起来，屋子里就黑洞洞的像地洞里似的。所以大人们要发明天窗。”一个女生说。

“就是说发明天窗是为了采光用的，我要挡住风雨，我还要光线。大人发明天窗本来是做这个用的，他是不是要你去胡思乱想的？”老师故作吃惊地问。

“不是。”学生笑着说。

“那么，什么对比在这里呢？”

“大人和小孩的对比。”

“嗯，刚才我们已经说过了，天窗对于大人们的作用就是——采光，挡住风雨；但是小孩子的天窗有什么作用？”

“想象。”

“无穷无尽的想象，那是神奇的世界。那是一首诗，那是无穷的画，那是每天晚上看到的无穷的‘电影’，是不是？”

“是。”

“所以对于天窗，大人的‘用’和小孩的‘用’是不同的，大人的‘用’是实用，是有用之用，而小孩的‘用’是无用之用。可是你知道吗？无用之用有大用呢！”学生的好奇心被勾起来，他们很专心地听老师继续讲：“想象力值

多少钱？一首诗歌值多少钱？玫瑰花能吃吗？”

“不能。”学生摇头。

“对了，你们学过《落花生》没有？”干老师问，他想联系《落花生》中苹果石榴的“无用之用”来印证。

“没有。”教材版本不一样。

“嗯，那就算了，我们看这一段话。”屏幕上又出现了《小王子》中的一段话：

> 如果你对大人们说：“我看到一幢用玫瑰色的砖盖成的漂亮的房子，它的窗户上有天竺葵，屋顶上还有鸽子……”他们怎么也想象不出这种房子有多么好。必须对他们说：“我看见了一幢价值十万法郎的房子。”那么他们就惊叫道：“多么漂亮的房子啊！”

“这就是大人与小孩的对比。所以，发明这‘天窗’的大人们，是应该感谢的。”后面的句子老师让同学们读。

“因为活泼会想的孩子会知道怎样从‘无’中看出‘有’，从‘虚’中看出‘实’，比任何他看到的更真切，更阔达，更复杂，更确实！”

“功劳到底是谁的？”老师问。

“是孩子。”学生说。

“是活泼会想的孩子！不是每一个孩子。如果看到‘我’第一幅杰作就说是帽子的，那就必须要改过来，必须看到什么？”老师强调。

“蛇吃大象。”想到课前的那幅画，学生又笑了。

“我还有一个疑问，明明是我想象的，为什么还要说更真切更确实呢？”

这可是一个难回答的问题，学生一下子傻眼了。

“你在梦到一个魔鬼的时候，你害怕吗？”老师问。

“害怕。”大部分同学都这么说，也有男生挺着胸脯说：“我不害怕！”

“你真的害怕吗？”

“害怕。”

“你想到一个公主的时候，你会高兴吗？”

“会。”

“你会真的高兴吗？”

“会。”

“这些你的感受那么真切，那么真实，它甚至比你见到一个猫头鹰还要真实，所以，它是不是比任何你看到的更真切，更阔达，更复杂，更确实呢？”

学生这下明白了。“记住，想象的东西是有价值的。”接着，老师又读了一段话，这是他根据课文最后的一段话仿写的：

“发明‘想象’的孩子们是应该被感谢的，因为他们让一块小小的玻璃，变成了神奇之物，无价之宝。”

到这里，课文的第三遍细读——通过对比阅读来学习课文也结束了。

培养神奇的想象力

“这个世界上有太多的东西我们没听说过，没看见过，然后我们终于听到了，看到了，我们看见了玫瑰花，我们看到了小王子。玫瑰花看到了三天之后，五天之后，两个月之后，我们会怎么样？”

“熟视无睹。”这个词在大屏幕上，孩子们读了出来。

“什么叫熟视无睹呢？”

“太熟悉了，就看不到了。”一个女生说。

“我们绵阳非常非常美，你知道吗？”干老师略加引导。

“不知道。”

“为什么？”老师问。

“因为我们没有去看它。”

“不是没有去看它，而是因为经常看到它，所以——”

“熟视无睹。”

“你没看你就不知道，但是看多了，你就觉得不美了，所以这两个都不好。好的是什么？”此时，屏幕上又现出一段话来：

> “天窗”的奥秘：世界、事、物、人的“魅力”，永远在半遮半掩之间，在由遮蔽到开启之际。

“有些同学还不太懂这些词语，不懂不要紧，我先告诉你，以后你再遇到，你就知道了。一样东西，刚刚看到的时候是最美的，就像你第一次看到百合花的时候，你说：‘哇，好美呀！’”

“好，这节课我们就上到这里。最后，我们再来读一读这几段话。”

发明这“天窗”的大人们，是应该感谢的。因为活泼会想的孩子会知道怎样从“无”中看出“有”，从“虚”中看出“实”，比任何他看到的更真切，更阔达，更复杂，更确实！

学生读完后，老师说：“所以我们要感谢大人所带来的一切，但是大人带来的一切美不美取决于谁?”

“孩子。”

老师接着读这一段话：

发明“想象”的孩子们是应该被感谢的，因为他们让一块小小的玻璃，变成了神奇之物，无价之宝。

“如果一块小小的玻璃也能有魅力的话，那么你的爸爸妈妈、老师所带来的一切，假如你能有想象力，想象力足够的话，它们都能够是什么?”

“无价之宝。神奇之物。”

“这个道理是谁告诉我们的？是写下这篇文章的作者告诉我们的。”

学生齐读下面这段话。

写下这篇文章的作者是应该被感谢的，因为他让我们重新发现了天窗，和每一个平凡事物背后的神奇。

“背后的神奇取决于谁?”

“想象。”学生说。

“有想象力的人们。只要你有想象力，就算你年纪很大了，也不老，到老都是小孩。但如果你丧失了想象力，哪怕你年纪最小，你也已经老了。”干老师一字一句地说，最后，意味深长地告诫孩子们：“不能丢失想象力，知道吗?”

“知道。”

课后反思

《天窗》一课，可以提炼的关键有如下几个：贴切而传神的朗读；以对比这一修辞的分析贯通全文的形式分析；多个文本的互文链接以更好地揭示主题。

小学课堂一直以来重视朗读，重视有感情地朗读，但这种“有感情”，往往是把一种先在的感情整体外贴进文本，而不是依据语言文字细微的差异，及对这种细微差异的理解，用声音把它演绎出来。也就是说，理解和朗读相互依赖的关系，未能在平时的阅读教学中更好地体现，而此课在此方面有所努力。

语文的工具性和人文性之争，不仅一直在理论界绵延（虽然有不少有识之士已经清晰地论证这两个词语的对峙乃是一个伪问题，但纠缠在这两个词语背后的真正的不同的语文价值取向，总会以另外一种方式死灰复燃），而且同样也是课堂实践上的难点。从小学中高段开始，教师就陷入了不知教什么的窘境：孩子已经会认字、会朗读、会理解字面意思，这时候，语文教学还能够以及还应该做些什么？难道真的从这个时候起，语文仅仅只是为了获取某种情感思想的通道了？

所以本课从文本中提炼出“对比”，并一以贯之，分析整篇文章，就是在语文的形式分析上所做的一点努力。

而我一贯认为，脱离文本的情感思想而学习语言文字的形式特征，是机械与低效的，文本的情感思想永远不能被忽视。显然，这一追求并不能够用“人文性”来涵盖，但确实存在着和“工具性”对峙的一个因素——其实，与其说是对峙，不如说是相互依赖。唯二者相互依赖，才能把文本的形式特征，和思想情感都得以淋漓尽致地显现。

这些追求不是本课独有的，它事实上是隐含于我最近几年的全部课堂追求中的。只是依据文本本身蕴含的价值的差异，有时会或侧重于形式，或侧重于主题研讨，或侧重于思想情感。当然也有时会相对平衡、兼重，譬如此课。

小 露 珠

时间：2007 年 11 月 9 日
班级：翔宇宝应实验小学 302 班
教材：苏教版小学语文第五册

背景描述

这节课是临时安排的。11 月 8 日晚获悉，明天灌南实验区又将派八位老师前来观摩新教育小学的开放周活动，而这边开放周的活动已临近尾声，有效课堂讨论已经结束。为了让这八位老师“不虚此行”，在极短的时间里完整地领略新教育“晨诵、午读、暮省”儿童课程和“有效课堂研讨”这两个核心项目的魅力，所以，8 日深夜决定在最后一天原定的“晨诵、午读”课程不变的基础上，再添加一节语文课，课题就选择昨天上午诸向阳和高丽霞同题异构，晚上又进行录像回放评课的《小露珠》，在高丽霞第一课时的基础上，由干国祥执教。

昨天高丽霞的课堂，主要完成了生字、词语教学，训练了学生的朗读，带着孩子理清了课文的段落，在最后，点到了比喻句这个原定为主要教学目标的知识点，但由于时间关系，最后只是点到为止，课后布置的作业是朗读课文、背诵课文。

熟悉的小露珠

下午第二节课，302 班的学生在陈美丽老师的带领下来到了上课地点——小圆厅。大屏幕上的画面：一张蜘蛛网上，布满了大大小小的露珠，晶莹透亮，玲珑剔透。真的很美。

趁着正式上课还未开始，干老师补聊了几句本该在第一教时前聊一聊的话题，他问学生：早上有没有去观察小露珠？学生纷纷说没有，因为这几天雾特别大。然后干老师就和学生简单地把“雾与露的区别”辨析了，水蒸气飘浮在空中的时候，就是雾，凝结在草叶上、树上、花上等形成较大的水珠就叫露珠了。

按提示写生字

干老师接着让学生拿出纸笔，开始检查学生的生字词掌握情况。大屏幕上出现了一句话：准备好纸和笔，按提示写生字。(不用抄原文与拼音)

这里，也出现了有意思的情况。老师并没有读题目，而是在确定学生回答说“看清楚了题目要求”后便迅速把投影播放到下一张练习题，一段老师根据课文内容把生字又用新的语言组织串联起来的话。果然在学生开始写下答案的时候，干老师发现还是有一些同学不假思索把整段话开始抄写下来，于是他再次播放到前面的题目要求，提醒大家一定要看清楚后再去作答。

每一个黎明都是一首歌，每一只小鸟都在黎明演 zòu（　）出动人的乐曲，每一朵花都在黎明散发出一 gǔ gǔ（　）xí（　）人的清香，每一种 zhí（　）物都在黎明把自己打扮得漂漂亮亮的，迎接着属于自己的新的一天。

黎明来 lín（　）的时候，草尖上的每一 lì（　）小露珠，都像是一粒透明的 zhēn（　）珠，而小草，就像是一个 jùn（　）俏的小姑娘，在脖子上 dài（　）上了一串美丽的项链，在肩上 pī（　）上了一块用闪光的宝石装点的围巾。

学生明确了要求后，开始迅速在练习本上写起来。

看大部分同学都完成了，干老师让每组的三个同学交换，对照大屏幕上出现的正确答案检查批改，很短的时间后，老师让全班同学停下，有的同学还没检查完，老师又明确要求：检测不仅为了检查大家是否写得正确，还要检查是否达到一定的速度，同时他提醒，为了确保速度，以后完成这样的作业时一定要做到“静、齐、快”。

随后老师便带着学生一起又对照答案批改，强调了“奏”字下面是“天”，以及“植”“临”等字的写法。告诉学生，如果这个同学十个生字全部写对了，就替老师为他打一个“☆”。在老师的注视下，班里所有的学生都在认真进行着交换批改的工作。

老师又统计了一下全部正确的同学人数，有四分之三多的学生把手举了起来，老师又请没有全对的同学说说自己哪里错了，有的同学说“没写完”，有的同学说“多写了一个”，还有的同学却是“漏掉了”，老师又问了两三个同学，都是“写得慢了，没写完”。于是老师面向全班同学再一次明确要求：以后在老师布置作业的时候，一定要静、齐、快。千万不能磨磨蹭蹭，要尽最快速度完成，完成之后再来检查准确性。这是进入三年级后对学生的新要求了。不过，干老师严格要求之后，还是很高兴地称赞学生刚才的练习完成得非常不错。

PPT 回顾内容

接着，干老师带领学生，在 PPT 的引导下把课文内容作了简单的回顾。干老师要求学生清楚地把四部分内容都说出来，干老师请一个小女孩回答。

小姑娘说：“第一部分是讲‘小露珠到黎明的时候已经有黄豆粒那么大了’。第二部分是‘小动物们和小露珠打招呼’。第三部分是……”她停下来，努力思考着。等了片刻，老师就让她跳过去，直接说第四部分。

“第四部分讲‘小露珠向空中飘去，变成水蒸气’。”女孩结束了回答。

“大家觉得她这三点哪一点是正确的，哪一点是不正确的?”干老师并没有让那些举手的同学补充这个女孩没有答出的第三部分内容，而是抛出了这样一个问题。

学生又积极投入思考，后面的一个女孩儿站了起来，说：“第二部分应该是‘小动物们喜欢小露珠’。”

“为什么你认为你是对的，她是错的？赞成是‘小动物们很喜欢小露珠’的举手!”干老师继续追问，“呼啦”一下，大部分孩子都举起了手。

“赞成是‘小动物们跟小露珠打招呼’的举手。”还是有两三个学生犹豫着，把手悄悄举了起来。老师又让认为“小动物们跟小露珠打招呼”错了的同学说说为什么这样是错的。

一个小男孩站起来说，因为“小动物们喜欢小露珠就代表了它们要和她打招呼”。

“喜欢她就一定代表着要跟她打招呼吗?”老师又把学生投来的“球”抛向了他，带着力度。

“打招呼的时候用了许多比喻句。”一个小男生这样解释。

“哦，因为用了比喻句，所以就不是了?”干老师同样把这个小男生抛来的“球”反抛回去。

“比喻成珍珠、水晶、钻石那么美。”这个小男生努力去接老师抛来的球。

“好。停。”干老师结束了他和这个男孩的对话，面向全班，把这个问题再一次明确，“我刚才在跟大家探讨一个什么问题呢?是这一段讲的是什么。到底谁的概括是对的?怎么样才叫对的?为什么说‘小动物们喜欢小露珠’是对的?”他顿了顿，目光注视学生。

“为什么说‘小动物们喜欢小露珠’是对的?因为这句话是——”老师开始准确地告诉学生了。

“总起句，中心句。”学生对这一点认识很清晰。

“嗯，是总括这一部分意思的句子，能概括这一部分的主要内容，但不是总起，总起的话要放在开头。”干老师非常清楚地告诉学生因为“小动物们喜欢小露珠”是第二部分的中心句，因此可以用它来概括这一部分的主要内容。

“那么，她的说法是不是正确呢?”干老师又转向那个说“小动物们跟小露珠打招呼”的小姑娘，面对大家说，“那也是正确的。因为她不是用中心句概括的方法，她是把这几自然段的意思全部概括起来。”然后干老师让学生再回忆课文：“这几自然段讲了什么意思?”学生纷纷说出：“小动物们跟小露珠打招呼。”

“所以这个也是对的。”干老师再一次明确向学生说明：“这样用两种方法（中心句和主要意思）来归纳一段的主要内容，都是对的。”

接着，干老师又回到第一自然段的学习，他让学生看大屏幕：

> 第一部分：夜幕下，小露珠出现了。
>
> 夜幕降临了，草叶上、花朵上、禾苗上出现了一颗颗小露珠。露珠爬呀，滚呀，越来越大，越来越亮，到黎明的时候，已经有黄豆粒那么大了。

干老师说：“第一部分，其实，我用了一种更简单的办法写在这里。‘夜幕下，小露珠出现了。’那后面那个同学说的‘小露珠变成水蒸气，到空中去了’，你能不能用一个词概括?”

他让刚才那个发言的女孩儿先说，女孩子说“小露珠变成了水蒸气”。

“‘变成了水蒸气’已经不是一个词了!”干老师一边做着评价一边请旁边一

个高举着手的小男孩发言。

“小露珠蒸发了。”

“课文说是‘蒸发’了吗?”这时，又有一些同学急切地要发表意见，干老师挑了最急切的坐在第一排的一个小男孩。

“应该讲了它生命虽短，可是把别的植物装点得非常美丽。”听了这个学生的发言，别的小孩子更着急了，尤其他旁边的一个女生，把手举得不能再高了，小手还急切地振动着，表示对同桌没有真正理解老师问题的遗憾。

“我们说要用一个词来概括，刚才说‘蒸发’对不对?”干老师又及时把学生的思路带到正确的方向上来。学生沉吟着点头，干老师又肯定地表示：“其实是对的。但是‘蒸发’好不好?”这里又有学生很快地表态：“不好!”

“不好。”干老师也明确地表达了自己的意见。这时，还是那个最早回答这个问题的女孩把自己新的思考结果说了出来：“小露珠消失了。”

“第一自然段讲‘小露珠出现了’。最后一段讲‘小露珠消失了’。”干老师用文本间的呼应再次让学生理解“出现”和“消失”两个词语概括得准确。然后他又走向刚才那个答非所问的男生，对他说：“而你刚才讲的跟这个有没有关系?”“没有关系。”不仅是他摇头，全班学生也都一致这么认为。

“不是讲得漂亮就对了，词语漂亮没用。而是要准确，它讲什么，就是什么。”

文本细读：慢慢变大

干老师接着带领学生向学习的新的高坡开始攀登了——文本细读。

“第一段讲小露珠出现了。小露珠从空气中的小雾点，长到像黄豆粒那么大，用了多长时间?”

老师请了一个男生来回答。“一个夜晚。”他说。

“是一个夜晚，从哪里看出来的?”干老师马上追问。

“夜幕降临。”全班学生脱口而出。

“从夜幕降临到什么?”

“黎明。”

干老师马上引导学生把没有回答完整的部分补上：“从夜幕降临到黎明，整整一个夜晚。也就是说用了很长很长的时间，因此大家读的时候，要把这很长很长的时间读出来。你认为怎么读出来?”

“读慢。”学生这样认为。

“读慢?所有字都读慢就可以了吗?”老师再次反问学生。

“不是。”“降临……”学生果然开始细致地辨析了。

干老师请他们逐一发表意见。“越来越。”部分学生准确地找到了重要词语。

“‘越来越’要把它读慢。我们来试一试好吗?总的来说，这一段都要读慢，但是在‘越来越’上，我们要格外慢些。”干老师做了明确的说明。

“一起读不太容易读得好，但是我们还是试一试吧。”在这样的期待中，学生一起把第一段读了一遍，对于整段文字速度的处理和“越来越”的把握上，还是很到位的，不过学生对于“越来越”在声音的控制上，出于习惯，还是以重重的声音响亮地读来表现的。

“要把这个‘越来越’的味道读出来，是不是读得越响就越对?”干老师及时反馈与点拨，“把‘小露珠越来越大’读出来，不是说读重了读响了就可以了，有时候要突出它反而是要读得轻轻的。”随即，他做了示范：“小露珠爬呀，滚呀，越来越大，越来越亮。”“爬呀，滚呀”中的两个轻声，和后面慢慢地念出的“越来越”，以及响亮的两个音节“大”“亮”，让学生有了最直观的感受，“小露珠一个晚上慢慢变大的过程”也就在眼前呼之欲出了。

比喻句的学习

“我们继续往下走。”干老师让学生看大屏幕。

> 第二部分：小动物们问候小露珠。
>
> “早哇，像钻石那么闪亮的小露珠。”蹦到大荷叶上的小青蛙对小露珠说。“早哇，像水晶那么透明的小露珠。”爬到草秆上的小蟋蟀对小露珠说。“早哇，像珍珠那么圆润的小露珠。”落在花朵上的小蝴蝶对小露珠说。
>
> 小动物们都喜欢小露珠。

他说：“第二部分，我也采用了这位同学（那个用主要意思来概括的绿衣女孩）概括段意的方法：小动物们问候小露珠。概括段意的方法有很多，我采用的就是这一种。”然后，他又联系昨天高丽霞上课时讲这段时提到的“比喻”，对学生提出了新的学习要求：“我觉得上堂课大家还没有完成任务，这节课我们继续来完成。”说着，大屏幕上投出一道练习题。

“作者在这段话里用了三个比喻句，现在大家马上在练习本上完成，不用抄题目。”

比喻句的学习：

像钻石那么闪亮的小露珠。

像水晶那么透明的小露珠。

像珍珠那么圆润的小露珠。

小露珠和钻石相像的地方是它们都是________的；和水晶相像的地方是它们都是________的；和珍珠相像的地方是它们都是________的。

学生一边读着题目，一边拿起纸笔。老师在行间走动，观察着孩子们写下的答案。一分多钟后，学生陆续完成了。干老师让大家一起把答案读一遍。

“小露珠和钻石相像的地方是它们都是闪亮的；和水晶相像的地方是它们都是透明的；和珍珠相像的地方是它们都是圆润的。”

“对的举手。”老师再次反馈全班做题情况，一大半的学生都举了手。

“我刚刚发现部分同学写错了，他写错的原因是想离开课文自己想出一个答案来。可是课文中已经明明白白地写了，是不是？”

“那么能不能这样写，像珍珠那么透明的小露珠？”干老师继续引导学生辨析“比喻”的关键。

“不能，因为珍珠不透明。”学生笑了，脱口而出。

“所以，把一个东西比作另一个东西，一定要找到它们的什么？”

“相像的地方。”学生异口同声，声音整齐而响亮。

“相像的地方。那么，你真的会用了吗？”老师又抛来了一个“高飘球”。

“会。”学生也很干脆。

“我们试一试，马上来进行一个练习。”大屏幕上又显示出一道新的练习：

“早哇，像钻石那么闪亮的小露珠。”

“早哇，________的小青蛙。”

“早哇，像水晶那么透明的小露珠。”

“早哇，________的小蟋蟀。”

“早哇，像珍珠那么圆润的小露珠。”

“早哇，________的小蝴蝶。”

小动物们都喜欢小露珠。小露珠也喜欢小动物们。

干老师对学生说：“写出来是不难，但是要写出像‘珍珠、水晶、钻石’比喻‘小露珠’那么贴切的，可并不容易。你能造出来这样的三个比喻句吗？”于是，干老师把全班学生按竖排分成三大组，每组各写一个比喻。

老师统计了一下学生的完成情况，寥寥无几。干老师又做了一个示范：“真的这么难吗？我先比喻一个。像知了一样呱呱叫的小青蛙。好不好？”

“不好！”学生都笑了。

“为什么不好？”

“青蛙和知了不是都呱呱叫的。”

“动物不能比成动物。”学生七嘴八舌地说。

“动物不能比成动物，谁说的？”干老师马上抓住学生的错误点并做了纠正，“动物能比成动物。”

又一个男生站起来想说他在一本书上看到知了发出的是怎样的声音，可是他说了好几句，还是没有能够清楚地表达自己想说什么。

“你并没有回答我的问题。我的问题是，我的这个比喻好不好？”干老师提示他注意听清问题。

“不好。因为知了不是呱呱叫的。”这一次，他很明确地回答出来。

“哦，青蛙和知了叫的声音不一样，但是它们都叫得很响。那么改一下，像知了一样叫得很响的青蛙，好不好？”干老师再一次把学生推向比喻的核心。

“不好。”“不好。”学生迟疑着，做出了判断。

“因为青蛙和知了叫的声音不一样。”那个绿衣女孩还没有清楚老师提问的目的。

“它们叫得一样响嘛！这是相像的地方嘛。”老师做了解释。

“因为知了叫的声音比较尖。”后面一个男生还在从声音不同方面回答。

“嗯，好听吗？”干老师接过话头，顺势引导。

“不好听。”

“嗯，大家都讨厌知了的叫声，是不是?”学生点头认同，干老师接着又说：“现在你看，早上跳上荷叶的小青蛙怎么对小露珠说的：‘早哇，像钻石那么闪亮的小露珠。’然后小露珠应该怎样回答?”

“也夸它。”一个小女孩轻轻地说。

“应该也把它的优点说出来，赞美它才对，是不是?”学生表示赞同。“好，那么，请先写完的同学来说一说。”对比喻的运用，干老师引导学生不但要注意“准确”，还要注意“贴切”。

一个女孩子起来读她写的比喻：“早哇，像翡翠那么绿的小青蛙。”

“像翡翠那么绿的小青蛙，好不好哇?”干老师重复了一下这个女孩子的回答，特意把“翡翠”很响亮很夸张地突出出来。

“好!”学生一致赞成。

“小青蛙听了很高兴的。你来说。”干老师又请这一组别的同学回答。大家回答的有这些：

像小卫士那么勇敢的小青蛙。

像跳远高手那么厉害的小青蛙。

像庄稼保护神的小青蛙。

对于这些句子，干老师都以非常高兴的语气和神态表示了对这些句子的赞赏，同样喜悦的花朵也开放在这些孩子的脸庞上了。

接着是反馈第二组写“小蟋蟀”和第三组写“小蝴蝶”的比喻句，第一个学生说得很好：“早哇，像歌唱家那么高雅的小蟋蟀。”第二个女生说出的时候全班学生都表示疑惑了：“像战士那么英勇的小蟋蟀。”老师请她说出为什么要这么比喻，原来她是根据“斗蟋蟀”时的样子来说的。对此，干老师说：“斗蟋蟀是人类的一种习惯，把蟋蟀放在一起，让它们斗。蟋蟀喜欢吗?”

学生纷纷摇头说：“不喜欢。”

“变成人的宠物、玩物了，小蟋蟀会高兴吗?”

“不高兴。”

“所以这个比喻小蟋蟀不喜欢，我们换一个。你来说。”干老师又请一个学生说，他说的是：“像快乐王子那样快乐的小蟋蟀。”干老师幽默地回了一句：“小蟋蟀快乐吗?那是你快乐，所以也说小蟋蟀快乐了。”学生嘻嘻地笑了。

又一个女孩子说出“像魔术师那么出色的小蟋蟀”，她解释说：“在春天的时候，小蟋蟀衣服是绿色的，而在秋天的时候，衣服就变成褐色了。”

“哦，它的衣服颜色会加深会变化，这我倒还不是很清楚，去查一查再说吧。”对待这个模糊的答案，干老师也模糊了一下。

学生接着又说出了“像小朋友那样活泼的小蟋蟀”。

“好，我们觉得这些比喻里哪一个最好，最贴切?”干老师引导学生仔细辨析这些比喻中的细微差别了。学生很聪明，一致认为“歌唱家”的那个比喻是最贴切的。在此基础上，老师也提供了一个更为恰切的比喻：“像小提琴演奏家一样的小蟋蟀。”

在对“小蝴蝶”比喻的过程中，不像小蟋蟀那么难以把握特点，学生很容易就说出来：“像花儿那样美丽的小蝴蝶。”“像花朵那么迷人的小蝴蝶。”

在进行完比喻句的仿写练习后，大屏幕上出现了干老师改编课文的一段话，男女生分角色扮演朗读，加深理解。

> “早哇，像钻石那么闪亮的小露珠。”蹦到大荷叶上的小青蛙对小露珠说。
>
> “早哇，像青草一样碧绿的小青蛙。”在荷叶上滚来滚去的小露珠对小青蛙说。
>
> “早哇，像水晶那么透明的小露珠。”爬到草秆上的小蟋蟀对小露珠说。
>
> “早哇，歌声像小提琴一样动听的小蟋蟀。”挂在草秆上的小露珠对小蟋蟀说。
>
> “早哇，像珍珠那么圆润的小露珠。”落在花朵上的小蝴蝶对小露珠说。
>
> “早哇，像飞舞的花朵一样美丽的小蝴蝶。”点缀（zhuì）在花瓣上的小露珠对小蝴蝶说。
>
> 小动物们都喜欢小露珠。小露珠也喜欢小动物们。

“比喻句要学得贴切，用得贴切。我们以后再练。”关于“比喻”的教学环节也顺利结束了。

思考题：如何归纳

大屏幕上又出现了课文第三部分的内容。

第三部分：________

一会儿，太阳公公披着云霞，爬上了东山，染红了天空，照亮了大地。霞光中，小露珠光彩熠熠，把所有的植物都装点得格外精神——金黄的向日葵，碧绿的白杨树，紫红的喇叭花，还有数不尽的鲜花嫩草，都像俊俏的小姑娘戴上了美丽的珠宝，显得更加生机勃勃。

谁像“俊俏的小姑娘”？“美丽的珠宝”指的是什么？

第三部分后面段意的地方，干老师用了一个问号来表示，对学生说：“第三部分讲了什么，刚才那个同学没有讲出来。我们等会儿再来回答。我们先来看第三部分。”

“默读课文，回答：谁像‘俊俏的小姑娘’？‘美丽的珠宝’指的是什么？”干老师提出这个问题的时候，语速明显和刚才讲比喻句时不一样了，加快了许多。干老师走到座位中间，请一个小姑娘来回答。这个女孩子说：“植物像俊俏的小姑娘。”

干老师鼓励她能不能把哪些植物，一次都说出来。

“金黄的向日葵像小姑娘，碧绿的白杨树像小姑娘，紫红的喇叭花像小姑娘。”小女孩说。

“嗯？”别的同学又有了一些声音，她马上补充说：“还有数不尽的鲜花嫩草，都像俊俏的小姑娘。”

“还有数不尽的鲜花嫩草，都像俊俏的小姑娘。”干老师重复了一下这个小女孩的回答，然后问了一句：“俊俏是什么意思？谁是我们班最俊俏的小姑娘？”

学生都笑了，纷纷指着一个穿红衣服的小姑娘并报出她的名字。

“你们个个都是俊俏的小姑娘啊，怎么只说她一个呢？”干老师略点了一下，便又请一个刚才没举手的男生起来回答第二个问题：“美丽的珠宝指的是什么？”

“是阳光。”这个男孩子没有把握地说。

其他学生又已经纷纷把手举了起来。一个女生起来说："美丽的珠宝指的是小露珠。"

这个时候一个男孩子急切地表达他的看法："是太阳把小露珠变成了美丽的珠宝。"干老师引导他说得更准确，是"阳光下的小露珠"。

大屏幕上又出现了新的思考题，老师把刚才讨论的第六自然段按照内容的不同分成了三句话，清楚地显示在大屏幕上（每句话的主语，都用黄色标了出来），让学生思考：谁光彩熠熠？谁生机勃勃？谁格外精神？

> 谁光彩熠熠？谁生机勃勃？谁格外精神？
>
> ①一会儿，太阳公公披着云霞，爬上了东山，染红了天空，照亮了大地。
>
> ②霞光中，小露珠光彩熠熠，把所有的植物都装点得格外精神——
>
> ③金黄的向日葵，碧绿的白杨树，紫红的喇叭花，还有数不尽的鲜花嫩草，都像俊俏的小姑娘戴上了美丽的珠宝，显得更加生机勃勃。

一个男生回答："小露珠光彩熠熠，植物们格外精神，生机勃勃也是指的植物们。"

干老师又引导学生通过分析三句话"写的是什么"来学习朗读这段话，比如第一句："一会儿，太阳公公披着云霞，爬上了东山，染红了天空，照亮了大地。"怎样来读好呢？

老师毫不放松，追问下去，怎么样是读出味道？怎么样是读出画面？刚才回答问题很轻松的学生又开始思考起来。

老师找一个男孩子来说，他根据老师课件上显示的字体，说要读出来老师黄色标出的那些字，这些黄色标出来的"太阳公公""小露珠""金黄的向日葵，碧绿的白杨树，紫红的喇叭花，还有数不尽的鲜花嫩草"其实是回答刚才那三个问题的。

老师明确告诉他这样是不能读好的。又有学生根据这句话的意思，说把"披着""爬上了""染红了""照亮了"这些写"太阳公公"的词语读出来。在学生声音很响亮地齐读了一遍后，干老师又提示："后面要读出'照亮了大地'，前面就要注意不能太响，声音要慢慢响起来。"

用同样的方法，干老师让学生找出来第二句“光彩熠熠”是写小露珠的，第三句写所有的植物怎样精神的词语，然后再让学生通过朗读表达出来。

这一段朗读中，学生读得非常投入，声情并茂。

干老师又让学生来思考这段如何归纳内容。

“这一段讲的是小露珠把所有的鲜花嫩草都装点得格外美丽。”还是那个绿衣女生，她非常流畅地回答道。

“很好，这个归纳是正确的。但是，还可以把刚才这个同学说的加上去。小露珠这么光彩熠熠，是因为谁啊？”

“太阳。”于是，这一段学生就学会了这样的概括：“阳光下，小露珠光彩熠熠，还把植物装点得格外精神、生机勃勃。”

干老师并没有止于此，他继续问道：“小露珠什么颜色？”

“透明的。”“白色，不，没有颜色。”学生纷纷叫道。

“但是你们看到的小露珠真的是没颜色的吗？”老师这样的问题又勾起了学生的兴趣，因为在课文中并没有说到这样的内容。

在这样的困惑中，老师又播放了课件，在什么颜色的花草上，小露珠就是什么颜色啊，绿得像翡翠，红得像玛瑙，粉得像珍珠，颗颗晶莹剔透，美不胜收。干老师又创设了这样的情境：“你想，喜欢黄色的小露珠到哪里去了？”

“到金黄的向日葵那里去了。”

“喜欢绿色的小露珠就到白杨树那里去了，喜欢紫红色的小露珠就到喇叭花那里去了。”这些有趣的，课文中原本不清晰表明的答案，就纷纷让学生找出来了。

写首诗吧

“我们再来看第四部分，小露珠消失了。你认为应该用怎样的语气，来朗读课文的最后一节？”随之，大屏幕上出现了相关的文字和问题。

第四部分：小露珠消失了。

你认为应该用怎样的语气，来朗读课文的最后一节？

小露珠爬着，滚着，笑着。她感到有一股热气袭来。渐渐地，太阳公公散发的热量越来越大，小露珠的身子也越来越轻了。她渐渐地变成了水蒸气，向空中飘去。向日葵向她点头，白杨树向她招手，喇叭花动情地吹奏着乐曲。大家多么想把小露珠留住呀。小露珠向大伙儿一一告别，她笑盈盈地说："我明天还会来的。"

一个男生起来说："我觉得应该读出一种疑问。"

"疑问？为什么这么说？"老师反问。

"因为它说消失了，很神奇的，所以要读出疑问。"这个男孩子解释。

"这是你的观点，其他同学呢？"干老师又挑了一个女生来回答。

"我认为应该读得很悲伤。因为小露珠走掉了，大伙都想把它留下来。"她回答得很有条理。又有一个学生补充说："要读出对小露珠的依依不舍。"

干老师让学生根据自己的想法，先试着把这一部分练习读一读。学生摇头晃脑，纷纷读起来。

接下来老师又把这段话分解成四个小层，分别显示在投影上，让学生逐层分析该用怎样的语气来读。

于是，在老师的引领下，大家马上就得出了正确的答案：

"小露珠爬着，滚着，笑着。"应该用"活泼、喜悦"的语气来读。

"她感到有一股热气袭来。渐渐地，太阳公公散发的热量越来越大，小露珠的身子也越来越轻了。她渐渐地变成了水蒸气，向空中飘去。"应该用"轻缓、惋惜"的语气来读。

"向日葵向她点头，白杨树向她招手，喇叭花动情地吹奏着乐曲。大家多么想把小露珠留住呀。"应该读出刚才同学所说的那种"依依不舍"。

而最后一句"小露珠向大伙儿一一告别，她笑盈盈地说：'我明天还会来的。'"教师提示说，这可以用"活泼、豁达"的语气来读。

在这个环节中，老师的讲解很少，学生充分地去读，读得非常好。四句间语气的变化清楚地体现出来。

然后，大家就分别用四种不同的语气，连起来，把最后一段读了一遍，效果很好。

"小露珠多美啊。像钻石，像水晶，像珠宝。把植物装点得格外精神，生机勃勃。它是美的天使，是美的使者。可惜的是，每天上午，阳光太强了，它就会消失了。但是，不可惜的是——"

“明天它还会来的。”学生回答。

这时候下课铃声响了，干老师原定的让学生分男女声，按照修改后的课文再有感情地朗读一遍的计划就做了调整，不再读了。他布置了作业：

最后，我们也来写一首诗吧！它的题目是：“明天，我就是那颗小露珠!”

PPT 屏幕上，出现了以下的提示：如果我是一颗小露珠，我还想到哪里去？我会做些什么？我会看到什么？想到什么？我会有什么喜悦与悲伤？

最后一张 PPT 画面出现了，依然是上课前的那张缀满露珠的晶莹剔透的蛛网。那些小露珠们，依然亮晶晶的，像课堂上，那些亮起来了的孩子们的眼睛。

课后反思

这是一堂真正的研讨课。

一天之前，屡在全国不同场合上过公开课的诸向阳老师和素质过硬的研究中心访问教师高丽霞分别上了此课。诸向阳老师的课上得十分成功，课后便有老师走上前去，和他热情握手表示祝贺。

晚上，我们进行录像回放性研课：重放录像，谁有想法便喊暂停，然后提出意见。

录像回放中，既更清晰地呈现了诸向阳老师课堂的精彩部分，也暴露出被公开课效果所遮蔽的一些问题。于是引发了热烈的争论，恰好因为灌南实验区的新教育同仁因故迟到，想让他们在仅有一天中有更多收获，就决定第二天由我来重上此课。

后来诸向阳据两堂课的对比，写了《语文课，我们到底该怎么上?》一文，发表在《语文教学通讯》上，对我此课给予了过高的评价，其中有一段说：

干干说，我的《小露珠》教学在十五分钟后，学生在课堂上出现了听话地、顺从地完成一个个轻松的任务，一次次努力带着感情朗读课文，但是，其内在的精神，却明显地松弛下来。究其原因，是任务难度不大长度几无，而细读文本时也没有带有智力挑战性质的问题。一开始，我并不认同。但看完干干执教的《小露珠》，我完全信服了。整堂课学生全身心投入，始终精神饱满。课后，我们采访了学生，一学生说：“这堂课好长啊！我们学了太多的东西。”另一学生说：“这堂课太短了，仿佛只有十分钟。”

而在我自己的理解中，这个三年级的文本及其教学，我比较忠实地把教学的重点，放在理解性朗读和段的精细分析上，我以为，虽然许多老师知道三年级的核心教学目标本该在这几点上，但大家的问题在于不知道如何在具体的文本中落实。《小露珠》《九寨沟》等课，以及我对《中国石拱桥》《美丽的西沙群岛》等课的分析，正是对三四年级之际，这几个核心教学目标如何落实的探索。

落　花　生

时间：2008 年 4 月

班级：贵州省凤冈县绥阳镇绥阳一小四年级

背景描述

2007 年 3 月，新教育贵州行团队进赴贵州凤冈，在当地进行为期一个月的教育公益培训活动。团队外聘专家王晓春老师点名要求与语文课程观点有出入的新教育研究中心负责人干国祥同上《落花生》一课，来印证各自课程观的合理与否。

王晓春老师在绥阳一小四年级，用不同的设计连上三个班——因为课堂未能实现王老师的预定目标，所以他在修改目标及策略后，反复重上此课，以印证“教材无非是些例子”的“工具论课程思想”。

因为绥阳一小四年级只有三个班级，所以随后干国祥只能用三年级的学生来上《落花生》一课。鉴于王老师在四年级教学所遭遇的巨大困难，干国祥降低了教学目标的难度。但在课堂教学进行到文意理解时，学生还是出现了明显的智力障碍，当时干国祥停止了课堂教学，说：等明年这个时候，我再回到这里，我们大家再次学习《落花生》这篇课文吧。

等 2008 年 4 月新教育贵州行团队再度来到绥阳一小时，却发现新的四年级课本里，已经不存在《落花生》这篇课文。据说原来在多年之前，曾经有一位名师通过课堂实例指出：在新的时代，再要求孩子们成为像落花生这样的人已经不合时宜，应该积极地鼓励孩子们成为苹果、石榴那样外表既好看又实用的人。所以，教材编写者就将这篇经典名篇，从教材中删除了。真是可惜。

于是，这接起去年半堂课的《落花生》，就又新添了一个任务。这就是它旨在证明：这是一个被屡屡误读的经典名篇，它的价值，正在于代表了传统儒家的家教方式及其内在精神，而这种方式及精神，如果获得合宜的阐释，是不会那么简单地在另一个时代“不合时宜”的。

有趣的插曲

上课前。干国祥老师给孩子们下了一道命令："所有的同学都到草坪上去玩，男同学一定要痛痛快快地摔跤。十分钟后再回来上课。"

苹果做礼物

露天会场上，一面被木架支起来的黑板和一张学生用的普通课桌，就构成了一个朴素的讲台。

天真的六十多个孩子活泼泼地从操场上一回到座位，就变得认真、严肃、拘谨起来。全部坐定之后，一个学生干部起头，他们背起了《弟子规》：

弟子规，圣人训：首孝悌，次谨信，泛爱众，而亲仁，有余力，则学文……

和两年前一样，孩子们的声音很整齐很洪亮。

朴素的讲桌上，一个杯子里放着一束金黄的蒲公英。干老师手中拿着一个红红的苹果。

"我们是老朋友了。老朋友相见，总要送点礼物的，是吧？我手头有一个苹果，谁想要这个苹果？"

只有几个顽皮的男生小声却又清楚地嘀咕："我想要。"但是当干老师说"想要的举手"的时候，所有的小手几乎一下子竖立起来。

"等会儿看谁表现好，就给谁。表现都不好，就给我自己。"干老师故意幽了一默，学生又笑了。

干老师举起了这束开放在杯子里的蒲公英："大家认识吗？"

"认识，蒲公英。"学生同样像去年一样回答。

"仅仅是蒲公英啊，这个可是有来由的。它漂亮吧？"

"漂亮。"

"喜欢吧？"

"喜欢。"

"我去年上过《落花生》，但是因为一个问题大家回答不了，课就没上完。什么问题呢？"

“落花生为什么叫落花生?”一个女孩子，很大声地脱口而出。

“什么叫落花生，谁知道?”干老师环顾全体同学，没有人回答。

“没人知道，我来解释一下。”他拿起一支粉笔，信手在黑板上画了起来，寥寥几笔，就勾勒出了一棵花生的植株，又结合形象的语言描述，清晰地向学生呈现了花落后子房钻入土中结成花生的生长过程。

“现在知道了为什么叫‘落花生’了吧?”

“知道了。”学生纷纷点头。

“可是你们回答不出来的不是这个问题，是哪个问题?”干老师又把学生的思路引回到课文的主题。

学生沉默。片刻，一个女生举起了手，她站起来说道：“为什么大家却要贬（她误读为 fán）低它们而赞美落花生呢?”这是干老师第一次预习作业中清楚写出的。

“贬低谁?”干老师追问。

“贬低石榴和苹果。”

“大家都喜欢石榴和苹果，一看到干老师手里的苹果，都急着举起手想要，对不对?”

“对。”学生点头应和。

“但是为什么上课的时候，上着上着都说石榴、苹果不好，只说落花生才好呢?”

“先要听听一年之后，同学们朗读得怎样了。”干老师依然从检查预习作业开始。（预习作业1：反反复复朗读课文，读准字音，读流利。读出父亲、母亲、哥哥、姐姐和“我”的不同语气——尽可能夸张一点表现语气。）

（干国祥注：按说，是第二次上课文，又要求做了充分的预习，朗读就可以忽略过去。因为事实上，同一理解层面的反复朗读，会让人厌倦、困顿，久而久之，对阅读行为本身也提不起兴趣来，同时，阅读者的思维力也会慢慢固化起来。但是，我的预测及课堂的事实表明：只有通过聆听学生的声音，才能了解他们对文本的理解究竟到了何种地步。所以，这个朗读事实上我是在倾听学生。）

“我点到一个同学，这个同学就读一段话。”他随手请右边第二竖行的第三个女生开始读书，并向其他同学提出要求，“要注意听，她有没有没读准确的字句。”

“我们——家的——”“我们——家的——后园有半——”

文章开头的第一句话，这个女生就回读了三遍，在“半亩”的“亩”字上还卡了壳，在别的学生的提示下读完了第一句，干老师鼓励她不要紧张，然后她又重新从头开始读：

> 我们家的后园有半亩空（误读为天空的空音）地，母亲说：“让它（因为后面的‘荒’字，这个女生‘让它’一词就回读了三遍）荒着怪可惜的，他们那么爱吃花生，就开辟出来种（误读为三声种子的种了）花生吧。”我们姐弟几个都很高兴，买种，翻地，播种，浇水，没过几个月，居然收获了。
>
> （干国祥批注：学生读得不够好怎么办？将课堂目标修改为继续朗读行不行？也许许多老师会这样认为，但事实上，出现朗读如此艰难的原因正是因为课堂上长久的缺乏理解的朗读，让学生只会吼字。只有将理解力带入阅读中，带入阅读的策略之一朗读中，学生的读才能获得改善。当然，如果年级更低一些，遇到这样的情况，用范读带读方式让学生跟着朗读，也是一种教学目标及其策略，但这显然不宜成为本课的教学目标。）

“这位同学有一处地方读得特别好。就是‘播种’的‘种’。为什么呢？因为去年这一处我就读错了，‘买种，翻地’——”干老师特意把语速放慢，重音强调了“种”“地”的音，“‘播种［老师在这里插问，应该是播种（zhòng）还是播种（zhǒng）。学生有的念成 zhòng，有的念成 zhǒng］浇水’，你看，买种子，翻土地，播种子，浇水，所以在这里不能是播种（zhòng），只能是播种（zhǒng）。”

干老师又接着评价刚才这个女生的朗读：“这位学生读得多准确啊。但是有一个地方她读错了，这时候，母亲是在对谁说话啊？是对孩子他爸说话了。你看她怎么说：‘他们那么爱吃花生，就开辟出来种花生吧。’其他都读得很好。”（原文是：你们那么爱吃花生……）

读书检查继续。按着座位的顺序，轮到刚才那个女生身后的一个男生了。虽然有话筒，但是他的声音听上去仍然很小，远比不上刚才那个女生的声音清楚。

> 母亲说："今晚我们过一个收获节，请（回读两次）你们父亲也来尝尝我们的新（漏读'的'字，又回读为'新落花生'）花生，好不好？"我们（回读一次）都说好。母亲（回读两次）把（添加'落'字）花生做成了好几样食品，还吩咐（回读一次）就在后园（误读'后园'为'后院'，回读一次）的茅（卡壳，回读，漏字）亭里过这（卡壳，回读两次）个节。

"你太喜爱落花生这个名字了。所以一看到'花生'统统读成了'落花生'。"干老师点出了他读书的最大问题，但这个问题不是这节课能解决的，因此干老师选择了悬置一边，他接着问这个男生旁边的一个学生："'茅亭'是啥意思？"（这个问题是学生在预习纸上提出来的。）

"晚上。"这个男生答非所问。

干老师又重复了一遍问题："'茅亭'是什么意思？"

男生说不出来，周围的同学也没有接话提示的了。

这时，远处有个女生为他解围了："'茅亭'就是用茅草做的房子。"

"'茅亭'就是用茅草做的亭子，不是房子。"干老师做了纠正后还是夸奖了她，"但是你回答得很好！"

他又来到那个回答"晚上"的小男孩前："来，你接着读下去。"

"晚上天色不太好，可是父亲也来了，实在很难得。"这一段只有一句话，小男生读得很流利，也没有错误。

"有同学在预习题里问：'父亲也来了，实在很难得'，做老爸的，和孩子一起吃顿饭有啥可难得的呢？"（这也是学生在预习反馈中提出来的问题。）

"因为父亲——"一个男生站起来，说了这四个字后，便再也说不下去了。

"谁能回答这个问题？"

"父亲有可能在外地工作。"刚才那个说出"同学们回答不了的问题"的女生的声音打破了全班同学的沉默。

"哦，她联想到，父亲有可能在外地工作，很难得。我告诉你答案吧：他是工作很忙，但不是在外地，他父亲是县长，所以工作很忙，而且是个好县长，工作非常繁忙，因此呢，他是很难得来跟孩子们一起吃顿饭的。因此，'父亲也来了，实在很难得'。"老师将预习中学生提到的这个问题相机做了回答，同时也让学生对文中的"父亲"有了更多的了解，这是与课文主旨也有关联的。

读书检查继续。后面几段描写父亲和孩子们对话的句子，这个男生基本上是流利地读下来了。干老师让全班同学接着齐读父亲的那段话，也是本文的重点内容，一直读到文章的最后。

这几段话，全班学生基本上正确流利地通读下来了。

至此，从上课到检查完课文的朗读情况，用去了十分钟。

表格的妙用

“把那张表格拿出来。我们要开始理解课文了。”干老师说的表格是指发给学生完成的第二次预习作业，表上已经有一些空白是事先填上了答案的。

“花生的好处很多”	味美	
	可以榨油	
		平民化，大众化。
		“人要做有用的人，不要做只讲体面，而对别人没有好处的人”

“父亲在文章中有一句话，就是‘花生的好处很多’。‘花生的好处’集中在文章中的一段对话中，我们现在能不能把这段对话来演一演。我刚才听大家一起读，就是想听听大家读得怎么样？我发现，大家读得比较准确了，比去年读得好多了，但是，有一样东西没读出来，什么东西呢？”

“他们的感情。”

“对了，爸爸就应该像个爸爸，所以我们请这两排同学读爸爸，好不好？”

学生都乐了，尤其被点到的那两排。

与此同时，干老师又将全班同学按照竖排分别派定了角色。老师也参与其中，读旁白。“我们读的时候注意，花生的好处到底有哪些呢？要一个不漏地抓出来。”老师再一次强调了这次读书的目的后，分角色朗读开始了。

朗读过程中，老师又点拨指导了学生父亲的话该怎样去读，这样，在分角色扮演的一种氛围中，这次的朗读，效果明显比刚才好多了。

读后，老师又带学生回到刚才的问题：“我们来概括一下，花生有哪些好处？”他让学生看着手中的练习纸，说：“我们先看味美。”

在对花生第一个好处“味美”的学习中，干老师先针对学生在预习中提出的问题，讲了“味美”的意思就是“花生好吃”。

一个孩子问：“为什么花生这么好吃？”

干国祥幽了一默：“这是一个傻问题——因为我们都不能回答，看来只能问花生去了。”

（干国祥点评：没想到“这是一个傻问题”在课后的讨论中居然引发了中青报记者李斌、中国教师报翟晋玉、中央教科所课程室陈晓东等的一场激烈争论，直至次日凌晨一时半，大家才达成了较高的共识。甚至北京师范大学袁桂林教授也对这个“傻”字提出了自己的质疑：出现了用“傻”评价学生的问题。

对“这是一个傻问题”，我的解释大致如下：

1. 在事实层面上，我们要确定学生提的这个问题是不是值得课堂上讨论的语文学习问题，我们的讨论首先要基于这一点。

2. 如果课堂上肯定这个问题并用时间做出回应，那么就必定出现：①或消耗与目标无关的时间；②或慢慢引导过来，最后回到教学目标上来；③引发更多类似问题。所以，我在课堂上的反馈首先基于“绩效”，当然这并不表示我认为可以损伤学生心灵来谋求效率。

3. 课堂上师生的关系是比较微妙的，对这群喜欢将我称为“毛毛虫叔叔”的孩子而言，“这是一个傻问题”不仅不会戳伤这个孩子的自尊，而且还显得比其他反馈语要更“亲昵”。

4. 批评者将“这是一个傻问题”与“你是一个傻瓜”这两个完全不同的评价混淆起来了。对人的评价与对事的评价在教育中是大大不同的。

5. 课堂现场是最最重要的，任何抽象的教条往往脱离了具体的场景而显得空洞。在课堂现场，事实上这个评语所带给这个男孩和其他孩子的，并非是恐惧与自卑，而是游戏式的哈哈一笑。）

但是课堂上学生对于这句话倒没有众多专家那么激烈的反应，孩子们哈哈一笑后，集中精力去对付老师紧随而至的一个难题了：“第一个好处是‘花生味美’，那么如果是人，怎样的人才能是‘味美’的呢？”

前排小姑娘把手举起来，脱口而出：“对社会有用的人。”

“对社会有用的人‘味美’。‘味美’是谁说的，是花生说的吗？”干老师追问。

“父亲。”这个女生回忆着。“姐姐。”旁边有同学补充。

“是吃花生的人：‘哎哟，这个花生味道真好。’那么我们说一个人味道真好，是谁说的?”

“是——我。”女生迟疑着，说出一个答案。

“是跟这个人交往的人，是不是的?”干老师在她的基础上又更加明确了，他接着就拿这个女生举例，绘声绘色地向大家描述：“比如说你妈妈说：‘哟，我女儿真乖巧。’你爸爸说：‘我女儿真勇敢。’而老师说：‘这个同学真认真啊，真聪明啊。’是不是啊?”看同学们都不禁点头，他又总结道：“所以，‘味美’比喻人的话就是说，评价这个人真好。”

“这是花生第一个好处。第二个呢？你来说。”干老师又让第三排一个男生回答。

“可以榨油。”声音很小。

“如果是比喻人的话，‘可以榨油’这个好处又在说什么呢?”干老师如法炮制。

“那是什么呢?”小男孩不能回答，干老师回顾全场，重复着这个问题。

“是有作用的人。”一个声音抢先答道，还是刚才那个女生。

“很好！被你抢着说出来了。”干老师对这个女生表示了鼓励，他继续往下进行，“第三个好处，那语句可多了。来，这个男同学，你坐在这么优秀的女同学后面，应该也优秀一些。”他来到刚才抢答的那个女生后面，幽默地对她身后的男生说，并请他把“花生的第三个好处”读出来。

“很便宜。”这个男生只冒出了三个字。

“‘很便宜，它不贵，谁都可以买来吃。’那么比喻人的话，这说明什么呢?”干老师又问他。

“没有用的人。”想了一会儿，这个男生脆脆地说。“轰”一下，全场都乐了。他自己也低着头，笑。

“没有用的人？你把答案给我读出来。”干老师故作夸张地问。

这个男生找不出，他旁边的男生也找不出。挨着旁边男生的一个男生起来读道：“谁都可以买来吃。”

“这是花生的好处，那么比喻成人的话，这个好处是什么呢?”干老师启发他。

这个男生也困惑了。这时旁边有一些同学叫着“我！我”，请求发言。刚才那个女生的声音也在里面。

“不要抢，你读出来。”其实这是干老师已经印在预习纸上的，可是这个男生手中却没有。干老师让其他同学一起读出来。

“左边是价格便宜，右边是什么?”

“大众化!”学生一起读了出来。

“这句话你们不太懂。”干老师解释道，“叫‘大众化’，叫‘平民化’，就是人不要高高在上，像个贵族似的。要很朴素的，跟平常人一样平易近人。是不是?”

“是的。”

（干国祥点评：要不要把孩子还不能完全理解的一些东西带进课堂？在这个问题上，在另外事情上坚持机械背诵有益的人，往往会突然执相反的观点：孩子还小，还不能理解这些。而事实上，这些正是理解的成分。孩子一次不太明白，两次三次，也就明白了。西部孩子之所以不明白许多东部孩子清晰掌握的词语，原因只有一个：他们从没有机会接触。但这有个度的问题，最重要的是分寸感。就此处而言，我自己以为还是略高略早了些——虽然对东部新教育实验班的孩子，这些语言只是最平常的语言。而他们的差别不是天生，乃是教育的结果。）

“好，这是用花生比喻的。”他问大家，“花生还有一个最最重要的优点，谁知道是什么?”

“花生有营养。”一个男生说。

“花生有营养，你哪里找出来的？我们要求从课文中找出来，对不对?”

“花生榨的油。”

“可是这个问题我们已经说过了。”面对学生这种严重缺乏文本细读的能力，干老师没有再做纠缠，他请这个男生坐下，又对全班同学说：“花生最重要的优点是谁说的?”

“父亲。”

“对了，这你怎么能找不到呢？来，我们把父亲说的话再一起读一遍。”

学生齐读课文：“花生的好处很多，有一样最可贵，它的果实埋在地里，不像桃子、石榴、苹果那样，把鲜红嫩绿的果实高高地挂在枝头上，使人一见就生爱慕之心。你们看它矮矮地长在地上，等到成熟了，也不能立刻分辨出来它有没有果实，必须挖出来才知道。”

“你看，‘有一样最可贵，它的果实埋在地里，不像桃子、石榴、苹果那样，把鲜红嫩绿的果实高高地挂在枝头上，使人一见就生爱慕之心’。什么叫爱慕之心？”

“你一看就喜欢它。”学生纷纷说道。

“就是喜欢，就想着它。你看这个‘慕’字啊，是说白天想，晚上还想呢。”

“中午还想。”一个女生插话。

“嗯，中午还想。爱慕之心。”干老师接着往下讲，“而花生的果实是什么样的？矮矮地长在地里，等到成熟了，也不能立刻分辨出来它有没有果实，必须挖出来才知道。好，表格下面这一格好处后，填比喻的人应该是什么样的人呢？”

“虽然不好看，可是很有用的人。”这次学生说得很清楚流利了。

“聪明。就是这个，人要做虽然不好看，但是很有用的人。”至此，预习纸上对于花生“味美，可以榨油，便宜，谁都可以买来吃，不好看但是很有用”等好处与“花生比喻的人”的学习梳理结束。干老师转而引导学生理解花生另一个“好处”，这也是课文中没有直接写出来，必须通过文本细读才能得出的。他对大家说：“花生还有一个好处，很重要很重要，同学们没找到。谁找到，我再去买一个苹果奖给他。”大家又笑了。

“母亲把花生做成了好几样食品。”一个女生马上找到了这一句。

“嗯，能做好多种食品，是优点，但是这个特点还算不上花生的大优点。有一处花生的优点非常重要，看谁找得出来？”

又有同学举手，这是一个男生，他说：“花生是种在土里的。”

“怎么说呢？难道苹果、石榴不是种在土里呀？”

“苹果和石榴它是长在枝头上的。”男生又说。

“哦，这个刚才我们已经分析了。”这时，又有一个女生起来发言，她说：“你们看它矮矮地长在地上，等到成熟了，也不能立刻分辨出来它有没有果实，必须挖出来才知道。”

“嗯，这是最大的优点，最重要的优点，可是我们已经分析过了，是不是啊？”面对学生这种盲目的猜找，干老师直接让学生读第一段。同时他又顺便纠正了“园”和“院”字的读音，并用板书分析了字源上二者的不同点：囗表示围起来的较大的空间，阝表示台阶，是建筑物的部分，所以，这里有能种花生的半亩地的，应该是“后园”而不是“后院”。

“这里有花生的一个很重要的优点。”老师话音未落，下面就有很多小手举了起来，伴随着“我！我”的呼叫。

“没过几个月，居然就收获了。”这个女生很准确地找出了重点句。

“‘居然’说明什么？”老师再强调。学生的一片回答中，老师对一个正确的答复再次重申：“表示没想到，意料之外。你想想，那时候‘我’也不过才十来岁，哥哥姐姐也不过十多岁，他们会种地吗？对，不会种地，也不懂种地。这些毛小孩，买种，翻地，播种，浇水，但居然收获了。说明花生有什么优点？”

“花生它很容易种，不像苹果那样要除虫。”呵呵，还是那个女生，炒豆般一口气爆出这一句。

“好，比喻成人的话那是什么？”干老师又抛出这个问题。

学生七嘴八舌说了一些，不过都不太准确。干老师让大家拿起笔来，在表格的右边写下“生存能力强”几个字。同时，他也将这几个字板书在黑板上。

（干国祥点评：这主要不是思想教育，而是文本细读。思想是附带着出现的，关键是通过不断地实践，慢慢地学会文本细读，包括批注法。当然，这一切不是一堂课可以实现的，但日不间断，两三年后，就能有大成。）

“哎呀，花生实在太了不得了，我们总结一下，你看它有这么多优点。首先，它生存能力强是第一大优点；第二优点，味美；第三优点，可以榨油；第四优点，价钱便宜；第五优点，果实埋在地里，不像桃子、石榴、苹果那样，把鲜红嫩绿的果实高高挂在枝头之上，使人一见就生爱慕之心，你们看它矮矮地长在地上，等到成熟了，也不能立刻分辨出来它有没有果实，必须挖出来才知道。”老师带领学生一起把花生的五大优点进行了总结。

（干国祥点评：倾听文本，这是阅读最重要的原则。课文教学至此，我只带着孩子们做一件事：倾听。通过读、表格分析等方法，来听文本，尤其是作者说了什么。这是与读者文本平等对话的必要前提。没有这个倾听式阅读，教学就会变成或贸然草率地批判，或一味盲目地拜倒。）

“花生太好了，做花生这样的人太好了。你看看：生存能力强；受人欢迎，得到别人的好评；非常实用，可以做这样的事情，做那样的事情；而且，不是只讲体面，而是对别人有许多好处。哎呀，做花生这样的人真是好。对不对？”

学生都赞成。

“大家是不是要做花生那样的人？”

“是！”异口同声。

与文本对话

"好，请看黑板上这张表。我把人分成了这四种。"干老师请学生把这四种人分别读了出来：

第一种：好看而且实用；

第二种：不好看但是实用；

第三种：好看但不实用；

第四种：不好看也不实用。

好看而且实用	不好看但是实用	好看但不实用	不好看也不实用
	落花生		田间杂草
	袁隆平		

（干国祥点评：本部分之前，皆是聆听文本；从这里开始，就是"与文本对话"。但这里仍然不是简单地逸出文本或者批判文本，而是真诚地与之交谈。）

"花生是哪一种？"学生读完后老师问。

"第二种！"学生喊了出来。

"我在落花生下面写了一个人的名字。"干老师刚指着表格，下面学生就念了出来："袁隆平！"还有人说出了"水稻之父"。

"袁隆平是不是像《落花生》里所说的花生这样的人呢？"

"是！"

"好，现在我要让大家填一填，好看而且实用的是啥呢？好看但不实用的又是啥呢？我已经填了不好看也不实用的是什么。"

"田间杂草。"学生一起说道。

"因为我们下了课，回家后要拿起锄头，把田间杂草都给锄掉。我小时候也跟你们一样，每天傍晚要到田间把杂草锄掉。所以它既不好看又不实用。"

"现在我要你填进去既好看又实用的是什么？"

"苹果！"

干老师又举起了那个苹果："它好看吗？"

"好看！"

“它实用吗？”

“实用。”

“还有呢？”

“石榴！”“梨子！”“桃子！”“枇杷！”“龙眼！”学生列举出很多。

“好看但是不实用的是什么呢？”

“蒲公英。”有学生脱口而出。老师将它写在相对应的表格中。下面听课的老师倒骚动起来，传来“蒲公英也有药用的啊”的议论。

“当然你可能说还有玫瑰花、美人蕉、茉莉花等很多很多。”

下面老师又发表议论了：“茉莉花可以做茶啊。”

“有人可能说茉莉花有用啊，茉莉花可以制茶，茉莉花茶可好喝了。”干老师并没有就这个话题详加解释，他接着说，“这个问题很复杂，我们先放在这里。反正总有一些事物，并没有什么食用、药用的价值，但很好看。现在要讨论的是，同学们，你喜欢做怎样的人？”

“有用的人。”很多孩子马上这样说道，间或有一两句“好看”的声音出现，但也淹没在众声里了。

“好看而且实用！”忽然一个男生大声说出来。学生都笑了。

“选择做好看而且实用的人的举手。”老师开始统计，有十来个同学举起了手，有些虽举着手，但还观望着老师和其他同学，摇摆不定地犹豫着。

“你要问自己的内心，不要去看老师的脸色，不要从干老师的左脸看出什么，右脸看出什么。”干老师用幽默的话让学生做出自己真正真实的选择。

学生都笑了，于是又重新开始统计，喜欢做“既好看又实用的人的”有七八个，喜欢做“不好看但是实用的”很多，占了班级的绝大多数。而喜欢做“好看但是不实用的”没有一个，喜欢做“不好看而且不实用”的也是一个没有。一个女生还大声补充了一句说“就没有”！全场又是笑声一片。

（干国祥点评：让学生选择事实上“浪费”了许多时间，但这本来可以是一件非常简洁的事。课堂从实际出发，既然学生不愿意诚恳地发表内心的观点，教师必然选择：或放弃让学生说出真心话，或设法改变现状。我选择了后者，这是一种冒险，但课堂上有时需要做出这种选择。）

“那么在‘既好看又实用’和‘不好看但是实用’这两种人中，到底应该做怎样的人呢？”干老师又引导学生回到问题的焦点上来。

他又让学生回顾了一下自己预习作业时的选择。预习作业相关内容——

3. 一百多年以来，世界发生了巨大的变化，大人们对孩子的教育、期待也发生了巨大的变化。说真心话，如果让你选择，你是愿意做像桃子、苹果、石榴那样的人，还是像花生一样的人？你为什么这样想？

干老师请一个男同学读出他预习作业上写的：“做落花生一样的人，因为落花生不像桃子、苹果、石榴一样，只是外表好看。”可是这个男同学这会儿却改变了主意，选择了做“既好看又实用的”“苹果、石榴”一样的人，干老师问他为什么改变了观念，男生只是笑，什么也没说。

“我发现这个同学有一处读错了，‘不像桃子、石榴、苹果那样，只是外表好看的人’。落花生这篇课文有没有讲苹果、石榴只是外表好看而没有实用？再把父亲的话读一读，他有没有这样说。”

（干国祥点评：还是倾听文本，细读文本的问题。我发现，无论是捍卫《落花生》的还是批判《落花生》的，其中大部分人都误读了许地山父亲的话，在语意间做了跳跃，认为许地山的父亲认为苹果石榴等是外表好看而没有实用的东西。这既不符合客观事实，也不符合文本原意。所以，不断地大声诵读还不宜作为阅读的核心解释，或者阅读教学的核心行为。阅读，其主要意思就是从文本中提取意义。学会阅读，就是学会依据文本从文本中提取出“正确的意思”来。）

学生再读：“花生的好处很多，有一样最可贵，它的果实埋在地里，不像桃子、石榴、苹果那样，把鲜红嫩绿的果实高高地挂在枝头上，使人一见就生爱慕之心。你们看它矮矮地长在地上，等到成熟了，也不能立刻分辨出来它有没有果实，必须挖出来才知道。”

“父亲有没有说苹果、桃子、石榴外表好看没有实用啊？”

“没有。”学生一起回答。

“父亲根本就没这么说。所以我们读课文要仔细啊。”澄清这一点后，干老师又问大家：“‘既好看又实用’，大家当然要做这样的人了。可是现在为什么有同学明明知道苹果、石榴也是好看又实用的，还偏偏要选择做落花生这样的人呢？”

老师又统计了一下选择做“落花生”一样的人的学生人数，有近一半的学生。

他先请一位举手的女生来说说。

“因为落花生可以榨油。”没想到这个女生冒出的还是这一句。

（干国祥点评：我们要改变的，就是这样的阅读。问题在于：我们如何才能改变这样的阅读理解力？许多不同的阅读教学观，事实上是对此问题的不同解答。）

“落花生可以榨油，表示它有用，但是现在苹果、石榴有没有用？”干老师继续就这个问题做着解释，并提醒学生：“现在你不是在回答老师的问题，你是要问自己的心，你要问自己为什么还要坚持着做落花生。”

他又请一个男生来谈，没想到这个男生依然说：“因为落花生可以榨油，还可以吃。”

“同学们的意见就是无论如何，我只坚持一个原则：做人要做有用的人。至于外表好看不好看——”话没说完，这节课发言很积极，每次都被她先抢到的女生又接道：“根本没关系。”慢半拍后其他同学同样的声音也一齐响了起来。

“那么这个争论我们有没有结论呢？到底做花生这样的人好，还是做苹果那样的人好？”

“两种都好。”

此时，对于选择做“花生”“苹果”所比喻两种不同类型的人的讨论告一段落。

内容的生发

干老师又举起了那束蒲公英，对大家说：“我要生发出去，讲一些别的话题。可能会把你们搞糊涂的。”

他把蒲公英高高举起，问学生：“蒲公英、玫瑰花能不能吃？”

“不能。”

“能不能用来炒菜？”

“不能。”

“但是我为什么要在这里放一束蒲公英呢？”

“因为它放在那好看。”

干老师又问：“吃花生对什么有用？”

学生说对嘴巴和胃有用，也就是对身体有用。

“那么蒲公英对我的什么有用？”

（干国祥点评：蒲公英、茉莉、玫瑰等有没有实用，这个话题严格来说有点

"傻"。因为事实上凡物皆有实用，皆能实用，至少它可以沤作肥料吧。但这样言说事实上已经逸出了言说的游戏规则。这里我们只是在依据课文原有逻辑及思路，为"好看而不实用"找一些代表人物。必须注意的是，这应该是文本的逻辑，而不是读者当下的逻辑。)

学生知道对人的心情有用。

干老师又详细讲述道："你看，蒲公英放在这里，我心情就明亮起来了。这也是一种用。同学们，这种用你现在还不知道，你十年后就知道了。它是四个字，叫'无用之用'。"说着，老师把这四个字填写在黑板上蒲公英下面相关的空格里。

（干国祥点评：阅读首要倾听文本言说什么，依据文本的内在逻辑来言说。但这并不表示需要无条件地服从文本及作者的观点，这是两回事。所以我反复强调：倾听文本原意是第一步，与文本平等对话是第二步。如果课堂上传授了美无用、好看无用的观点，我认为是传授了一种错误的知识。所以，我们既要如实地读出文本中的观点：不要做好看而没有实用的东西。也要能够知道自己可以有另外的观点与选择：美，好看也是有益于社会的，甚至是一种更高层次、关涉生存意义上的大用。)

"老师你这好像是病句。"那个机灵的女生又马上向干老师提出质疑。其他同学也点头，表明他们有同样的困惑。

对于学生的困惑，干老师没有多做解释，他告诉学生："这句话你要懂得，最少在十年之后，那时你若真正懂得，就了不得了。"

接着，对于"不好看也不实用"的田间杂草，他又发表了新观点："这些杂草都是有用的。"

"喂猪草！"学生已经叫起来了。

"你看操场上，刚才我让同学们在上面翻筋斗，为什么你们在那里可以翻筋斗，喜欢翻筋斗？因为这些杂草长在田间的时候，争夺庄稼的养分，所以要把它们都除干净。但是换一个地方，比如在学校的操场上，这个杂草就不是杂草了，而是芝草了。(注：芝草是日本著名童谣诗人金子美铃《芝草》诗中所描写的一种草，它不像紫云英那样有紫红的花，不像紫花地丁那样具有药用解毒价值，也不像玉簪花那样好看，可是原野上都是那样花草的时候，孩子们累了，坐在哪里呢？芝草，是欢喜的、软软的、暖暖的窝啊！这首诗在早晨的开幕式上被孩子们朗诵过的。)而是覆盖了大地美化了大地美化了地球的最好的精灵。"

（干国祥点评：教育不能灌给学生以前后矛盾百出相互抵消的观点，虽然我们可以呈现现实中复杂性的未被充分理解的矛盾事实，但我们不应该每一次将简化的观点带给学生导致学生的同一性遭遇破坏。譬如我们不能刚刚早上讲了无用小草的好处，旋即在语文课上又无情地批判它。我们需要给孩子们一个能够暂时同一的方式观察世界的维度。）

“所以一样东西有用没有用，要看它具体在什么地方。”干老师就“有用无用”这个话题稍微引申了一下，让学生课后再去琢磨。

“现在我们回到课文之中，现在很多同学坚定不移地要做‘苹果’了，既实用又好看，当然也有一些同学选择做‘花生’。那么，想想你爸爸、你妈妈平时是怎样教育你们的，如果是你爸爸、你妈妈要在这四种人里选择，他们会要你做哪种人呢？”

“不好看但是实用的人。”

“不好看而实用。”

“有没有与这个观点不同的爸爸妈妈？”老师再问，全班60名学生都回答：“没有。”

“好，我再问你一个问题，很多年之后你做了爸爸妈妈，你希望你自己的孩子是这四种人中的哪一种呢？”

“第二种。”绝大多数同学也选择了做“花生”。台下听课代表又响起了笑声一片。的确是很有趣的现象，作为学生自己，通过反复思考，他们已经大部分倾向于选择“苹果”，可是从父母角度，他们又毫不犹豫选择了“花生”。

“哦，你们都会对你们的儿子这么说：儿子，你要做不追求外表好看，但是对社会有实用的人。是吧？”

学生都说是。

“所以，当你做了爸爸妈妈，就跟许地山的父亲一样，都要让孩子做第二种人。这就纳闷了，我们可能选择第一种或者第二种，但是做了爸爸妈妈却都希望孩子做第二种？即使你希望自己的孩子是第一种人，你在教育他的时候也会说成是第二种人。”

（干国祥点评：后来，朱永新老师就此点提出了一个极有价值的问题：为什么不在课堂上依据贵州孩子的事实，把选择第二种人的理由说出来？朱永新老师的解释是：你们不能选择出身，不能选择容貌，但是，你们可以通过努力让自己成为实用的人。这样的解释会更积极地影响孩子们的精神。

对此，我对其效果深表赞同。但我解释了我设计中回避这一点的原因，即课文中的“外表好看”事实上暗示的是中国传统文化中的“名实”之辨，它不是简单的外表好看，而更指的是名声。而名声恰恰是可以后天追求的。我既不想曲解或者简化课文，又不想让学生完全跳过这一点，所以就采取了悬置解释但是设置情境的办法。

不过朱永新老师的建议还是充满吸引力，我想如果有机会重上，我会设法在不浅化原意的基础上，进一步呈现这一点的。）

台下又是一片笑声。

“现在同学们真是越来越聪明了，好，这节课上得差不多了，我们最后要把课文再来演读一番，我扮演一下许地山的父亲，我们同学扮演一下这三个孩子，好不好?”

提示语统统省略掉，就有了这样的对话。

（干国祥点评：这是经历了一个较充分的“理解过程”后的整合朗读，它既是对阅读过程的“整合”，也是一次最终的“提升”。）

干老师：“你们爱吃花生吗?”

学生齐：“爱!”

干老师：“谁能把花生的好处说出来?”

第一组：“花生的味美。”

第二组：“花生可以榨油。”

第三组：“花生的价钱便宜，谁都可以买来吃，都喜欢吃。这就是它的好处。”

干老师：“花生的好处很多，有一样最可贵，它的果实埋在地里，不像桃子、石榴、苹果那样，把鲜红嫩绿的果实高高地挂在枝头上，使人一见就生爱慕之心。你们看它矮矮地长在地上，等到成熟了，也不能立刻分辨出来它有没有果实，必须挖出来才知道。”

学生齐：“是。”

干老师：“所以你们要像花生，它虽然不好看，可是很有用，不是外表好看而没有实用的东西。”

第三组：“那么，人要做有用的人，不要做只讲体面，而对别人没有好处的人了。”

到最后一句父亲说的话时，干老师做了改动，他加重语气，缓缓地说：

“对。这是我，我们，你们的父亲母亲，你们的老师们，对你们的——希望！”

这节课就上到这里。

（干国祥点评：这是从一个正题“做外表不好看但有实用的人”出发，朝向它的反题“我们可以选择做外表好看的人”发展后，最终回归的合题：二者固然都正确，但从父亲的角度，从家教的角度，从课文所写故事的时代背景看，第一种回答仍然是特定场景中的真理。与此相仿，“讷于言而敏于行”的中国古训，愚公移山的精神，龟兔赛跑的精神，不能说到了现代社会就真的完全没有价值了。）

课后反思

犹豫着要不要把这个课案收录进这本书，于是两次删除了之后，又重新放了进来。

真正的好课，当然可以仅仅是课堂前后学生情智的落差来评估。但若是学生最后绝对高度仍然严重不足，这至少会影响课案阅读的愉悦，并且不能把教学问题，追到根本处、更远处。

我知道，《落花生》这堂课从学生的角度讲，甚至是一堂相当失败的课：过高的期许，与过低的基础，导致了这堂课的尴尬。

像在石门坎上《望天门山》，因为事先把目标放得极低，倒也契合实际。

像在新教育小学，因为学生的优秀，更因为训练有素，预习扎实，有时可以把课推进到令人惊叹的地步。

此课两不具备。

但是我仍然钟爱这次探索。首先是因为这又是一个儒家文化中经典文本，我能够嗅到里面一些微妙的文化元素，这恰恰是当前被无视的。其实，这堂课至少在设想上，较充分地体现了我“聆听文本、对话文本”的这一进程的（与此相仿的还有《珍珠鸟》等）。哪怕是这个设计本身，我也不愿意轻易丢弃它。最后，这节课记录的正是我这几年来奔走于大江南北的支教经历，正是遭遇到种种有问题的教育导致了学生的问题，我才能够越来越深刻地理解生命以及教育。

第四章 科普说明篇

我上此课，并没有多少语文课的典型性。事实上，我把此课上成科学求真、思维激辩、重大问题抉择的“思力课”。我以为，这是孩子们走向自由探索、独立思考的必由之路，这一类课，在我们的教育课程体系中，不是太多，而是太少。《大瀑布的葬礼》从小语教材中消失之后，我将把这个课持久保留进新教育的综合课程中——而且，我将继续使用原来错误的教材，因为发现教材的错误，乃是培养学生思辨力的最佳途径。

大瀑布的葬礼

时间：2007 年 4 月 17 日

班级：浙江诸暨双桥小学六（2）班

背景描述

人教版《大瀑布的葬礼》，苏教版《瀑布的葬礼》，曾经是许多老师上公开课所热门的选题，现在它们一齐从教材中“蒸发”了。

“蒸发”的原因，是因为编者终于发现这个教材是有人在中国的某办公室里“编造”出来，与事实严重地不符。

事实上，对这个文本的质疑，早在 2004 年就有人向我咨询、提及。也正是想要回答这个咨询，我才在 2005 年做了一次周密的“文本考察”，终于证据十分确凿地得出这个文本是伪造的，并还依据实情，重新编辑了一个《大瀑布的葬礼》的文本。可惜编辑没有采用我新编的文本，而只是一剪刀，把这个文本给剪掉了。

同样的，我的一些朋友在借鉴我的考据资料去上此课的时候，也一味地站在“这个文本真实不真实”这个维度上，却把这个伪文本背后确实站着的一个真问题，给避而不谈了。

上《斑羚飞渡》一课时，我既要指出《斑羚飞渡》是一个小说文本（事实上是动物小说兼人类寓言），而不是真实发生的，又要指出这个文本所探讨的问题是十分严肃的，是具有重大的价值的。同样，《大瀑布的葬礼》这个伪文本背后，仍然有着一个真正重大的问题：尤其是当年世界第一电站——伊泰普水电站——现在已经成为第二，我国的三峡电站已经成为世界第一大电站，也就是说，这将不再是一个发生在南美的子虚乌有的故事，而是发生在我们身上的真正的环境问题。

当然，我上此课，并没有多少语文课的典型性。事实上，我把此课上成科学求真、思维激辩、重大问题抉择的“思力课”。我以为，这是孩子们走向自由探索、独立思考的必由之路，这一类课，在我们的教育课程体系中，不是太多，而是太少。而这，并不是它是不是语文课，像不像语文课可以含混搪塞过去的。

《大瀑布的葬礼》从小语教材中消失之后，我将把这个课持久保留进新教育的综合课程中，而且，我将继续使用原来错误的教材，因为发现教材的错误，乃是培养学生思辨力的最佳途径。

走向一次未知

在诗歌《孩子们的请求书》的朗诵声停止后，《大瀑布的葬礼》一课拉开了帷幕。

老师很自然地结合诵读的内容，对同学们说："现在，让我们就像你刚才所读的那样，'就让我们投入一次探索，走向一次未知'。但在走向未知之前，我要看看你已经知道什么。接下来我们要学的是《大瀑布的葬礼》，现在我调查一下，你读了几遍就伸出几个手指头。"

同学们的手小树杈一样举起来，有三遍的，也有四遍五遍的，最后排一个女同学居然读了十遍，老师看见了，表示惊奇，并请她先来说说读后的感受。

她说："我觉得我们人类应该保护环境，爱护我们的地球。不该再破坏它们。我觉得人类大脑里，尽是一些破坏。"

老师表扬了她说得不错，转而问其他同学有没有别的看法。

一个男生说："我觉得这篇文章给我们一个深刻的启迪：保护生态环境是多么重要啊，全球的人不要以为浪费一滴水没有什么关系，每人都浪费一滴水的话，这是人类破坏环境的第一步，请我们大家一起保护环境。"

"课文里面讲了一滴水吗？"

其他同学会意地笑了，他也笑了，说："没有。"

老师接着说："没有一滴水，但你想到连一个大瀑布都消失了，所以要保护每一滴水。"

接下来几个孩子说的都是要保护环境的意思。干老师说："如果这堂课的目的就是为了让大家知道本就知道的保护环境的话，我们还用不用坐在这里继续学习？刚才我们说要走向未知，就这篇课文，我们仍可以走向未知。"

于是，正式学习开始了。

互动：投下一票

投影显示出一张风景照片，同学们马上喊出"长江三峡"。

接下来老师让大家选择：

现在有人要在三峡上建水电站，请你投下神圣的一票：

A. 反对。

B. 支持。

C. 我暂时不知道该不该建。

出现了很有意思的结果，大部分同学反对，少部分同学不知道该不该建，而没有一个人选择支持。老师再次问学生是否会坚持自己的决定不改变，同学们大声说着不改变，态度很坚定——看来课文对同学们的影响还是很大的。

老师风趣地说："我今天的任务就是把大家坚定的立场教得不坚定，明白的头脑搞糊涂。"同学们都笑了。

笑声中，新的照片又出现了，这是一张非常美丽的大瀑布的照片。

孩子们看着投影上的瀑布，大声说出瀑布的名字——塞特凯达斯大瀑布。课文题目"大瀑布的葬礼"，指的就是塞特凯达斯大瀑布的葬礼。

可是老师说的话让他们吃惊了："告诉你们，这根本不是塞特凯达斯大瀑布。"接着老师又打出一张瀑布的照片，这个瀑布可没有刚才那道瀑布那样美丽。老师告诉学生："这才是真正的塞特凯达斯大瀑布，又叫瓜伊拉瀑布。"

老师又讲道："我告诉你，刚才那个漂亮的瀑布叫伊瓜苏瀑布，这个不漂亮的瀑布叫瓜伊拉瀑布，又叫塞特凯达斯瀑布。"

（干国祥点评：之所以出现这样的一个课堂场景，事实上这是刻意而为。因为我多次听人上此课，都是把伊瓜苏瀑布的照片，牵强附会地当成瓜伊拉瀑布即塞特凯达斯瀑布。）

找出关键词

"现在我们知道了，这才是我们今天要学的塞特凯达斯大瀑布。大家都读了几遍了，不要看书，说说文中写了几次为塞特凯达斯大瀑布举行的葬礼?"老师开始抛出了问题。

有同学说一次，有同学说两次。

一个同学站起来说两次。但没说清楚具体哪两次，只说"开头一次，后来一次"。老师让大家再打开书，分别找出表示两次的关键词语：一个是"这次行动"。然后让学生看书找出这次行动是谁发起的，并略做归纳：

第一次举行葬礼

时间——1986 年 8 月下旬；

地点——大瀑布脚下；

人物——来自世界各地的几十名生态学、环境学的专家教授，以及大批热爱大自然的人。

学生明确第一次行动详情后老师强调说："好，你一定要记清楚，等会儿这里面可有大学问大讲究。"

然后老师和学生又找出了第二次举行葬礼的有关信息：

第二次举行葬礼

时间——1986 年 9 月下旬；

地点——也是大瀑布脚下；

人物——巴西当时的总统菲格雷特以及另外的一些人。

老师接着问："人们为什么要给塞特凯达斯大瀑布举行如此隆重的葬礼？"

一个男孩子很轻松地回答："因为以前塞特凯达斯大瀑布是世界上最著名的大瀑布，因为在大瀑布上建立水电站后，还有附近的工厂，滥用水，白白浪费了许多水源，现在大瀑布面临干涸和断绝，所以人们就是要唤醒更多的人投入保护环境的行列中去。"

老师问其他同学对于他的回答满意吗？孩子们说太长，一个男孩子站起来，极其简洁地说："我认为人们之所以要为塞特凯达斯大瀑布举行如此隆重的葬礼，就是要号召人们一起来保护生态平衡。"

"人们举行葬礼是为了保护生态平衡，这当然对，那么他们为什么不找另外一个事物而要找塞特凯达斯大瀑布？"老师追问道。

那个男孩子脱口而出："因为它即将灭亡了。"

老师又说："因为它要灭亡了，那么如果一条小阴沟灭亡了也会这样做吗？"

又一个男孩子起来表述："因为塞特凯达斯大瀑布曾经是世界上流量最大的瀑布，是周围的人们乱砍伐树林，建造水电站，工厂的破坏，塞特凯达斯瀑布才面临灭亡的。"

老师解释说："我这里补充一下，因为今天这堂课虽然是语文课，但这篇课文是课外带来的，所以我们不打算把课文所有的东西都细嚼一下。但是有些关键点还是要细嚼的，现在如果我给你三个答案：a. 因为塞特凯达斯大瀑布雄伟壮观美丽，而且流量最大，当地非常著名；b. 是为了保护环境；c. 是因为大瀑布消失了。那么从这个问题来说，要突出 a、b、c 哪一个？”

学生都选择 a。

老师接着又出示课文中相关的这段话，让学生齐读：

> 长期以来，塞特凯达斯瀑布一直是巴西和阿根廷人民的骄傲。世界各地的观光者纷至沓来，在这从天而降的巨大水帘面前，置身于细细的水雾中，感受着这世外桃源的清新空气。游客们常常为此陶醉不已，流连忘返。

老师简单地指导了朗读，强调“陶醉不已，流连忘返”可以用拖长声音的办法来表现“陶醉”的神态及“流连”的动作。

然后，又指导学生学习词语：纷至沓来和流连忘返。

老师问：纷至沓来的“沓”是什么意思？

学生纷纷说是“走”的意思。

再问理由，学生说不出具体原因。

老师说：“我告诉你们一个理解这类词语的办法。在‘纷至沓来’这样的词语中，纷至 = 沓来，‘怎样地至’，就是‘怎样地来’。”于是学生就自己说出了“沓”是“纷纷”的意思。老师补充说，就是“多”“重复”的意思。老师又说：这样的词语有很多，譬如：乱砍滥伐，心旷神怡，兵强马壮，丢盔弃甲，情投意合，追根问底……都可以用这个方法来理解。也就是说，在这样的词语中，乱砍滥伐 = 乱滥砍伐，心旷神怡 = 心神旷怡，兵强马壮 = 兵马强壮，丢盔弃甲 = 丢弃盔甲，情投意合 = 情意投合，追根问底 = 追问根底……

接着再教“流连忘返”这个词，老师问：“‘流连忘返’这个词你不觉得奇怪吗？‘流连’为什么要这么写？可不可以写成‘留恋忘返’？可不可以写成‘留连忘返’？”

在学生困惑中，老师出示解释：

留恋：心存依恋而不想离开，用于人和物。留恋一样东西，不想丢弃它，或者是一个人，或者是一样东西。

老师问：“那么‘流连’什么意思呢？”一个学生说心存依恋。

老师反问：“那不就是留恋了？——流连是受吸引不愿离开，只用于某地。甚至可以说流连就是来回在某个地方走，所以有首歌唱道‘流连流连，流连在你窗前’，一个男孩子喜欢上一个女孩子，在她的窗前来回地走，流连流连在你窗前。所以男孩子不要随意去流连。”

形象的类比让学生都笑了，对于“留恋”和“流连”的异同也就形象地记住了。

瀑布为什么消失

老师说：“现在我们来探讨第三个问题：塞特凯达斯瀑布为什么会消失？”

一个男孩子站起来，很快速地说：“第一因为在瀑布上游建立了世界上最大的水电站；第二沿河两岸的森林被乱砍滥伐，导致水土流失严重；第三因为周围的工厂用水毫无节制。”

老师表扬了这个孩子的思维很清晰，接着又打出相关课文追问：你认为这三个原因中哪个原因是最重要的？课文内容——

> 20 世纪 80 年代初，为了发电，在瀑布上游建立起一座世界上最大的水电站——伊泰普水电站。水电站高高的拦河大坝截住了大量的河水，使得塞特凯达斯大瀑布的水源大减。而且，周围的许多工厂用水毫无节制，浪费了大量的水资源，同时沿河两岸的森林被乱砍滥伐，水土大量流失，大瀑布水量逐年减少。

还是那个男生回答说是因为伊泰普水电站的建造。老师又追问：“为什么伊泰普水电站的建造会导致瀑布消失呢？”

学生回答因为建造水电站把水阻挡了。

老师继续追问：“可是水用来发电后又流到哪里去了呢？”

孩子们说不上来了。

老师请学生一起看投影，上面出现了老师绘制的水库在上游，瀑布在下游的说明图。图解显示：让大坝蓄水时，瀑布消失，但是当大坝蓄满水后，水溢出水库继续流入河道，下游瀑布重新出现。

PPT 上追问：“在上游建造水库为什么会让瀑布消失？”老师也追问：“那么究竟是什么原因让大瀑布从此消失？你能告诉我吗？”

“是因为人类的需求。”一个女生回答道。

“我问的是水到哪里去了？”老师又追问。

“水为人们服务去了。”女生回答道。但大家显然都不满意这个答复。

一个男生又试探着回答：“那会不会是人们毫无节制地使用掉了？”

老师说："那也不是，因为那里人并不多，很多地方是原始山林。"

学生沉默了。

老师说："我们不忙猜测，很多时候，猜测不能获得正确的答案。所以很多时候与其猜测，不如去求索，我就带着这个问题做了很长时间的求索，现在大家只能跟着我去漫游了，到底是什么原因造成了大瀑布的消失。现在我们先把这个问题搁一搁，来看两段文字——"

1. 在拉丁美洲的巴西与巴拉圭两国的交界处，有一条巴拉那河，河上有一条世界著名的大瀑布——塞特凯达斯大瀑布。

2. 长期以来，塞特凯达斯瀑布一直是巴西和阿根廷人民的骄傲。世界各地的观光者纷至沓来，在这从天而降的巨大水帘面前，置身于细细的水雾中，感受着这世外桃源的清新空气，游客们常常为此陶醉不已，流连忘返。

老师问："你们看出了什么问题?"

学生在看。

老师点拨："在拉丁美洲的巴西与巴拉圭两国的交界处，有一条巴拉那河。长期以来，塞特凯达斯瀑布一直是巴西和阿根廷人民的骄傲。那么到底塞特凯达斯大瀑布是巴西的，还是巴拉圭的？或者是巴西和阿根廷的？——你不能凭空猜测？就让我们来看真相吧。"

老师出示地图，让学生们分别在地图中找出课文中所说的巴西、巴拉圭、阿根廷、巴拉那河、伊泰普水库、瓜伊拉瀑布（塞特凯达斯瀑布），以及刚才提到过的美丽壮观的伊瓜苏瀑布。

一个男生惊奇地发现，按课文的描述，不是伊泰普水库在瓜伊拉瀑布的上游吗？怎么在地图上伊泰普水库却是在瓜伊拉瀑布的下游，而在伊瓜苏瀑布的上游?

大家都很吃惊，为课文与现实的不符。

老师没回答孩子们的困惑，接着又出示新的投影片，打出与课文无关的伊瓜苏瀑布的图片及资料。学生齐读。

资料：

伊瓜苏瀑布是世界上最宽的瀑布，它位于巴西和阿根廷交界处。

"伊瓜苏"一词是当地土著居民的语言，意为"大水"。……瀑水飞沫四溅，宛若丝丝春雨吹拂，一身衣服尽被淋湿，也会使人感到十分惬意。

老师提醒：这是不是塞特凯达斯瀑布？学生纷纷回答不是，老师又出示课文中的句子。

课文：

长期以来，________瀑布一直是巴西和阿根廷人民的骄傲。世界各地的观光者纷至沓来，在这从天而降的巨大水帘面前，置身于细细的水雾中，感受着这世外桃源的清新空气，游客们常常为此陶醉不已，流连忘返。

学生再一次惊奇不已，他们发现：原来这里应该填的是伊瓜苏瀑布，而不是课文中的塞特凯达斯瀑布（瓜伊拉瀑布）。

老师继续说："我们要为水库底下的瀑布举行葬礼，就只能趁水库还没建成时举行，否则除非你穿着潜水员的装备潜到水库底下去举行了。应该是这样吧。"

老师又让学生回顾课文中描写的举行葬礼是哪一年？学生回答是1986年。老师又出示相关资料——历史上的今天。

历史上的今天

1982年11月5日伊泰普水电站主坝建成

1982年11月5日，巴西和巴拉圭共同修建的世界上最大水电工程——伊泰普水电站主坝正式建成。

当巴西总统菲格雷特和巴拉圭总统斯特罗斯纳按动水闸的特别装置之后，滔滔的巴拉那河水便以每秒8000立方米的速度迅猛冲出闸门进入溢洪道，激起层层巨浪。

学生再一次糊涂了，怎么1982年伊泰普水电站就建成了？那么葬礼怎么可能是在1986年举行？

要解答这个问题，无法猜测，只能查找资料。老师出示资料——

20世纪70年代，巴西和巴拉圭决定在巴拉那河上建造一座世界上最大的水电站——伊泰普水电站。伊泰普电站于1978年在塞特凯达斯大瀑布所在的巴拉那河段上截流开工，经过长达4年夜以继日的建设，大坝建成了。

老师又出示一段相关资料，来回答问题三：瀑布的葬礼究竟是什么时候举行的？

关于葬礼的另一段文字：

随着伊泰普水库建成和蓄水，塞特凯达斯大瀑布将消失在水库之中。消息传出，人们纷至沓来，以一睹大瀑布最后的风采。更有一些生态学家和大自然爱好者，于1982年8月下旬的一天，云集在瀑布脚下，以印第安人最隆重的仪式为塞特凯达斯大瀑布举行葬礼。人们献上祭品，表示对即将消失的瀑布的怀念。9月中旬，巴西总统也特意穿上黑礼服来大瀑布做最后一游。

葬礼什么时候举行的？

——1982年。

我们把这两段文字放在一起，问题就清楚了：

1978年，伊泰普水电站动工开始修建，历时四年到1982年，大坝建成开始蓄水。

1982年8月下旬，环保人士为塞特凯达斯大瀑布举行葬礼。

1982年9月中旬，巴西总统菲格雷特为塞特凯达斯瀑布举行葬礼。

1982年11月5日，巴西总统菲格雷特和巴拉圭总统斯特罗斯纳参加伊泰普水电站主坝建成典礼。

原来如此！

赞同 VS 反对

正当大家恍然大悟之际，老师又出示了问题四：菲格雷特总统究竟在搞什么鬼？瀑布葬礼是他主持的，水库典礼也是他主持的，他究竟在搞什么鬼？或者我们可以换一种问法：如果你是巴西人或者巴拉圭人，你是否会赞同建造伊泰普水库？

赞同的只有一个同学，他的理由是建水库是为了自己的国家。

另一个同学发表自己的意见，他认为水库即使建立了也不一定会给国家带来便利。大家纷纷表示赞同这个同学的意见。

于是老师又出示相关的背景资料：

一直以来，塞特凯达斯瀑布仅被用作观赏，而没有发挥它水力资源的优势。

伊泰普水电站提供的电力占巴拉圭全国用电量的89%，占巴西全国总电量的35%以上。

水库还兼有灌溉、防洪和运输等综合效益，有力地带动了附近地区社会经济的发展。

水库地区现已开辟为旅游点，与紧邻的伊瓜苏瀑布区组成了一个旅游综合体。这里是巴西、巴拉圭、阿根廷三国的交界点，各国都在各自的国境内建立了国家公园，人们来到这里，不仅可以观赏壮观的伊泰普水电站，还可以饱览伊瓜苏大瀑布的风光。现每年来此观光的游客已达200多万人次。

老师再问：你猜巴西和巴拉圭人会同意总统在这里建水库吗？
学生纷纷表示同意，刚才不赞同的也多纷纷点头。
这时老师再出示课文中的句子——
许多慕名而来的游人，见此情景，无不惆怅满怀，失望而去。
有个孩子轻声地说：假的！假的！
老师又出示雄伟壮观的伊泰普水电站全景图，用文字向学生介绍：

伊泰普大坝和电站被誉为当代七大人类奇迹之一：伊泰普水库长170公里，面积1350平方公里。拦水大坝长7700米、高190米。

老师让同学想象一下7.7千米长和60多层楼高的大坝，再和课文中描写的进行比较，“尤其是每年汛期，塞特凯达斯大瀑布气势更是雄伟壮观，每秒钟就有1万立方米的水从几十米的高处飞泻而下，伊泰普电站建造好后，拦水大坝上所出现的景色会比原来照片上并不美丽的塞特凯达斯大瀑布远为壮丽”。

没有　“正确的答案”

所有关于大瀑布的问题结束了。这时，老师又带领学生回到最初的照片和最初的问题——长江三峡。老师说，三峡多美啊，你会选择建造三峡水库吗？

通过出示三峡水库实景图，以及三峡电站的电力覆盖图，告诉学生三峡水库建造好后，会超过伊泰普水电站，成为世界上第一大水电站，并且整个中国的最发达地区都将在它的电力资源的辐射范围内。

老师又以准确的数字告诉学生，三峡电站已经在建成使用了，虽然还没有完全建成，但是中国最大的水电站三峡电站投产3年多来运行稳定。至3月11

日，三峡电站累计发电达到1523亿千瓦时，极大地缓解了华中、华东、华南等发达地区的缺电紧张局面。

就在学生为三峡水电站的壮丽风光和所带来的经济利益而赞叹，并赞同建造三峡电站的时候，老师话锋一转，说：我还是要提醒大家——

水 害

1. 三门峡水库号称“万里黄河第一坝”，建成后给黄河下游防洪和灌溉、发电等方面带来了巨大效益。但国家水利部副部长索丽生不久前公开承认，正是三门峡水库使渭河变成悬河；三门峡水库是个“错误”，应该尽快放弃发电，停止蓄水。

2. 意大利有一座纪念水利工程失败的碑，即瓦依昂水坝。这座造型优美的大坝1960年开始蓄水，发生了有史以来世界上最大一次水库滑坡灾难，死亡1925人。

3. ……

那么现在请你来选择：

A. 反对　　B. 支持　　C. 暂时不知道如何选择

一个选择反对的孩子说：“水害对人类是无穷的，所以我反对建立。”

另一个男孩子站起来说，我虽然选择的暂时不知道如何选择，但是我有点反对他的意见，因为我们毕竟需要那么多电啊。

老师再次让大家投票决定，出现的情况让大家自己也感到吃惊。没有一个学生支持建造三峡水电站，少部分选择反对建造，大部分的同学选择的是暂时不知道该如何选择。——曾经“确信”的，看起来似乎真的“糊涂”了。

面对学生表现的两难，老师没有给予“正确的答案”，他说：

“伊泰普”在印第安语中意为“歌唱的石头”，在它滔滔不绝的歌声中，人类将永远记住塞特凯达斯大瀑布所做出的巨大贡献。今天人们站在巨大静寂的水库前，仿佛仍能听到塞特凯达斯瀑布的咆哮声。

水库到底该不该建立的问题我们先不去管它，重要的是我们明白了这样一个道理：

人与自然是一曲和谐共存的乐章，还是一个相互伤害的故事，一切留待人类自己书写。

本课在《欢乐女神》的乐曲中结束了。

第五章 思维与说话篇

第一次选择上《龟兔赛跑》，一个潜在的原因是因为当时一位朋友在美国听课后写下了《灰姑娘》这个课案，受到大家的过度推崇。我虽然一样看好此课，但认为大家的推崇里多少有些盲目的崇洋媚外，而把自己轻易看低了，于是便同样选了一个童话、寓言类文本，同样是在熟悉故事之后的重上，同样是一种说话课的类型——但显然，其中的追求已经颇不相同。比课的成败更重要的，永远是怀着探索之心向深处潜行。

龟兔赛跑

时间：2005 年 5 月 17 日

班级：四川成都外国语学校附属小学四（3）班

背景描述

《龟兔赛跑》在我自己的教学历史上有着特殊的地位。

最初，我作为一名中学教师虽在理论和文字上略有薄名，却并不以课见长。后来因《丑小鸭》和《斑羚飞渡》两个课案，开始在同行中稍有名声。

但不久因为身份转换，成了一名教育杂志的编辑，所以课堂实践的探索就此停止了。因为编辑同行的课案，和窦桂梅、王开东、张康桥等人结下较深的友谊，平时也经常探讨文本解读和课堂教学的问题。大家一致认为，我长于哲学方面的思考，因此文本解读也自然成为我的长项，但由于和小学生几乎没有什么接触，所以可能我对小学教学的一些思考只是闭门造车而已。

于是就有了我进小学课堂的探索，《龟兔赛跑》是第一次。

第一次选择上《龟兔赛跑》，还有一个潜在的原因是因为当时一位朋友在美国听课后写下了《灰姑娘》这个课案，受到大家的过度推崇。我虽然一样看好此课，但认为大家的推崇里多少有些盲目的崇洋媚外，而把自己轻易看低了，于是便同样选了一个童话、寓言类文本，同样是在熟悉故事之后的重上，同样是一种说话课的类型——但显然，其中的追求已经颇不相同。

比课的成败更重要的，永远是怀着探索之心向深处潜行。

龟兔赛跑的不同版本

进教室后，找来两个美术比较好的同学，一个在黑板的左边用蓝色粉笔画一只大乌龟，一个在右边用白色粉笔画一只大白兔。然后，干老师在中间用红粉笔写了一个大大的“VS”。随后在黑板的左上方写了这行字：不重复别人说过的话；大胆说话，认真倾听；用头脑说话。

在右上方则写下这行字：公平公正；游戏规则。

两个孩子画得很好，很形象。干老师在图画的旁边，用夸张的笔法，写了一个“龟”字，突出它圆而大的“田”字也就是龟甲部分，而缩小了上面的“头”和下面的“尾”；“兔”字则画得极修长，耳朵尖尖的，身子瘦瘦的，后腿长长的，尾巴短短的……铃声响的时候，他们跑回了座位。

师生问候后，便开始了“龟兔赛跑”。

干老师指着黑板：“大家看到了什么？”学生纷纷说看见了乌龟与兔子，干老师简单讲了“龟”字和“兔”字的造字法，告诉他们这是象形字，不管他们有没有听说过，但图与象形图画的字结合在一起，相信他们至少获得了一个感性的汉字印象。

干老师问：“‘VS’又表示什么呀？”学生说：“比赛。”干老师说：“合起来就是什么？”学生说：“龟兔比赛。不，龟兔赛跑。”

干老师明知故问：“大家听过龟兔赛跑的故事吗？”大家说听过。

干老师说：“我至少听到过五六个版本的龟兔赛跑，这些故事有相同的地方，也有很不同的地方，不知道大家听过的是哪一个版本的龟兔赛跑。你们班上有没有故事大王？我先听听他听过的是哪一个版本。”学生齐刷刷地把目光转向后面，指定一个个子不高但却坐在最后面的女生。干老师示意她上来，说：“现在她给我们讲故事，大家的任务是把她讲的故事跟你听到的龟兔赛跑比较一下，看看它们有什么相同点或者不同点。”

重温故事及 N 个版本

然后，这个女生开始了精彩的故事。她的故事，基本情节与伊索版的《龟兔赛跑》一致。

干老师说：“讲得真精彩！现在轮到你了，她讲的与你听到过的有什么不同？”最前排马上有个男生举手发言。

“它是两只乌龟：一只在起点，另一只等在终点。兔子拼命跑去的时候，乌龟已经在终点了。”

“哦，乌龟还挺‘聪明’的。但是，这行吗？”

“不行！”许多同学大声表示反对。

“为什么不行？乌龟不是赢得了金币和葡萄酒吗？”

“但是游戏要遵守规则啊。”后面一个男生指着黑板右上方事先写着的大字说。这样，大家都发现了“游戏规则”和“公平公正”这八个字。

“哦，原来是这样。我们跑步比赛能这样做吗？”

“不能！”意见相当一致。

“跑步比赛要讲公平与公正。这不是作弊吗？”干老师笑着拍拍那个男生的肩说，“但这不是你的错，这是编那个故事的人的错。”于是在同学轻松的笑声中，他愉快地坐下了。

“还有谁听过的故事与前面讲过的是不同的？”

举手的人很多，干老师从中间选择了一个男生。他的版本是干老师没有听过的：“我听到的故事是兔子与乌龟重新赛跑，乌龟安装了一个火箭，兔子是安装了一个喷射器。它们同时跑到了终点，结果裁判不知道该把奖杯发给谁，最后决定把奖杯发给科学院。”

“嗯，又一个版本。它们遵守游戏规则吗？”

“不遵守。”意见一致，但语气没有刚才的坚决。

“为什么说没有遵守游戏规则？”

“因为跑步就是要靠自己的腿来跑，不能靠别人发明的东西来带动自己。”另一侧的一个女生回答。

“哦，这样奖杯就只好给谁了？”

“给科学院！”

“即使它们中谁赢了也不能给它，因为它们没有遵守游戏规则。谁继续说不同？”一个女生说：“它们第二次跑步，这次兔子吸取了教训，它首先跑到了终点。但当要给兔子奖杯的时候，兔子说：‘等一下。’然后等乌龟跑到的时候，兔子说：‘乌龟明知道自己跑不过我，但它坚持不懈，这种精神很值得我学习。’它就把奖杯给了乌龟。”

“我听到这样的故事，乌龟和兔子是在下坡的路上比赛，结果兔子后腿长，下坡不方便。而乌龟把全身一缩，滚下去就赢了。”

“滚下去就赢了！嗯，这可真耐人寻味啊。”

“我跟他们都不一样，我讲的是……”一个女生急于发表自己的意见。“是你讲的还是你听到的？”干老师拦住她。

“是我听到的。我听的和他们不同的是，它们比赛的中间有一条河，乌龟会游泳，兔子不会。那条河有一百多米（宽），兔子下去就会淹死。兔子就跟乌龟说：‘乌龟大哥，你能不能帮我过河？’乌龟说：‘这是比赛，不能帮的。’于是兔子就说：‘我给你一枚金币嘛。’乌龟说：‘算了，还是我帮你吧。’于是乌龟就背着兔子过了河。兔子为了感谢乌龟，就和它一起到了终点。这样，奖杯就不知发给谁了。最后，就把它劈成两半，分给了它们。”

“哦，新颖。这样它们两个就不是在比赛，而是在什么？”

干老师没有把提示语讲清楚，于是学生就“竞走”“友谊”什么词都有，虽然一个同学说出了“合作”，但他的话又被更响的“竞走”声冲走了。

这些故事有相同的地方吗

“不是竞走，这成了‘合作’。赢得的奖杯，一人一半。”老师的话音刚落，学生的手又密密地举起了一片。“我们把这个问题停一下。刚才我们说了大家所听过的《龟兔赛跑》有什么不同，现在我问：这些故事有相同的地方吗？”

于是，手之林暂时地偃息下去。但仍然有几只手举着，一个男生说：“有，那个乌龟基本上都是赢。然后有些时候是兔子赢，还有些地方是打成平手。”

“嗳，这不是不相同了？一会儿乌龟赢，一会儿兔子赢，一会儿平手，那反而是故事不相同啊。”老师反诘道。

“都有兔子和乌龟这两个主角。”一个男生说。

“行啊，请你再继续说，我来问你：两个主角为什么要是龟和兔，能不能是兔和狗？你知道吗？”干老师点拨一下。

“因为兔子跑得快，乌龟跑得慢。”

“是啊，这一点一定要搞清楚：乌龟跑得慢，兔子呢？跑得快。”干老师一边和学生一道说快与慢，一边在乌龟和兔子的下面分别写上“慢”与“快”二字。“还有相同点吗？”

学生的手不敢轻易地举起来了。干老师提示道：“好像比赛的结果，总是……”

“倾向于乌龟。想乌龟赢。”学生们回答，这个回答可也不简单。

“对，总是跑得慢的乌龟赢。”干老师明确地总结一下。

比赛公正吗

“故事相同点的讨论我们也先停一下。再回头从‘公正’这个词来分析一下。请问，第一次‘龟兔赛跑’是公正的吗?”

“公正!”学生的异口同声让干老师有些吃惊。

“为什么？为什么说这次比赛是公正的?”

“因为兔子是自己睡着而失败的，所以比赛是公正的。”后面一位男生回答。

“慢的乌龟没有作弊，是兔子自己的大意而让乌龟取胜，所以说这次比赛是公正的。”这是关键的地方，虽然学生感觉到了，但需要使之清晰，需要强调。“还有认为这比赛是公正的其他理由吗?”

“因为乌龟与兔子是在一个起点上起跑的，而且也没有让其他东西来代替自己跑步。”男生回答。“哦，它们在同一个起点起跑，走过了相同的路。”老师说。

“我也觉得是公正的。因为它们是在平地上跑步，没有河流之类的特别的地方，兔子是自己睡着所以输掉了比赛……”一个女生说，后面的几句，基本上是重复已经一致的意见。

“大家听到她的发言吗？有不同的意见吗?”干老师发现，学生的思维模仿性极强，但也极易跟风，一说“公正”，全只从这个角度来思考，而不会从相反的角度来思考问题。但这里有个机会可以引导。

“听到了。”

“那么我要问，如果是斜坡，比赛是不是公正的?”

“不是。”学生果然这样说。

“为什么不是公正的?”干老师问。

“因为那样对乌龟比较有利一些。”一个男生回答。

“哦！条件对乌龟有利就不公正了。请问龟兔在塑胶跑道上跑步的时候对谁有利?”

“兔子。”

“那么第一场比赛对谁有利?”

“乌龟，不，兔子!”一部分学生反应过来了，有些惊讶。

“好，如果第一场比赛都是爬斜坡，比赛公正吗?”

“公正。”声音不多，但大家显然在修正“公正”的概念。

“什么是公正？公正就是大家面对相同的挑战。”这个概念从伦理学来分析是不够严谨的，但在这个语境中，只能先这样表达，“无论你是乌龟还是兔子，比赛就是面临同样的挑战，这个就是比赛的‘公正’或者应该叫‘公平’，我刚才这个词用得不够好，用‘公平’更准确一些。所以第一场比赛虽然对兔子有利，乌龟跑得慢，但它们面临相同的挑战，它是公正的。好，目前比赛的结果是……”学生有说一比一的，有说一比零的。

“第一场比赛的结果，现在是，一比零。”干老师在“VS”左右写了1和0，表示乌龟暂时领先。

乌龟输了

“大家喜欢乌龟还是喜欢兔子？”干老师突然话锋一转。

一时众声鼎沸，莫衷一是，虽然“乌龟”声要高过“兔子”声，但并非没有不同的意见。

“喜欢乌龟的举手。”小手如林，望下去似乎没有剩下的。

“喜欢兔子的举手。”

“乌龟派”的手放下去之后，露出了六七只“另类”的手。

“请放下。我看‘兔子派’好像少一些，那么就请他们先说，你为什么喜欢兔子？”

“我喜欢兔子，因为兔子比较可爱。虽然在比赛中兔子输了，可是，可是……”她感觉到了表达上的困难。

“慢慢说。”

“虽然兔子比较偷懒，但是呢，但是……”

“慢慢说。”老师微笑着，做出耐心倾听的姿态。

“但是，但是兔子只要努力就会赶上乌龟，我还是要做兔子。”她的声音轻了下来，然而仍然勇敢地表达了这个想法。

“我还是要做兔子。我只是骄傲了一点，如果我不骄傲，那么这场比赛我就赢了！”老师放大了她的意见，这个意见很重要。有几个学生在下面表示赞同。“请‘兔子派’继续说话。”

“兔子非常可爱，（而且）如果把它养起来，可以发现它什么草都要吃，所以养起来就比较方便。而乌龟的饲料要去店里买，还要准备鱼缸这些东西，很麻烦。我还觉得如果兔子不骄傲，可能乌龟还不到一半的时候，它已经到终点了。它只要到终点睡觉就可以了。”一个男生说。

“你跟刚才的那个同学的主要意见一样。还有‘兔子党’要说话吗?”老师问。“我对刚才一位同学的发言有意见，因为他偏题了。他没有说为什么喜欢兔子，他在说他喜欢养兔子。”这位男生找到了刚才同学发言中的问题，但表达得不够准确，然而这已经相当不容易了。

“哦，我们讨论的是龟兔赛跑故事中的兔子，而不是我们养着的或者吃的兔子。这位同学提醒得很好。我们以后说话要注意不能偏题。那边还有一位同学想说什么?”

“兔子只是失去了一场比赛而已，在以后的比赛中，它就没有再骄傲过了。”

“好，现在让我们‘兔子派’团结起来，一洗我们兔子几千年来蒙受的耻辱。我们决定跟乌龟们再进行一场比赛。地点：成外附小塑胶跑道。路程：100米。各就各位，预备——”老师做出了跑步比赛中的姿势。但突然又停顿下来，问：“体育委员是谁？还有负责纪律的委员吗?”学生指向教室里的两个学生。

“好，现在我们邀请这两位同学作为我们比赛或者说游戏的裁判员，好不好？行，如果你们发现我们的比赛出了差错，有谁作了弊，马上吹哨。”

两位学生很认真地点点头，接受了任务。

“好，乌龟们，兔子们准备好。各就各位，预备——跑!”干老师一声令下。教室里一片沸腾，学生们做出跑步的姿势，发出杂乱而快乐的声音。

稍停，干老师说：“估计这时候兔子已经……”

“跑到了终点!”“兔子派”中有人说，但也许是“乌龟派”中有人忘记了立场。

“乌龟呢？现在在哪里？10秒钟，乌龟现在会在哪里?”干老师问。

“也快到了。”“快到一半了。”意见不一。

“它估计在睡觉了。”一个男生调皮地说。

“不会吧，乌龟它是坚持不懈的。但它坚持不懈地跑，现在到哪里了?”“我觉得它走了一半，因为兔子的速度应该是乌龟的两倍。”这位男生的回答让老师有些吃惊，看来数学概念与生活经验还真不是一回事。

“就两倍?”

“十倍!”一个男生大胆地猜测。

“十倍都不止，一百倍都不止。”老师说，“它们（速度上）的差距太大了。那么，比赛公正吗？大家有意见吗？”

“没有！”学生早忘了自己是什么派，一齐回答。

“乌龟派们服气吗？”老师提醒他们。

“服气。”他们竟然平心静气地接受了这个结果。

“请问两位裁判，这场比赛公正吗？”

“公正。”两位裁判说。

干老师走到黑板前，擦掉兔子旁边的“0”字，改为“1”字，说：“在成外附小的塑胶跑道上进行的有史以来的第二场龟兔赛跑，兔子赢了，乌龟输了——我们可爱的乌龟，现在输了！”

揭示故事的寓意

干老师继续说：“一个古老的故事，就这样被改写了结局。从此以后，我们就不必再读那个《龟兔赛跑》的故事了。我们把它从《伊索寓言》中取出来，扔掉，好不好？”

“不好！”学生齐声反对。

“为什么不好？”

“因为这个故事可以让我们吸取兔子当年的教训。”一个男生说。

“这个故事告诉我们以后考试或者比赛的时候不能中途停下来休息，也不能骄傲。”另一个男生补充道。

“它还可以让我们学到乌龟的精神，勤奋的那种（精神）。”一个女生说。

“如果扔掉的话，那我们就没有那种骄傲使人落后，谦虚使人进步的那种精神了。乌龟虽然知道自己跑不过兔子，比兔子跑得慢，慢几百倍，但乌龟却坚持不懈地向终点奋斗，（为了弘扬这种精神）所以不能扔掉。”一个男生有些困难地说出了这番话。

“行。我们小结一下，如果去掉，就不能强调乌龟的精神，吸取兔子的教训。如果还有完全不同意见的请举手。”因为学生的手越举越多，所以老师只能增加发言的难度系数。

一个女生说：“如果我们把这个故事改了，它就不再生动了。你想一想，自古以来龟兔比赛，如果兔子不睡觉的话，那谁都会知道结果，乌龟连个边都沾不上，那个奖杯它想摸一下都不行。龟兔赛跑就只是一个常识（而不是故事），这是谁都知道的。现在，如果改了的话，它就不应该编在《伊索寓言》里面，因为它什么意思也不表示啊。而且，一点也不生动了。”她的话音未落，已经赢得了一片掌声。

“说得太好了！说得太好了！”老师也连连夸奖了几句，“但是，她刚才说，改了就没有意义了。那么它的意义究竟在哪里呢？”

“它的意义就是告诉我们，虽然乌龟跑得很慢，兔子跑得很快，但是它们两个……”一个男生回答。

“还是乌龟与兔子吗？这是个寓言，它的意义是给谁的？对，给人的。那怎么说呢？”干老师点拨他把寓意提升到人这个层面来。

“人应该……谦虚。”这个同学有些拿不定。

“人不应该骄傲，如果骄傲了你什么事都做不好的。”一个女生补充道。

“以前老师和老爸给我们讲这个故事，主要是为了让我们不要骄傲吗？”干老师提醒道。

“人不应该像兔子那样太骄傲，什么事都……但是要像乌龟那样努力地去干事情。”一个男生补充。

“对。这里我们再停一下。我们现在把故事归结到哪里了？”老师刹住话题。

“中心。”有学生回答。

“对，是中心，是故事的寓意。但是这个故事寓意的重点一般放在谁身上？”

“乌龟。”学生答。

“对啊。我的老师以前给我讲故事寓意的时候，就与大家刚才讲的不完全一样。他说，只要能坚持到底，就一定能够——成功。不管兔子骄不骄傲，只要兔子坚持到底，就一定能够取得成功。可是，就这个寓意来说，我们成外附小四(3) 班的同学刚才已经把它推翻了：只要兔子中途不睡觉，无论你乌龟怎么努力，也不能成功。那么是不是无论你多努力，就一定能够取得成功？努力没用，这怎么行?!”

第三次赛跑

“怎么办？”干老师看着兴奋而惊讶的学生说，“这样吧，龟兔来进行第三次赛跑！第三次赛跑，怎么比赛？乌龟怎么办？”干老师抛出问题。

“在成外附小游泳池比赛。”一个女生说。

“好，游泳池比赛。乌龟一定胜利。这样行不行?”干老师转向其他学生。“不行!”大家齐声反对。

“为什么?”

“这不是龟兔赛跑，这成了龟兔游泳。”“龟兔赛泳!”学生齐声指正。

“哦，这不行。那怎么办?”

“我们抱着乌龟跑!”一个男生说，其他几个男生窃窃地笑。

“这样可不可以?”老师问裁判。

“不可以。”其他的同学大声否决。

“哦，抱着跑不行。唐僧取经如果可以这样的话，那就没有这么多麻烦。他只要让孙悟空背着他一个筋斗云翻到西天，把经取回来，不就成功了?可规则不允许这样啊。”老师补充道。

“而且即使人抱着乌龟跑，也一样跑不过兔子!”一个男生提醒大家。“哎呀，对啊，人也跑不过兔子啊。那怎么办呢?希望乌龟赢的人，要公正但也不让乌龟输，怎么办呢?”时间过得很快，老师说：“我们想一想，最初的龟兔赛跑，可能是在哪里进行的?”

“森林。”各个角落里，此起彼伏的都是这个词语。

“是森林，有没有成外附小的塑胶跑道?”

“没有。”

“乌龟和兔子应该是生活在哪里的?对，森林里边。明白这一点很重要。它们的比赛，是在野外进行的。那么它们的赛跑，就不可能在像跑道一样的直线上进行，它可能会在哪些地方跑?”

“山里。”“小河。”……

干老师在黑板的下方，画出了起伏的山状曲线。“也就是说，这是一场什么跑的比赛?”

“野外跑!”“越野跑。”

“对，这样的比赛叫‘越野赛’。也就是说，乌龟与兔子进行的，本该是一场越野赛。就像我们的生活一样，我们之间的比赛不是一场语文比赛，也不是一场数学比赛，而是要经过许多方面的考验。今天比语文，明天也许是数学，而后天可能是……”

没等干老师说完，学生齐声说“英语”。干老师说：“其实我们还有音乐、画画等等项目呢。也就是说，龟兔是在一场特殊的环境中进行了比赛，那么在这样的环境中，兔子一定会赢吗?”“不一定!”

“为什么?”

“因为可能途中会有小溪，那么兔子在水里面可能就只比乌龟快一点……”一个男生说。

“兔子会游泳吗?”干老师提醒。

“不会。”他恍然大悟。

“刚才这个同学说，龟兔赛跑，中间出现一条河流，怎么办?”

“乌龟游泳。”

“乌龟扑通一声跳下水，就游过去了，但是兔子怎么办?”

众声鼎沸。

“谁说，谁来说?”干老师示意一个个说。

“绕道而行。”一个女生说。

“嗯。绕到我跳得过去的地方，我跳过去再走。如果是1000米的比赛，我绕到5000米以外，但5000米以外还跳不过去，我不知道它可能要在什么地方能够跳过去啊。这是一种情况。还有呢?”

“兔子可以跳到乌龟背上去。”一个男生说。

“能这样做吗?”

“不能。”

“还有另外的情况说明乌龟可能不会输吗?”

“刚才说的遇到山坡，乌龟可以顺着滚下去。”一个男生说。

“乌龟顺着山坡滚下去，还可以凭着这个冲击力冲很远的路。但是兔子的后腿长，它下山坡的时候就必须跑得很慢很慢。它跑得太快的话就有可能摔死。”另一个男生说。

“我以前生活在山里，看到过野兔，它们其实下山也跑得非常快。它们是真正的跑步能手。”老师补充说，“但是，现实生活的场景很复杂，除了河流还有什么情况会对乌龟有利?”

“在下坡路比赛，因为上坡路兔子会赢（有利）一些，下坡路，乌龟会赢（有利）一些。”看来这个同学还是停留在某一点上，也许是从前有长辈这样讲过这个故事吧。“可是我刚才已经告诉大家，在一般情况下，无论上下坡，都是谁更快一些?”老师问。

“兔子。”其他同学替那个思路没跟上来的同学说。

“可是，即使上下坡都是兔子有利，它也不一定赢，因为情况远比上下坡要复杂得多。谁来说?”小手如林，有几个站了起来。“谁没有发过言？没发过言的举手。”

“我!”手的数量比想象的要多得多。

“你没作弊吗?”老师笑着问身边的一个男孩，“能作弊吗？违反游戏规则了吧?”他不好意思地笑着放下了手，教室里还剩下五六只手。

“森林里有很多荆棘，兔子身上没有硬壳，它走也走不过去，可是乌龟能够钻过去。”坐在右角落的一个女生说。

“乌龟跑得慢，它可能会在路上被人捡走。”另一个女生说。

“嗯，这倒也是。不过如果是比赛，我想裁判可能会保护它吧。我们刚才在讨论，一般情况下，都是对兔子有利，什么情况下对乌龟有利呢?”老师提醒道。

“它们路上可能会遇上野兽，野兽想吃它们，乌龟可以缩起来。但是兔子，但是兔子……”

“兔子能怎么办?”

“跑!”

“往哪儿跑？对，可能就是向后转，逃！当然我们说过，在比赛中，裁判会保护它们，但在实际生活中，龟兔真的就是这样在生存的。”

干老师接着又说：“行。我们第三次赛跑的讨论就到这里。当然我们的思路还可以从沙漠里再扩展一些，也许龟兔赛跑的途中要经过一个沙漠，兔子怎么办？它当然也有办法，它背着重重的食物和水走啊。但是如果沙漠足够宽广，它就再也没有办法了。而长年在野外生存的乌龟有很强的耐饥渴的能力，我老家有人把乌龟压在床腿下，它几个月不吃不喝都没有事。当然，这不是我们养着的小乌龟，那些小乌龟已经被我们给宠坏了。那么，龟兔赛跑的第三次比赛，到底谁赢呢?”

“乌龟!”大多数同学说，也有同学在喊“兔子”。

“到底谁能赢？这是我们根本不知道情况的越野赛。比如刚才我们说遇到河流兔子要绕道寻找桥梁，如果路不是很远，那么谁赢?”

“兔子。”

“如果要很远很远才有桥呢?”

"乌龟赢。"

"所以结论是：不知道！为什么？因为乌龟有乌龟的长处，兔子有兔子的本领。"

努力+聪明

"乌龟的长处是什么？"老师问。

"能游泳。"

"有耐力，还能耐饥渴。"

"它有硬壳能自我保护。"

"它靠什么取胜？"干老师又问。

"靠努力。"

"兔子的长处呢？"干老师问。

"兔子跑步的速度快。"

"兔子跳跃能力强。"

"乌龟有什么短处？"干老师再问，这时候，下课铃声响了。

"跑得慢。"

"兔子有什么短处？"干老师问。

"不会游泳，耐力不好。"

"骄傲。""懒惰。"

"《龟兔赛跑》这个寓言，它其实是什么与什么的比赛？"干老师知道，这有难度，但这一点不能不讲。

"努力。"学生这个词找得很准。

"和骄傲。"

"兔子的长处是什么？"干老师回到寓言。

"懒惰。"学生回答的还是短处。

"乌龟的长处是勤奋，是坚持。兔子的长处呢？"

"懒惰。""骄傲。"

虽然不少同学在沉思，但那几个心急的男生仍然没有听到提示。

"龟兔赛跑，是一个寓言。爸爸为什么要讲这个故事给你听？因为你的天赋是已经决定了的，不能改变的。所以爸爸希望你能够——对，希望你能够努力。

所以，这个故事其实是‘努力 VS 聪明’的寓言。那么我再问，你是什么?”

“兔子!”一部分学生说。“乌龟。”有几个学生说。

“两个都是。”有三分之一的学生有了新的选择。

“认为自己两个都是，或者说兼有二者长处的举手。”老师让他们重新选择，这下，几乎所有的手都举了起来。

“也就是说，我们既有聪明，又要努力，这样，我们的人生就一定——”

“成功!”学生们大声喊，不少人挥动拳头。

“好，希望大家记住。现在我布置作业。”干老师边说，边擦去了黑板上的“VS”，换成“+”。干老师问：“它表示什么意思?”

小手如林，群情激昂。干老师赶紧选择了一只：“就是要把乌龟的努力与兔子的聪明加在一起。”

“对。这堂课就要告诉大家这个道理，希望大家在自己的人生中去完成。我还要布置一个作业，请和同桌合写《新龟兔赛跑》，怎么写?一定要同桌两个写，不能一个人说了算。生活中，我们不都是相互竞争，其实很多时候，我们是相互合作。所以这个加号，就是希望大家合作写一篇作文。大家写完后，请你们的何老师挑出写得最有意思的几篇文章给我。这节课，就上到这里。我们再见!”

下课后，干老师路过后门的时候，一个小女生跑出来，举起右手，像老朋友庆祝胜利似的，和干老师击了一下掌，又跑回了教室。